Das

SCHOKOLADEN

Buch

Dom Ramsey

INHALT

FASZINATION SCHOKOLADE

In diesem Buch geht es um Schokolade in all ihren Facetten, ihren Weg vom Kakaobaum zur Tafel und die wichtigsten Herkunftsländer rund um den Globus. Hier erfahren Sie, wie Sie die besten Sorten finden und was es bei jedem Bissen alles zu entdecken gibt. Sie lernen, zu Hause mit geringem Aufwand aus Bohnen und Zucker Ihre eigene Schokolade herzustellen, und wir geben Ihnen eine beeindruckende Auswahl von Rezepten der besten Chocolatiers, Patissiers und Schokoladenexperten der Welt an die Hand.

DIE MENSCHEN UND TRADITIONEN HINTER DER SCHOKOLADE

Als ich 2006 begann, mich intensiver mit Schokolade zu beschäftigen, wusste ich so gut wie nichts darüber. Dann entdeckte ich handgemachte Trüffeln und sortenreine Schokolade und war rettungslos verloren. Ich probierte nicht nur die Schokolade, sondern lernte auch die Menschen kennen, die mit diesem wunderbaren Lebensmittel arbeiten: innovative Chocolatiers, leidenschaftliche Schokoladenmacher und die Menschen, die das alles erst möglich machen, die häufig ausgebeuteten Kakaobauern. Diese Menschen haben mich inspiriert, mein eigenes Bean-to-Bar-Unternehmen Damson Chocolate mit einem einfachen Ziel zu gründen: die beste Schokolade liefern, die ich herstellen kann.

Die Welt der Schokolade ist ungemein faszinierend. Ich hoffe, dieses Buch kann Sie dazu anregen, sich dieser Faszination genauso hinzugeben wie ich.

DOM RAMSEY

Die Rezeptautoren

Diese Konditoren, Chocolatiers, Barkeeper und Food-Autoren aus aller Welt haben sich zusammengetan, um die süßen und herzhaften Rezepte in diesem Buch zu kreieren.

Bruno Breillet
Bruno ist ein preisgekrönter Konditor und Miteigner von Bruno's Bakes and Coffee im britischen Kent. Er wuchs in Lyon in Frankreich auf und hat sich auf amerikanisch-französische Köstlichkeiten spezialisiert. Daneben organisiert er Events und entwickelt Rezepte.

Caroline Bretherton
Caroline hat bis heute fünf Kochbücher verfasst, darunter den DK-Bestseller *Backen lernen.* Die Autorin liebt frische Zutaten und moderne Rezepte, vor allem, wenn es um Süßspeisen geht. Caroline lebt und arbeitet in North Carolina, USA.

Jesse Carr
Der in Virginia, USA, aufgewachsene Jesse mixte schon für seine Großeltern Drinks. Der Barkeeper lernte sein Handwerk in New York, unter anderem im Maison Premiere. Er lebt heute in New Orleans und leitet die Bar des La Petite Grocery and Balise.

Micah Carr-Hill
Micah ist Food-Autor und -Forscher, Produktentwickler und Geschmacksberater. Er arbeitete unter anderem für Green & Black's und Pump Street Bakery.

Lisabeth Flanagan
Lisabeth ist Chocolatière und Schokoladenkritikerin. Sie betreibt die Gourmet-Konditorei Ultimately Chocolate auf Manitoulin in Kanada und schreibt wöchentlich im *The Ultimate Chocolate* Blog.

Charlotte Flower
Die im ländlichen Perthshire in Schottland beheimatete Chocolatière Charlotte macht Trüffeln und Schokoladen, die die wilden Geschmacksnoten der schottischen Landschaft mit Schokolade aus aller Welt verheiraten.

Bryan Graham
Bryan ist Gründer des Bean-to-Bar-Unternehmens Fruition Chocolate Works and Confectionery in den Catskill Mountains des US-Bundesstaats New York. Bevor er Schokolade machte, arbeitete er als Konditor in Woodstock, New York.

Christian Hümbs
Christian ist gelernter Koch und Patissier, der bereits in diversen renommierten und mit Michelin-Sternen gekürten deutschen Restaurants als Chef-Patissier gearbeitet hat. Er ist Autor des DK-Buchs *Richtig gut backen.*

Edd Kimber
Edd ist Bäcker, Food-Autor und TV-Moderator in Großbritannien. Er hat drei Kochbücher geschrieben und betreibt das preisgekrönte Blog *The Boy Who Bakes.*

William (Bill) McCarrick
Bill ist Ausbilder für Patissiers am Culinary Institute of America in New York, USA. Er lernte sein Handwerk in Europa und war ein preisgekrönter Patissier in Asien, bevor er nach London zog und die Schokoladen- und Gebäckabteilung von Harrods leitete. 2005 gründete er Hans Sloane Chocolate in Surrey, Großbritannien.

Maricel E. Presilla
Die Gründerin der International Chocolate Awards ist eine mehrfach ausgezeichnete Köchin und Kochbuchautorin, die sich auf die Küchen Lateinamerikas und Spaniens spezialisiert hat. Sie ist Präsidentin des auf Premium-Kakaobohnen aus Lateinamerika spezialisierten Forschungsunternehmens Gran Cacao Company.

Paul A. Young
Paul ist ein preisgekrönter Chocolatier, Schokoladenhändler und Kochbuchautor in London. Er arbeitete als Chef-Patissier für Marco Pierre White im Quo Vadis und im Criterion, bevor er sich auf Schokolade spezialisierte. 2014 wurde Paul bei den International Chocolate Awards als Outstanding British Chocolatier ausgezeichnet.

EINLEITUNG

Schon seit mehr als 4000 Jahren genießen Menschen Schokolade.
Hier erfahren Sie alles über ihre unglaubliche Reise um die Welt
und ihre Verwandlung in die Köstlichkeit, die wir heute so lieben.

DIE SCHOKOLADEN-REVOLUTION

Schokolade wurde schon seit Tausenden von Jahren als bitteres, würziges Getränk genossen, bevor sie Mitte des 19. Jh. als Tafel die Welt im Sturm eroberte. Heute findet eine weitere Schokoladenrevolution statt: eine internationale Bewegung, die mit handwerklichen Techniken aus frischen Zutaten hochwertige Schokolade schafft.

SCHOKOLADENREGAL
Immer mehr Schokoladenmacher in aller Welt stellen edel schmeckende Schokoladen von der Bohne bis zur fertigen Tafel her.

EIN NEUER WEG

Seit J. S. Fry & Sons Mitte des 19. Jh. die Schokoladentafel erfunden haben, ringen Schokoladen- und Confiseriehersteller um die Gunst der Kunden. So entstehen immer wieder neue Formate und interessante Geschmacksnoten, während die Produzenten bereits an der nächsten Attraktion arbeiten.

Große Hersteller stehen dabei vor der Herausforderung, die stetig wachsende Nachfrage nach Schokolade zu befriedigen. Diese Aufgabe führt zusammen mit dem wachsenden Kostendruck dazu, dass sie stetig nach ertragreichen Kakao-

sorten zum Tiefstpreis suchen. So fließen Jahr für Jahr Tonnen billigen Kakaos in die Süßigkeiten, die wir kennen und lieben, was aber einem entscheidenden Aspekt schadet: der Qualität des Rohstoffs Kakao.

Mittlerweile gibt es eine Bewegung hin zu handwerklich gefertigter Schokolade, deren Hersteller großen Wert auf Qualität, Geschmack und Nachhaltigkeit der Kakaogewinnung legen. Manufakturen in aller Welt fördern einen neuen Respekt vor dem aufwendigen Herstellungsprozess, der vom Kakaobaum über unzählige Schritte bis zur fertigen Schokoladentafel führt.

VOM BAUM ZUR TAFEL
Manufakturen sind ganz und gar der Qualität verpflichtet. Sie stellen von Anfang bis Ende sorgfältig produzierte Schokolade mit dem Besten aus jeder Kakaobohne her.

Schokolade wird manchmal gereift, um den Geschmack zu intensivieren.

Kakaomasse wird mit natürlichen Aromen vermischt und zur perfekten Konsistenz raffiniert.

Kakaofrüchte werden von den Bauern aufbereitet. Manufakturen arbeiten oft eng mit den Bauern zusammen, um die Qualität zu verbessern.

Kakaobohnen werden mit größter Sorgfalt geröstet, um den Geschmack zu verstärken.

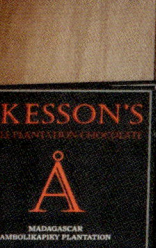

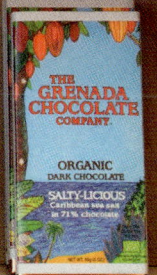

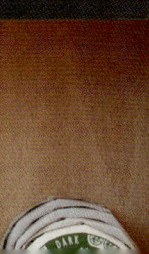

DIE NEUE SCHOKOLADE IM REGAL

Manufakturen und Chocolatiers sind die treibenden Kräfte der Schokoladen-revolution. In ihrem Bewusstsein für Qualität, Nachhaltigkeit und Ethik haben diese Pioniere ganz neue Trends in der Schokoladenindustrie gesetzt.

Fairer Handel und Bio-Anbau

Viele Hersteller setzen auf die Nachhaltigkeit ihrer Schokolade: Die zunehmende Sensibilität gegenüber Armut und Kinderarbeit in der Industrie führt nach und nach zu mehr fairem Handel und umweltschonendem Anbau. Immer mehr Marken arbeiten mit der Fairtrade Foundation zusammen und vor allem die Manufakturen kooperieren oft direkt mit den Bauern und zahlen Höchstpreise für hochwertige Bohnen, um die Arbeitsbedingungen zu verbessern.

»Bean-to-Bar«

Mitte der 1990er-Jahre waren einige kreative Schokoladenliebhaber in den USA die Qualität der angebotenen Schokolade leid und forderten ein höheres Niveau in der Herstellung. Sie waren die Ersten einer Bewegung von Herstellern, die den gesamten Produktionsweg von der Bohne bis zur Schokoladentafel (»Bean-to-Bar«) selbst in die Hand nahmen.

Sie kauften die besten Zutaten, die sie finden konnten, bauten ihre Maschinen selbst und machten die Konsumenten so mit einer ganz neuen Art Schokolade bekannt. Die Zahl dieser handwerklich arbeitenden Hersteller wuchs beständig und heute gibt es alleine in den USA mehr als 300 von ihnen.

Anfangs reagierte der Markt eher zögerlich, aber als die Kosten für die Maschinen sanken, tauchten rund um den Globus immer mehr Bean-to-Bar-Hersteller auf – jeder von ihnen mit eigenem Stil und individueller Vorgehensweise und alle mit Leidenschaft für Qualität und Geschmack.

»Tree-to-Bar«

Über Jahrhunderte wurde Kakao in den Ländern am Äquator angebaut und vorbereitet und dann in anderen Teilen der Welt zu Schokolade verarbeitet. In den letzten zwei Jahrzehnten aber hat die Zahl der Schokoladenfabriken in den Anbauländern zugenommen, zum Teil, weil es einfach profitabler ist, Schokoladentafeln zu verkaufen, als nur Kakao anzubauen. Sie produzieren Schokolade vom Baum bis zu Tafel (»Tree-to-Bar«) und verändern damit die Ökonomien einiger der ärmsten Länder der Welt.

Handwerkskunst

Neben den Umbrüchen in der Herstellung verändern auch neue Methoden, um Schokolade, Pralinen und Trüffeln zu füllen, die traditionelle Pralinenwelt. Handwerklich arbeitende Chocolatiers nutzen heute frische Zutaten und sortenreine Schokolade, um die perfekte Paarung von Schokolade und Füllung zu finden. Diese frischen Produkte kommen ohne Konservierungsmittel aus und halten sich nicht lange. Unternehmungslustige Chocolatiers spielen mit den unterschiedlichsten Geschmacksnoten, von einfachen Ganaches und Fruchtkaramell bis hin zu exotischen Gewürzen und herzhaften Zutaten wie Kräutern, Käse oder sogar Speck.

Sortenrein

Erfolge in der Wein- und der Kaffeeindustrie haben auch Schokoladenhersteller ermutigt, ihren Kakao an ungewöhnlichen Ursprungsorten zu suchen, um sortenreine Schokoladentafeln zu kreieren.

Der am meisten verwendete Kakao stammt aus Westafrika, wo ertragreiche, wenig aromatische Sorten dominieren. Manufakturen nutzen lieber die komplexeren und individuellen Noten aus Zentralamerika, der Karibik und Asien.

DIE HERKUNFT DER SCHOKOLADE

Die Völker Amerikas genießen Schokolade bereits seit mindestens 3500 Jahren. Sie tranken sie zunächst in Flüssigkeit gerührt bei religiösen Zeremonien und sie war eine der am höchsten geschätzten Handelswaren des alten Mesoamerikas. Man nimmt an, dass die Bohnen gegen bunt gefärbte Federn, Edelsteine und Tuch gehandelt wurden.

KAKAO IN DER ANTIKE

Lange vor der Ankunft der spanischen Konquistadoren im 16. Jh. hatte die Schokolade in Mesoamerika schon eine große Geschichte. Man trank bereits in den ersten Siedlungen Mittelamerikas Kakao und der Brauch sollte sich Tausende von Jahren halten.

VIELE DER ALTEN KULTUREN VEREHRTEN DEN KAKAO.

Mesoamerika erstreckte sich vom heutigen Zentralmexiko bis in den Norden Costa Ricas und wurde von Hochkulturen wie den Olmeken, den Maya und den Azteken beherrscht, die alle den Kakao verehrten. Man zerstampfte zunächst die Fruchtpulpe, dann die Bohnen zu einem dickflüssigen Getränk (siehe S. 16–17), das allerdings der Oberschicht vorbehalten war.

ARCHÄOLOGISCHE ENTDECKUNGEN

Kakao ist die einzige Pflanze im alten Mesoamerika, die sowohl Koffein als auch Theobromin (siehe rechts) enthält. Untersuchungen antiker Töpferwaren konnten anhand dieser beiden Substanzen nachweisen, welche der Gefäße einst Kakao enthielten. Der früheste Beleg für den Konsum von Kakao wurde in Paso de la Amada, nahe Soconusco in Mexiko, gefunden.

MOKAYA-KERAMIK
Anfang der 2000er-Jahre fand man in Paso de la Amada im heutigen Mexiko große Mengen an Töpferwaren. Hier stand einst ein Dorf der Mokaya, die als erste diese Region besiedelten.

Forscher untersuchten die Funde, um sie zu datieren und festzustellen, was sie ursprünglich enthielten.

Theobromin-Molekül

Koffein-Molekül

An einer Scherbe aus der Zeit 1900–1500 v. Chr. fand man Theobromin- und Koffein-Moleküle, die als Beleg für Kakao gelten.

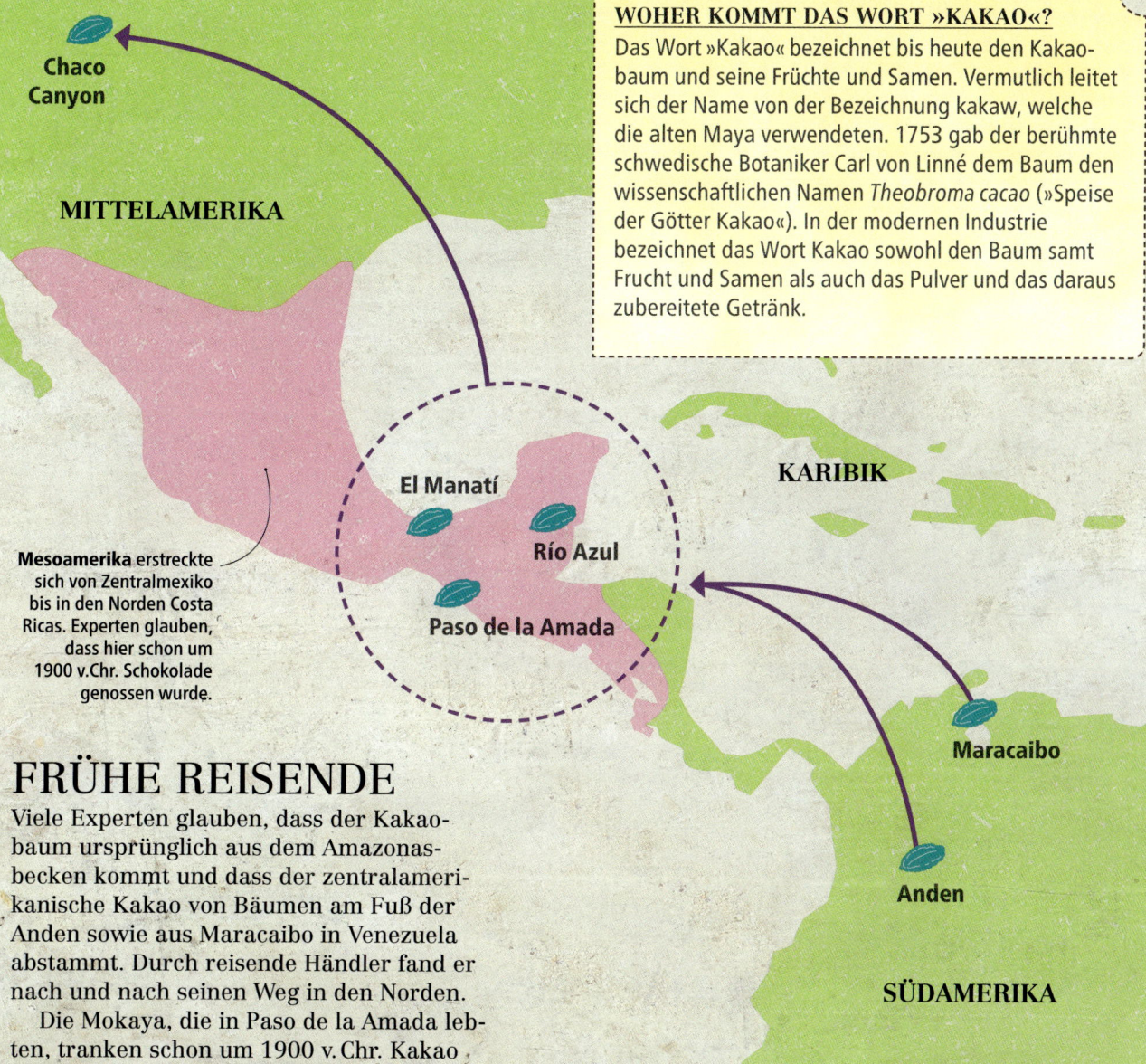

Chaco
Canyon

MITTELAMERIKA

KARIBIK

El Manatí

Río Azul

Paso de la Amada

Maracaibo

Anden

SÜDAMERIKA

Mesoamerika erstreckte sich von Zentralmexiko bis in den Norden Costa Ricas. Experten glauben, dass hier schon um 1900 v.Chr. Schokolade genossen wurde.

WOHER KOMMT DAS WORT »KAKAO«?

Das Wort »Kakao« bezeichnet bis heute den Kakaobaum und seine Früchte und Samen. Vermutlich leitet sich der Name von der Bezeichnung kakaw, welche die alten Maya verwendeten. 1753 gab der berühmte schwedische Botaniker Carl von Linné dem Baum den wissenschaftlichen Namen *Theobroma cacao* (»Speise der Götter Kakao«). In der modernen Industrie bezeichnet das Wort Kakao sowohl den Baum samt Frucht und Samen als auch das Pulver und das daraus zubereitete Getränk.

FRÜHE REISENDE

Viele Experten glauben, dass der Kakaobaum ursprünglich aus dem Amazonasbecken kommt und dass der zentralamerikanische Kakao von Bäumen am Fuß der Anden sowie aus Maracaibo in Venezuela abstammt. Durch reisende Händler fand er nach und nach seinen Weg in den Norden.

Die Mokaya, die in Paso de la Amada lebten, tranken schon um 1900 v. Chr. Kakao und die Olmeken in El Manatí übernahmen den Brauch 200 Jahre später. Die Maya, die im 5. Jh. am Río Azul siedelten, würzten ihre gekochten Speisen mit Kakaobohnen. Um 1100 hatte es der Kakao schon bis in den Chaco Canyon im heutigen New Mexico geschafft. Die Azteken (1345–1521) waren eifrige Kakaotrinker und gaben diesen Brauch an die Spanier weiter.

DER KAKAOBAUM STAMMT AUS DEN REGENWÄLDERN DES AMAZONASBECKENS.

SCHOKOLADE ALS GETRÄNK

Über Jahrtausende genoss man Schokolade in flüssiger Form, aber sie unterschied sich sehr von der süßen, heißen Trinkschokolade, wie wir sie heute kennen. Sie bestand aus gemahlenen Kakaobohnen, Wasser und Maismehl und war mit Vanille, Chilis und Blüten gewürzt.

ANNATTOSAMEN
Die Maya färbten ihren Kakao mit einer Paste aus Annattosamen rot. Dadurch sah das Getränk aus wie das Blut von rituellen Opfern, was seine Symbolkraft verstärkte.

DAS HEILIGE GETRÄNK

Von all den großen Kakao trinkenden Kulturen Zentralamerikas wissen wir das meiste über die Azteken, die hier zwischen 1345 und 1521 herrschten. Wie auch die Mokaya, Olmeken und Maya glaubten die Azteken, dass Kakao eine von den Göttern geschenkte Speise sei, und nutzen sie in religiösen Zeremonien und zu hohen Feierlichkeiten. Die Bohnen dienten in späteren Reichen auch als Währung und mussten von eroberten Ländern als Tribut gezahlt werden.

3

2

1

MAHLEN
Die gerösteten Bohnen wurden von Hand auf einem *metate,* einem schweren, konkaven Mahlstein, mit einer Steinwalze zu einer dickflüssigen Paste zermahlen. Diese Methode war vor Einführung der mechanischen Mühlen die gebräuchlichste.

RÖSTEN
Die aus den Früchten gelösten Bohnen werden über Holzfeuer geröstet, um ihren Geschmack zu verstärken. Dazu verwendete man vermutlich eine flache Keramikschale namens *comal.*

ERNTEN
Die Früchte werden von den Kakaobäumen geerntet. In der Hauptstadt Tenochtitlán (heute Mexiko-Stadt) gab es viele *cacahuateros* (Kakaohändler), die die Bohnen in unterschiedlichen Qualitäten verkauften.

FRUCHTFLEISCH ALS GETRÄNK

Einige der frühesten Getränke wurden vermutlich aus der süßen, saftigen Pulpe gemacht, die die Bohnen in der Frucht umhüllt. Archäologische Funde im heutigen Honduras deuten darauf hin, dass diese Getränke im Gegensatz zu den aus Bohnen gemachten nicht gewürzt oder angedickt waren. Wahrscheinlich wurde die Pulpe fermentiert, um ein alkoholisches Getränk zu erhalten. In manchen Regionen Zentralamerikas macht man bis heute alkoholische Getränke aus Kakaopulpe.

IN DEN ALTEN HOCHKULTUREN GALTEN KAKAOBOHNEN ALS WÄHRUNG.

4

WASSER & GEWÜRZE

Der Kakao wurde mit Maismehl oder anderen Dickungsmitteln und heißem oder kaltem Wasser vermengt. Die Azteken nannten den Kakao *xocoatl* oder »bitteres Wasser«, vermutlich der Ursprung des europäischen Worts »Schokolade«. Die Mischung wurde dann mit Vanille, Chilis, Gewürzen oder Blüten verfeinert und mit Honig oder Pflanzensaft gesüßt.

5

EINSCHENKEN

Die hochwertigsten Kakaos waren von einem dicken Schaum gekrönt, der durch wiederholtes Umgießen zwischen zwei Steingutschalen entstand. Diese Schalen waren oft reich verziert, um die zeremonielle Bedeutung des Getränks zu unterstreichen.

6

TRINKEN

Zur Zeit der Azteken war das Trinken von Kakao ein Statussymbol. Kakao war in der Regel mächtigen Anführern, Kriegern und Kaufleuten bei religiösen Zeremonien und bedeutenden Feierlichkeiten vorbehalten.

DER WEG DES KAKAOS

Dass der Kakao den Weg aus Mesoamerika in den Rest der Welt gefunden hat, ist hauptsächlich den Europäern zu danken, die die Bohnen von ihren Eroberungszügen mit in ihre Kolonien in aller Welt nahmen.

Die Spanier brachten den Kakao im 16. Jh. als Erste in die neu eroberten Gebiete in der Karibik und Zentralamerika und die Franzosen folgten ihnen auf dem Fuße. Im 17. Jh. legten die Spanier neue Plantagen in weiteren Kolonien in Zentralamerika an und setzten afrikanische Sklaven für die Ernte ein.

Binnen Kurzem bauten die Europäer in ihren Kolonien rund um die Welt Kakao an. Die Briten brachten ihn nach Ceylon (dem heutigen Sri Lanka) und Indien, die Niederländer führten ihn in Indonesien ein und die Spanier verbreiteten ihn in ganz Südamerika. Die Portugiesen pflanzten Anfang des 19. Jh. Kakao in Afrika an und die Plantagen breiteten sich von São Thomé über die benachbarte Insel Fernando Póo (heute Bioko) bis in die Kronkolonie Goldküste (heute Ghana) aus.

So ist es vor allem der Kolonialisierung geschuldet, dass man Kakao heute fast überall findet, wo die Bedingungen es zulassen (siehe S. 26–27).

DER KAKAOHANDEL
Diese Karte zeigt, wie die europäischen Kolonialmächte den Kakaoanbau zwischen 1500 und 1900 von Südamerika bis in alle Welt ausgedehnt haben.

16. Jh.

Spanier und Portugiesen reagieren auf die wachsende Nachfrage nach Kakao, indem sie ihn in ihren Kolonien anbauen.

- Spanier: Trinidad und Tobago, Honduras, Kuba, Venezuela und Kolumbien
- Portugiesen: Brasilien

17. Jh.

Die Franzosen erkennen das Potenzial des Kakaos und führen ihn in ihren Kolonien in der Karibik ein. Die Spanier versuchen sich in Asien damit.

- Franzosen: Dominikanische Republik und Grenada
- Spanier: Philippinen, Indonesien und Peru

Dominikanische Republik

Kuba

St. Lucia

Martinique

Grenada

Honduras

Trinidad und Tobago

Kolumbien

Venezuela

Peru

Brasilien

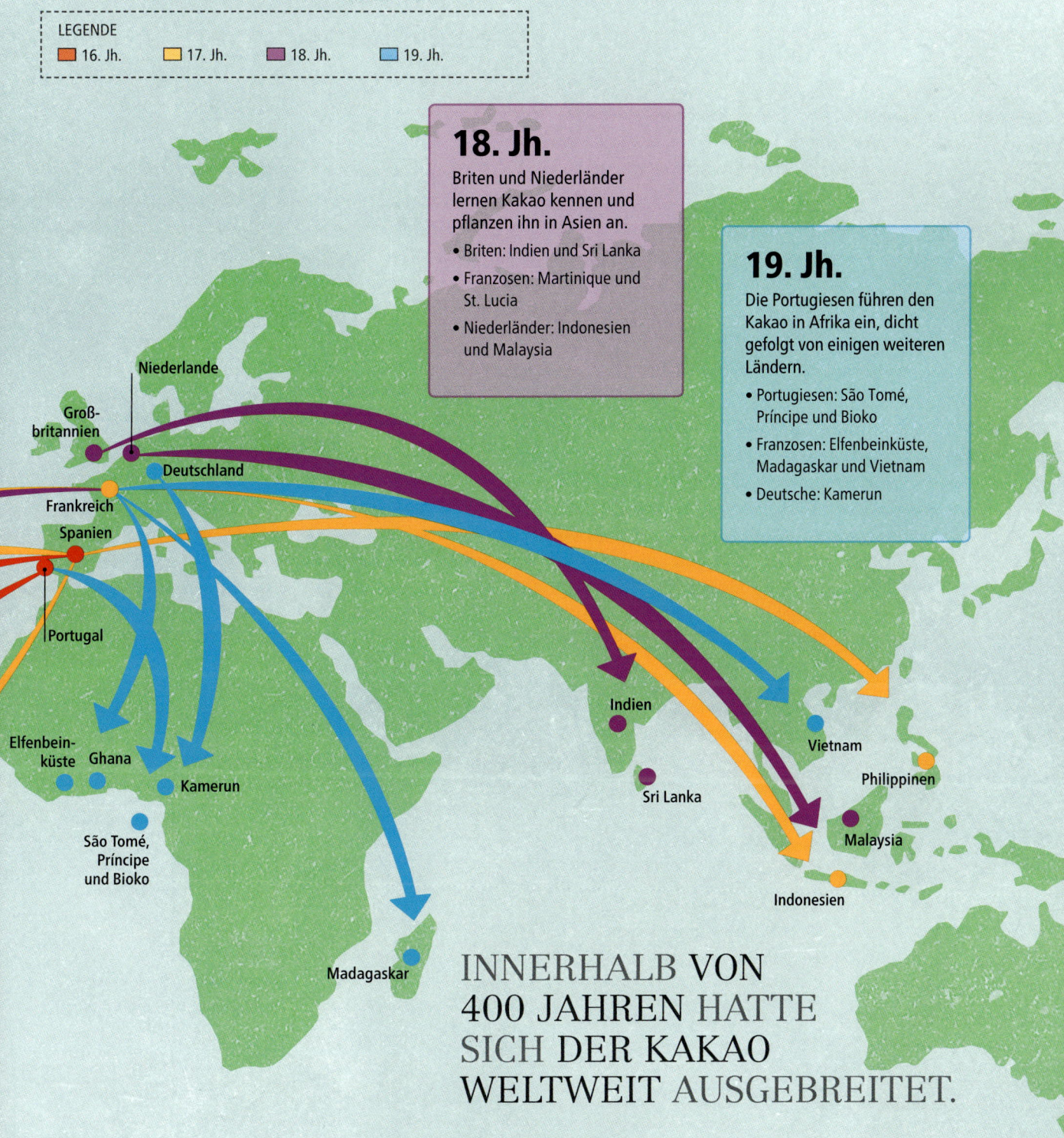

LEGENDE
■ 16. Jh. ■ 17. Jh. ■ 18. Jh. ■ 19. Jh.

18. Jh.
Briten und Niederländer lernen Kakao kennen und pflanzen ihn in Asien an.
• Briten: Indien und Sri Lanka
• Franzosen: Martinique und St. Lucia
• Niederländer: Indonesien und Malaysia

19. Jh.
Die Portugiesen führen den Kakao in Afrika ein, dicht gefolgt von einigen weiteren Ländern.
• Portugiesen: São Tomé, Príncipe und Bioko
• Franzosen: Elfenbeinküste, Madagaskar und Vietnam
• Deutsche: Kamerun

Niederlande
Großbritannien
Deutschland
Frankreich
Spanien
Portugal
Elfenbeinküste
Ghana
Kamerun
São Tomé, Príncipe und Bioko
Madagaskar
Indien
Sri Lanka
Vietnam
Philippinen
Malaysia
Indonesien

INNERHALB VON 400 JAHREN HATTE SICH DER KAKAO WELTWEIT AUSGEBREITET.

DIE VERWANDLUNG DER SCHOKOLADE

Die Schokolade wurde im 16. Jh. von den Spaniern in Europa eingeführt. Zunächst noch bitter und stark gewürzt, war sie bald in Königshäusern und der Oberschicht beliebt. Es sollte noch weitere 300 Jahre dauern, bis sie sich zu den Tafeln und Pralinen entwickelte, die wir heute so lieben.

SCHOKOLADE IN EUROPA

Um 1590 brachten die Spanier Kakaobohnen von ihren Eroberungszügen durch das Aztekenreich mit nach Hause. Sie führten das bittere, stark gewürzte Getränk in Spanien ein. Heiß getrunken und mit Rohrzucker gesüßt wurde es im 17. Jh. im ganzen Land beliebt.

Der zunächst Majestäten und der Oberschicht vorbehaltene Kakao verbreitete sich immer weiter und war bald in ganz Europa begehrt. Die erste schriftliche Erwähnung stammt von 1657, als eine Zeitung den Kakao als »exzellentes westindisches Getränk namens Schokolade« empfiehlt. David Chaillou bereitete 1659 als erster französischer Chocolatier Plätzchen und Kuchen mit Schokolade zu.

Zu Beginn des 18. Jh. waren verruchte Schokoladenhäuser, in denen gespielt, über Politik gestritten und allerlei Ganovenstreiche geplant wurden, der Hit bei der Londoner Oberschicht.

DIE ERSTE SCHOKOLADENTAFEL

Anfang des 19. Jh. war Schokolade auch für Normalsterbliche erschwinglich, wurde aber immer noch vor allem zu besonderen Anlässen getrunken. 1828 ließ sich der niederländische Chemiker Casparus van Houten ein preiswertes Verfahren zum Pressen des Fetts aus gerösteten Kakaobohnen patentieren. Van Houtens hydraulische Presse reduzierte den Kakaobuttergehalt der Bohnen und hinterließ einen Presskuchen, der zu Kakaopulver zermahlen werden konnte.

1550–1600

Um 1590 bringt der Konquistador Hernán Cortés Kakao nach Spanien. Mit der Zeit wird das Getränk – ursprünglich dem Königshaus und Adel vorbehalten – in ganz Spanien beliebt.

1600–1650

Inspiriert von seinen Reisen zu den Westindischen Inseln und nach Spanien führt der Kaufmann Francesco Carletti 1606 die Trinkschokolade in Italien ein. Von hier und Spanien aus tritt sie ihren Siegeszug nach Deutschland, Österreich, in die Schweiz, Frankreich, Belgien und die Niederlande an.

1650–1700

Schokolade wird 1657 erstmals in England schriftlich erwähnt. Um 1689 lässt Königin Mary II. im Palast von Hampton Court die ersten »Schokoladenküchen« einrichten. Der Genuss von Schokolade ist in Europa immer noch ein Privileg der Reichen.

1847 stellten J. S. Fry & Sons in England die ersten geformten Schokoladentafeln her. Sie bestanden aus Kakaopulver, Zucker und Kakaobutter und waren nach heutigen Maßstäben sehr grob und bitter, erwiesen sich aber als großer Erfolg.

TECHNISCHE FORTSCHRITTE

Die erste kommerziell hergestellte Milchschokolade entstand erst 1875, fast dreißig Jahre nach der ersten Schokoladentafel.

Der Schweizer Chemiker Henri Nestlé entwickelte eine Methode, um Milch zu dehydrieren und so Milchpulver herzustellen. Kurz darauf kam der Schokoladenhersteller Daniel Peter auf die Idee, das Milchpulver zu nutzen, um eine neue Schokoladensorte zu kreieren: Milchschokolade. Da sebst kleinste Mengen Feuchtigkeit Schokolade erstarren lassen, war die Herstellung von Milchschokolade zuvor nicht möglich gewesen.

Dazu kam die Technik des »Conchierens«, ein ausgiebiges Rühren der Schokolade, das der Schweizer Erfinder Rodolphe Lindt 1879 entwickelte, um den Geschmack zu verbessern. Lindt war auch einer der Ersten, die zusätzliche Kakaobutter einrührten, um die Schokolade geschmeidiger zu machen – eine Eigenschaft, die Schweizer Schokolade bis heute auszeichnet.

TRÜFFELN UND PRALINEN

Der Legende zufolge verrührte Anfang des 20. Jh. ein Lehrling des französischen Kochs Auguste Escoffier als Erster Schokolade und Sahne zu einer Ganache. Angeblich goss er versehentlich heiße Sahne in eine Schale mit Schokolade und stellte dann fest, dass die Masse sich leicht zu kleinen Trüffeln formen ließ.

Wahrscheinlicher ist aber, dass die erste Ganache bereits im späten 19. Jh. entstand. Wie auch immer – sie hat Chocolatiers dabei geholfen, andere Aromen mit Schokolade zu verbinden, und die Mode der Trüffel breitete sich von Frankreich und Belgien über ganz Europa aus.

SCHOKOLADEN-FABRIK, 1909
Arbeiterinnen verpacken Schokoladentafeln von Hand. Anfang des 20. Jh. boomte die Schokoladenindustrie in Europa und den USA.

1700–1800

Der englische Staatskommissar John Hannon führt die Schokolade in Nordamerika ein. Die Londoner Oberschicht frequentiert die Schokoladenhäuser. In den großen italienischen Städten machen die *cioccolatieri* (Schokoladenverkäufer) gute Geschäfte.

1800–1850

Schokolade wird in Europa für die breite Masse erschwinglich. 1828 lässt sich Casparus van Houten eine hydraulische Presse patentieren, mit der er Kakaonibs, also geschälte und gebrochene Kakaobohnen, zu einem Pulver namens »holländischer Kakao« verarbeitet.

1850–1900

1847 produzieren J. S. Fry & Sons in England die ersten Schokoladentafeln. 1875 entwickelt der Schweizer Hersteller Daniel Peter die Milchschokolade. 1879 erfindet der Schweizer Rodolphe Lindt das Conchieren.

SCHOKOLADENWISSEN

Wie entsteht Schokolade? Kakao ist zunächst einfach ein Samen, der in der Frucht des Kakaobaums wächst. Hier erfahren Sie, wie Pflanzer die Bohnen ernten und verarbeiten, bevor die Hersteller Schokolade aus ihnen machen.

VOM KAKAOBAUM ZUR SCHOKOLADENTAFEL

Schokolade wird aus der Frucht des Kakaobaums _Theobroma cacao_ gewonnen. Dabei durchläuft der Kakao auf seiner Reise von den feuchtwarmen Plantagen in Äquatornähe bis zur attraktiv verpackten Schokoladentafel eine ganze Reihe von Verarbeitungsschritten.

ERSTE ETAPPE

Die erste Etappe der Reise liegt in den Händen der Pflanzer und Arbeiter auf den Plantagen links und rechts des Äquators.

1

ERNTE
Wenn der Kakao erntereif ist, trennen die Pflanzer die Früchte mit der Machete vom Baum ab, öffnen sie und lösen die Bohnen samt der Fruchtpulpe aus.

Jede Frucht enthält 25–30 Kakaobohnen in einer dickflüssigen Pulpe.

2

FERMENTATION
Die Pflanzer lassen die Bohnen 5–7 Tage in offenen Kästen oder Wannen fermentieren und wenden sie dabei wiederholt.

Chemische Reaktionen stoppen die Keimung und verändern den Geschmack der Bohnen.

3

Manche Pflanzer »schlurfen« mit den Füßen durch die Bohnen, damit sie gleichmäßig trocknen.

TROCKNUNG
Die Pflanzer lassen die Bohnen ungefähr eine Woche in der Sonne trocknen und wenden sie dabei regelmäßig.

4

TRANSPORT
Die Bohnen werden in luftdurchlässige Jutesäcke gefüllt und eingelagert oder direkt zum Hersteller verschifft.

ZWEITE ETAPPE

Die getrockneten Kakaobohnen werden an Schokoladenhersteller in aller Welt verschifft.

5

SORTIEREN
Die Hersteller befreien die Bohnen von Zweigen, faulen Bestandteilen und anderen Verunreinigungen.

6

Man kann die Bohnen auch im Backofen rösten.

RÖSTEN
Die Hersteller rösten die Bohnen, um den Geschmack zu entwickeln, Bakterien abzutöten und die Schalen zu lösen.

7

Die dünnen Schalen beginnen sich von den Kernen zu lösen.

BRECHEN
Die abgekühlten Bohnen werden zu sogenannten »Nibs« gebrochen.

8

REINIGEN
Die leichten äußeren Schalen werden mit Pressluft von den schwereren Kernen oder Nibs getrennt.

9

MAHLEN UND RAFFINIEREN
Die Bohnen werden zu einer dickflüssigen »Kakaomasse« zermahlen.

Durch Reibungswärme schmelzen die Kernbruchstücke.

10

MISCHEN
Der Kakaomasse werden Zucker und Kakaobutter, manchmal auch Milchpulver und Aromen beigemischt.

11

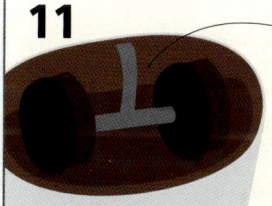
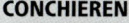

Für das Mahlen und Conchieren gibt es spezielle Mühlen.

CONCHIEREN
Die Schokolade wird Stunden bis mehrere Tage lang gerührt und belüftet.

12

SETZEN UND REIFEN
Die Schokolade kommt zum Abkühlen in große Behälter und wird manchmal mehrere Wochen lang gereift, um den Geschmack weiterzuentwickeln.

13

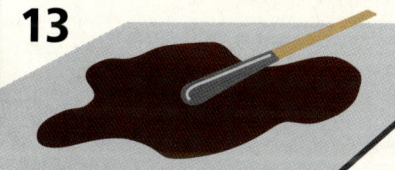

TEMPERIEREN
Die Schokolade wird kontrolliert erhitzt und nach dem Abkühlen erneut erhitzt, um die perfekte Textur zu erhalten.

14

FORMEN UND VERPACKEN
Die Schokolade kann jetzt in Formen gegossen und zu Tafeln oder Konfekt verarbeitet werden.

DER KAKAOBAUM

Der Kakaobaum _Theobroma cacao_ stammt aus Amerika, findet sich heute aber auf fünf Kontinenten. Der Baum braucht unter anderem ein warmes und feuchtes Klima, wie es nahe dem Äquator herrscht, um zu gedeihen und perfekte Früchte zu tragen.

GLOBALER ANBAU

Kakao stammt ursprünglich aus Zentralamerika und dem Amazonasbecken und wurde ab dem 16. Jh. von den Europäern in ihre Kolonien gebracht, um die weltweite Nachfrage nach Schokolade zu befriedigen.

Heute wachsen Kakaobäume rund um den Globus zwischen 20 Grad ober- und unterhalb des Äquators. Das heiße und feuchte Klima hier bietet perfekte Wachstumsbedingungen. Meist wird er im Schatten höherer Bäume in kleinen Plantagen in oder nahe von Regenwäldern kultiviert.

Je weiter man sich vom Äquator entfernt, desto schwieriger wird der zuverlässige Anbau und jenseits der Wachstumszone ist er gar unmöglich.

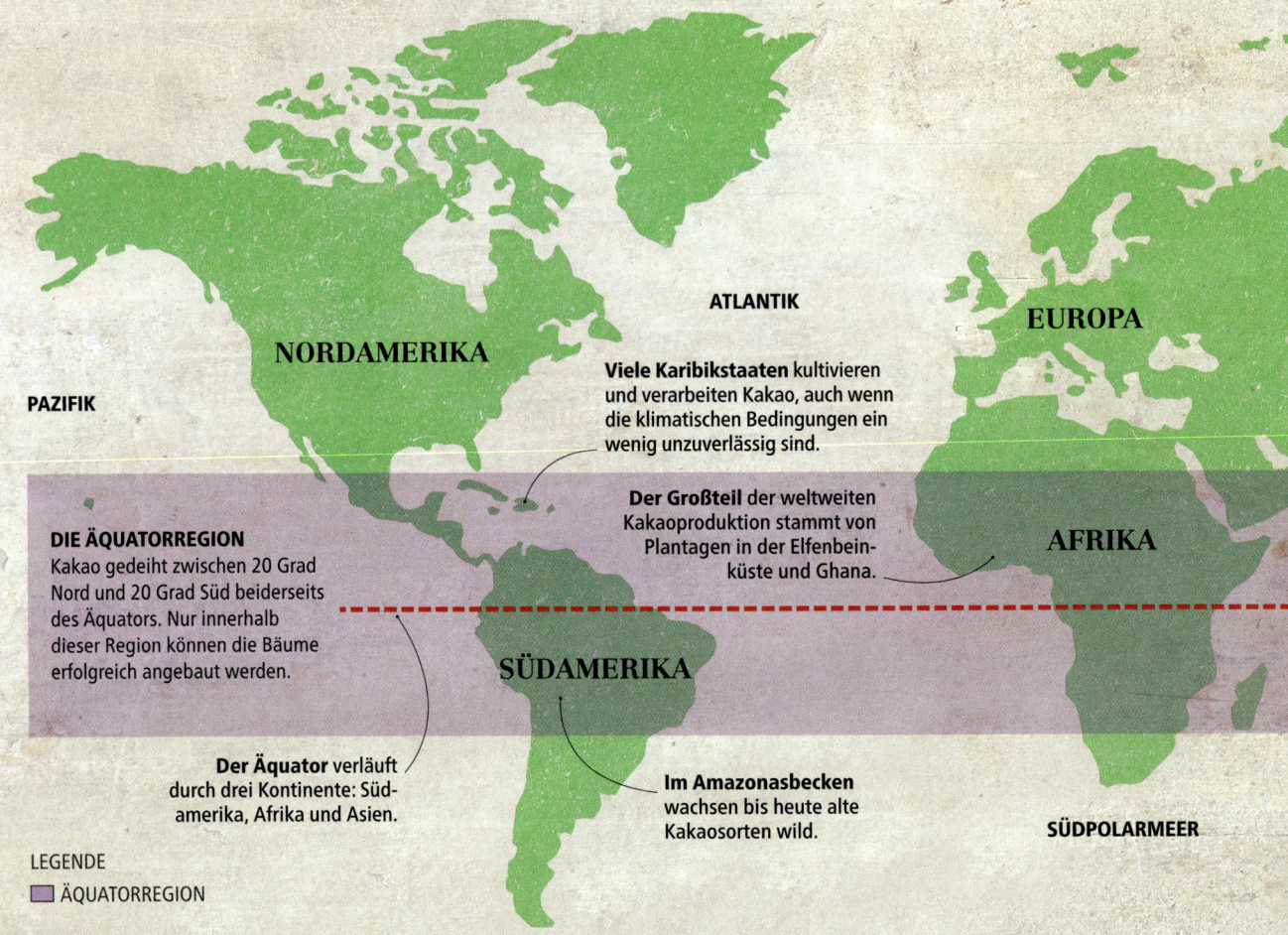

ATLANTIK

EUROPA

NORDAMERIKA

PAZIFIK

Viele Karibikstaaten kultivieren und verarbeiten Kakao, auch wenn die klimatischen Bedingungen ein wenig unzuverlässig sind.

Der Großteil der weltweiten Kakaoproduktion stammt von Plantagen in der Elfenbeinküste und Ghana.

AFRIKA

DIE ÄQUATORREGION
Kakao gedeiht zwischen 20 Grad Nord und 20 Grad Süd beiderseits des Äquators. Nur innerhalb dieser Region können die Bäume erfolgreich angebaut werden.

SÜDAMERIKA

Der Äquator verläuft durch drei Kontinente: Südamerika, Afrika und Asien.

Im Amazonasbecken wachsen bis heute alte Kakaosorten wild.

SÜDPOLARMEER

LEGENDE
ÄQUATORREGION

BLÜHENDE BÄUME

Eines der auffälligsten Merkmale des Kakaobaums ist, dass Blüten und Früchte auf sogenannten »Kauliflorien« wachsen. Das sind Verdickungen direkt am Stamm und an dickeren Ästen.

Kakao kann ganzjährig Blüten und Früchte tragen, meist in zwei Erntezeiten, der Haupt- und der geringeren Nebenernte. Der genaue Zeitpunkt wird vom vor Ort herrschenden Klima bestimmt. In manchen Teilen der Welt tragen die Bäume das ganze Jahr hindurch reife Früchte.

KAKAOFRÜCHTE
Die Früchte des Kakaobaums wachsen direkt am Stamm. Dieser Baum steht in Baracoa im Osten Kubas.

KAKAOBLÜTE
Dieser Kakaobaum auf Hawaii beginnt gerade zu blühen. Die winzigen Blüten sind gerade einmal so groß wie eine Fingerkuppe.

ASIEN

PAZIFIK

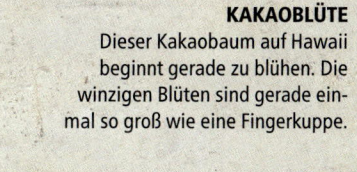

Kakao wächst in verschiedenen Regionen Indonesiens und der Philippinen und die Exportzahlen steigen.

OZEANIEN

KAKAOBÄUME WACHSEN HEUTE RUND UM DEN GLOBUS.

ENGE VERWANDTE

Einer der engsten Verwandten ist *Theobroma grandiflorum,* auch Cupuaçu genannt. Wie Kakao findet man Cupuaçu im gesamten Amazonasbecken. Sein Fruchtfleisch schmeckt nach Birne und kann gepresst und in Desserts verwendet werden. Die Samen werden zu einer Paste zermahlen und zum schokoladenähnlichen Konfekt *cupulate* verarbeitet.

KAKAO-SORTEN

Kakao ist genetisch sehr divers und schwer zu klassifizieren. Traditionell teilt man die Bäume in die Sorten Criollo, Forastero und Trinitario ein. Mittlerweile existieren weltweit Tausende von Kreuzungen, deshalb stellen wir hier nur die bekanntesten Sorten vor.

UNTERSCHIEDE

Theobroma cacao ist genetisch sehr vielgestaltig und lässt sich problemlos kreuzen. Deshalb findet man auf den einzelnen Plantagen zahlreiche unterschiedliche Varietäten, die ganz individuell auf Krankheiten reagieren, unterschiedlich hohe Erträge bringen und Bohnen mit ganz eigenen Geschmacksprofilen produzieren. Über die Jahre haben die Pflanzer unermüdlich gekreuzt, um bestimmte Eigenschaften herauszuzüchten.

Dank dieser Vielfalt und einer allzu undifferenzierten Kategorisierung wissen die Pflanzer oft selbst nicht so genau, welche Sorten sie auf ihren Plantagen haben. Manche Sorten gelten als Garanten besonders hochwertiger Schokolade, wobei die Sorte sehr häufig eine wesentlich geringere Rolle spielt als der Boden und das vorherrschende Klima sowie das handwerkliche Können des Pflanzers und des Schokoladenherstellers. Edelsorten können genauso schlechte Schokolade liefern, wie als geringwertig geltende Sorten in den richtigen Händen oft köstliche Schokolade ergeben.

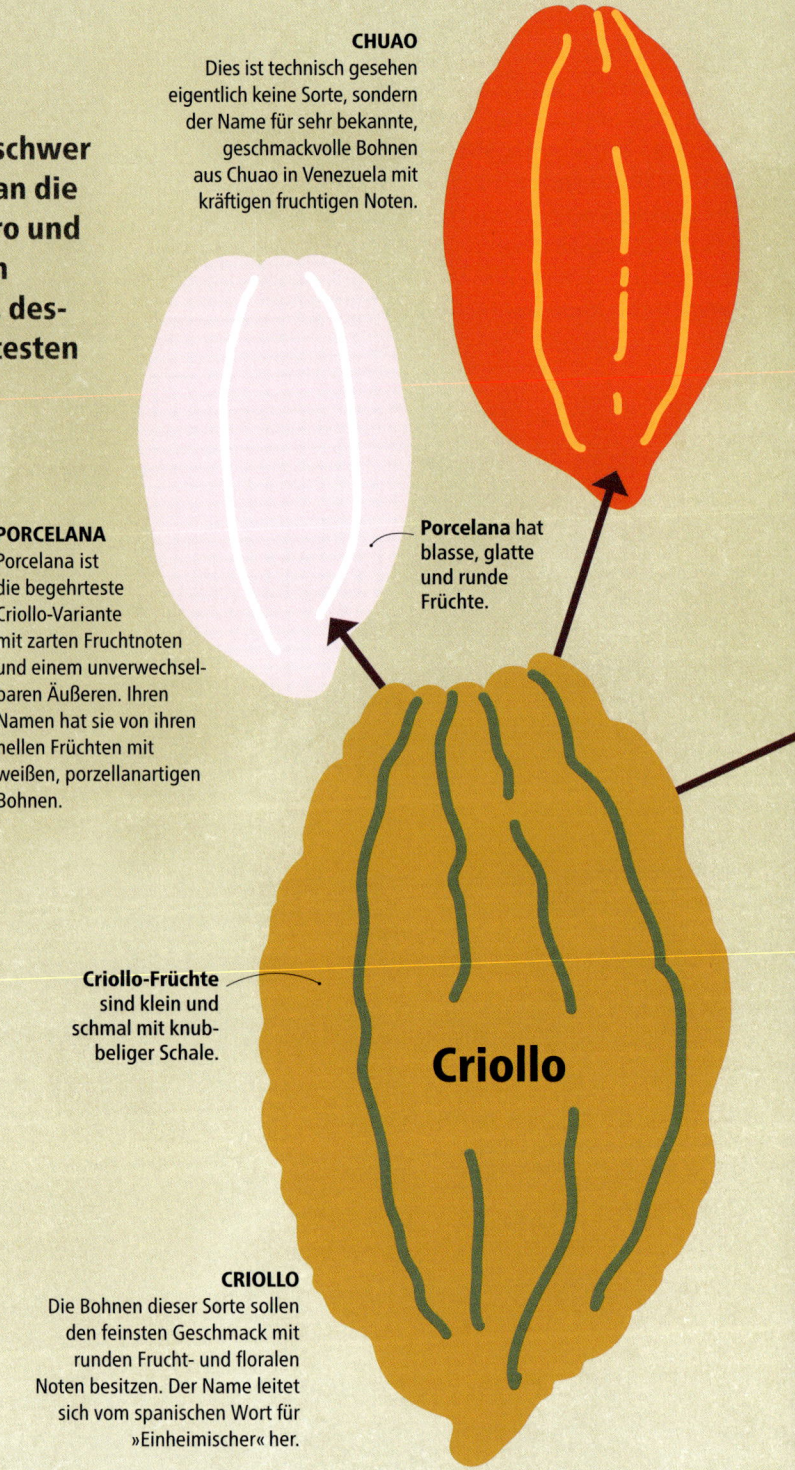

CHUAO
Dies ist technisch gesehen eigentlich keine Sorte, sondern der Name für sehr bekannte, geschmackvolle Bohnen aus Chuao in Venezuela mit kräftigen fruchtigen Noten.

PORCELANA
Porcelana ist die begehrteste Criollo-Variante mit zarten Fruchtnoten und einem unverwechselbaren Äußeren. Ihren Namen hat sie von ihren hellen Früchten mit weißen, porzellanartigen Bohnen.

Porcelana hat blasse, glatte und runde Früchte.

Criollo-Früchte sind klein und schmal mit knubbeliger Schale.

Criollo

CRIOLLO
Die Bohnen dieser Sorte sollen den feinsten Geschmack mit runden Frucht- und floralen Noten besitzen. Der Name leitet sich vom spanischen Wort für »Einheimischer« her.

AUF DER GLEICHEN PLANTAGE KÖNNEN GANZ UNTERSCHIEDLICHE SORTEN WACHSEN.

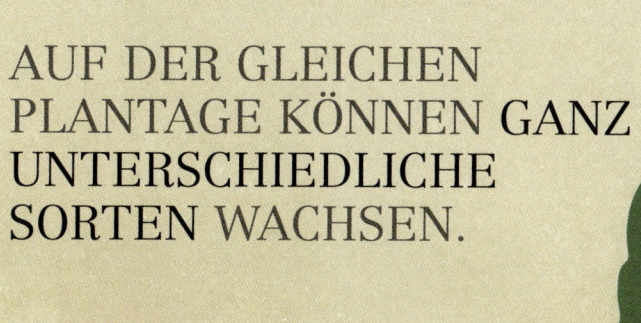

ARRIBA NACIONAL
Die aus Ecuador stammende Arriba Nacional ist eine geschätzte Forastero-Variante. Ihre Bohnen besitzen feine blumige Noten.

Trinitario-Früchte sehen wie eine Mischung aus Criollo und Forastero aus.

Arriba Nacional hat grüne Früchte mit tiefen Furchen.

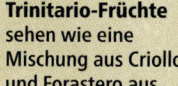

TRINITARIO
Die Hybride Trinitario stammt von der Karibikinsel Trinidad. Sie wurde aus Criollo und Forastero gezüchtet und liefert Kakao mit feineren Geschmacksnoten als die Forastero- und mehr Ertrag als die meisten Criollo-Varianten.

Forastero hat große, rundliche Früchte mit flachen Rippen.

CCN-51
Eine für maximalen Ertrag und Resistenz gegen Krankheiten gezüchtete Hybride, die in Ecuador und anderen südamerikanischen Ländern für Kontroversen sorgt, weil sie die einheimischen Kakaosorten verdrängt.

FORASTERO
Der Großteil der massenproduzierten Schokolade wird aus Forastero-Bohnen hergestellt. Die Sorte ist ertragreich, aber geschmacklich nicht so differenziert wie Criollo.

DER KAKAOANBAU

Kakaobäume brauchen fruchtbaren Boden und tropisches Klima. Anbau, Ernte und Verarbeitung der Bohnen sind arbeitsintensiv und lassen sich nicht gut automatisieren. Die umsorgten Bäume tragen nach drei bis fünf Jahren erstmalig Blüten und in der Folge Früchte.

THEOBROMA CACAO

Die Gattung des Kakaobaums heißt Theobroma. *Theobroma cacao* ist eine anspruchsvolle Art, was Bodenbeschaffenheit und Klima angeht. Sie gedeiht in heißem, feuchtem und ganzjährig stabilem Klima und verlangt hohe Luftfeuchtigkeit, leicht sauren Boden und regelmäßige Niederschläge, um die beste Kakaoqualität zu liefern.

Kakao ist lichtempfindlich und bevorzugt Schatten. Deshalb setzt man in der Plantage meist höhere Bäume zwischen die Kakaobäume, am häufigsten Bananen. Kakao wächst am Rand des Regenwaldes, gerne auf unebenem oder gebirgigem Terrain.

Kultivierung und Ernte sind arbeitsintensiv und lassen sich kaum mit Maschinen erledigen, deshalb werden die Plantagen meist von kleinen Familienbetrieben bewirtschaftet.

Knospe

Blüte

Kakaofrucht

PERFEKTE BEDINGUNGEN
Die Umweltbedingungen beeinflussen die Qualität des Kakaos, da Blüten und Früchte empfindlich gegen starken Wind, Sonnenlicht und Frost sind. So unterschiedlich die Anbaubedingungen weltweit sein mögen, so gibt es doch einige Gemeinsamkeiten.

• Die Jahresdurchschnittstemperatur sollte zwischen 21 °C und 30 °C liegen.

• Der Baum bevorzugt lichten Schatten zwischen höheren Bäumen.

• Die Jahresniederschlagsmenge sollte zwischen 1500 und 2000 mm liegen.

• Der Boden sollte einen pH-Wert von 5,5 bis 7 aufweisen und reich an Nährstoffen sein.

• Die Luftfeuchtigkeit sollte zwischen 100 Prozent am Tag und 80 Prozent in der Nacht liegen.

VOM SAMEN ZUR FRUCHT

Pflanzer ziehen ihre Bäume entweder aus einem Samen (der Kakaobohne) oder pfropfen Stecklinge auf einen gesunden Wurzelstock, um gesunde und verlässliche Bäume zu erhalten.

1
Die Samen (die Kakaobohnen) werden vom Fruchtfleisch gereinigt, das die Keimung hemmt.

2
Die Samen werden mit 25 cm Abstand mit der Keimspitze nach unten eingepflanzt.

3
Bei der Keimung drückt die Wurzel den Samen durch die Erde nach oben.

4
Die Sämlinge werden vor direktem Sonnenlicht geschützt und täglich gewässert.

5
Die Sämlinge entwickeln nach rund 6 Monaten zwei Blättchen und die gesundesten Pflänzchen werden ausgepflanzt.

6
Die Bäume werden im Schatten höherer Bäume, wie Bananen, gepflanzt.

7
Nach 3 bis 5 Jahren erscheinen erstmals Blüten direkt am Stamm und an dicken Ästen.

8
Mücken bestäuben die Blüten, die sich innerhalb von 5 Monaten zu Kakaofrüchten entwickeln.

9
Die Pflanzer ernten meist zwei Mal im Jahr. Die Bäume tragen etwa 25 Jahre lang Früchte.

DIE ERNTE

Die Ernte erfordert Handarbeit und Erfahrung. Manche Früchte sind schwer zu erreichen und die Arbeiter müssen sehr aufpassen, dass sie die empfindlichen Bäume nicht beschädigen. Nur qualifizierte Ernter können die Reife beurteilen und die Früchte schnell und ohne die Bohnen zu verletzen öffnen.

DIE JAHRESZEITEN

Die Pflanzer ernten in der Regel zwei Mal im Jahr, jeweils zur Regenzeit. In manchen Regionen ohne ausgeprägte Regen- und Trockenzeiten wird das ganze Jahr hindurch ohne Pause geerntet. Das macht den Betrieb der Plantage komplizierter, da man keine klar definierten Erntezeiten einplanen kann. Es ist auch schwieriger, immer wieder kleine Chargen an Bohnen zu fermentieren als einige wenige, große Ernten jeweils in einem Schwung zu verarbeiten. Das bedeutet zusätzliche Probleme für Pflanzer und Hersteller.

DIE PFLANZER MÜSSEN SCHNELL UND SORG- FÄLTIG ARBEITEN, UM BÄUME UND BOHNEN NICHT ZU BESCHÄDIGEN.

SCHRITT FÜR SCHRITT

Ist die Kakaofrucht erst reif, beginnen die Bohnen in ihrem Inneren binnen weniger Wochen zu keimen, deshalb muss man sie schnell ernten. Die Früchte reifen aber nicht gleichzeitig, sodass die Erntearbeiter den gleichen Baum mehrfach besuchen müssen.

1 Auf Reife prüfen

Erfahrene Pflanzer kennen ihre Bäume so gut, dass sie reife Früchte an ihrer Farbe erkennen können. Andere schneiden die Schale ein, um die Farbe des Fruchtfleischs zu beurteilen. Am einfachsten geht es aber mit der Klopfprobe (siehe unten).

KLOPFPROBE
Während die Frucht reift, lockern sich die Bohnen in ihrem Inneren und die Frucht klingt beim Klopfen oder sanften Schütteln hohl.

2 Abschneiden

Wenn die Früchte reif sind, kann man sie ernten. Dabei muss man aufpassen, den Baum nicht zu verletzen. Zukünftige Blüten und Früchte entspringen immer der gleichen Kauliflorie, sodass die Pflanzer darauf achten müssen, die Früchte nicht zu dicht am Stamm oder Ast abzuschneiden.

ERNTE MIT DER MACHETE
Die Pflanzer schneiden hoch hängende Früchte mit einer auf eine Stange montierten Klinge ab. Für tiefer hängende Früchte reichen Machete oder Astschere.

3 Aufbrechen

In manchen Regionen öffnen die Pflanzer die Früchte aus der Hand mit einem gezielten Hieb mit der Machete, die sie auch zum Ernten verwendet haben. Diese Methode ist aber gefährlich und kann die kostbaren Bohnen beschädigen. Deshalb legen viele Pflanzer die Frucht lieber auf einen harten Untergrund und öffnen sie durch einen Schlag mit einem stumpfen Gegenstand (siehe links). Seltener findet man auch spezielle Maschinen zum Öffnen der Früchte, die aber teuer sind und nicht wirklich effizienter arbeiten.

STUMPFE GEWALT
Manche Pflanzer öffnen die Früchte mit einem Holz, das ein wenig an einen Kricketschläger mit einer stumpfen Kante erinnert.

SCHATZ DER KAKAOFRUCHT

Die Früchte des Kakaobaums sind bunte und sehr vielgestaltige Schoten. Jede von ihnen enthält 25–50 Kakaobohnen in einer dickflüssigen weißen Fruchtpulpe. Bei der Verarbeitung muss das weiche Innenleben sehr vorsichtig aus der leuchtenden Schale gelöst werden, die sich mit der Zeit immer dunkler färbt.

FORMEN UND FARBEN

Kakaofrüchte gibt es in unterschiedlichen Formen, Größen und Farben. Sie sind zwischen 20 und 30 cm lang und zwischen 10 und 15 cm dick. Unter der harten Schale liegen die Bohnen in Reihen um eine zentrale Plazenta herum angeordnet, die sich längs durch die Frucht zieht.

Die Früchte der verschiedenen Sorten und Varianten des Kakaobaums unterscheiden sich deutlich voneinander – von klein und rund bis lang und knubbelig drückt sich die genetische Diversität der Gattung auch in den Früchten aus.

Die harte äußere Schale ist technisch gesehen ein Fruchtknoten, der rund 70 Prozent des Gewichts der Frucht ausmacht. Die Früchte sind bunt gefärbt, manche sind glatt und rund, andere tief gefurcht.

Die fadenförmige Plazenta hält die Bohnen in Reihen zusammen. Sie verflüssigt sich bei der Fermentation zusammen mit der Fruchtpulpe.

DIE KAKAOFRUCHT

Botanisch gesprochen ist die Kakaofrucht eine Kirsche, auch wenn der in der Industrie gebräuchliche Begriff »Pod« eigentlich Schote bedeutet. Sie ist eine Schließfrucht, die sich nicht von selbst öffnet, um die Samen freizusetzen. Deshalb müssen die Pflanzer sie bei der Ernte von Hand öffnen, um an die Bohnen zu gelangen.

DIE KAKAOBOHNE

Die Samen der Kakaofrucht werden meist als Bohnen bezeichnet. Sobald die Früchte reif sind, müssen die Pflanzer schnell arbeiten, um Bohnen und Fruchtfleisch (die Pulpe) aus der Schale zu lösen und die Fermentation zu beginnen, bevor die Bohnen zu faulen beginnen. Hochwertige Bohnen sind fest und von frischem hellem Fruchtfleisch umgeben.

Die Schale ist hart und papierartig und kann Spuren von Schwermetallen, Schmutz und Mikroorganismen enthalten. Sobald die Bohnen geröstet wurden, wird sie mit Luftdruck entfernt.

Der Keim ist die zentrale Knospe im Samen. Er wird bei der Fermentation abgetötet, was geschmacksfördernde Enzyme freisetzt.

Die »Nibs«, die Kernsplitter der Bohne, enthalten 55 Prozent der Kakaobutter und alle Nährstoffe der Bohnen.

Die Kakaobohnen sind die Samen der Kakaofrucht und liegen in eine süße Fruchtpulpe eingebettet. Nach der Fermentation werden sie als die bekannten Kakaobohnen weiterverarbeitet.

Die Fruchtpulpe umhüllt die Bohnen. Bei der Fermentation setzen sich Hefezellen auf diese süße Substanz und wandeln den enthaltenen Zucker in Alkohol um.

Nach dem Rösten und Reinigen bleiben die Kernbruchstücke, die Nibs, übrig. Aus ihnen werden schließlich Schokolade und Kakaobutter gewonnen.

FERMENTATION UND TROCKNUNG

Die beiden ersten Verarbeitungsschritte Fermentation und Trocknung sind entscheidend für die Geschmacksentwicklung. Dabei bieten sich unterschiedliche Methoden an, von der Verwendung großer Bottiche bis hin zu mehrstöckigen Gestellen.

DIE TECHNIK

Nach der Ernte muss die Fermentation zügig in Gang kommen. Manche Pflanzer fermentieren die Bohnen vor Ort, aber meistens transportiert man sie zunächst zu einer zentral gelegenen Sammelstelle.

Traditionell häufte man die Bohnen einfach auf dem Boden auf und bedeckte sie mit Bananenblättern, um die Hitze zu halten. Heute verwenden die meisten Hersteller Gestelle mit durchbrochenen Böden.

Was steckt dahinter?

Die Fruchtpulpe ist reich an Zucker – Glukose, Fruktose und Saccharose –, der sich während der Fermentation in Alkohol umwandelt. Aus diesem wiederum bildet sich Essigsäure, die in die Bohnen eindringt.

Die chemischen Reaktionen während der Fermentation erzeugen eine große Menge an Wärme: Die Temperaturen im Bohnenhaufen können nach einigen Tagen 50 °C erreichen. Diese Wärme, der Alkohol und die Essigsäure töten den Keim in der Bohne (siehe S. 35) ab. Dabei werden Enzyme freigesetzt, die eine entscheidende Rolle bei der Entwicklung der Geschmacksnoten des Kakaos spielen. Sie starten die Fermentation, wandeln den Zucker in der Pulpe in organische Säuren um und verleihen den Bohnen auf diesem Weg ihren individuellen Geschmack.

1

TRANSPORT

Die noch von ihrer Fruchtpulpe umhüllten Bohnen werden in Bottichen zu einer Sammelstelle transportiert, wo sie häufig mit den Erträgen anderer Plantagen vermischt werden.

4

WENDEN

Nach 2–3 Tagen wird der Bohnenhaufen von Hand gewendet, um eine gleichmäßige Gärung zu erzielen und Luft in den gärenden Haufen zu bringen.

Durch Wenden bringt man die aerobe Fermentation in Gang, die den Alkohol in Essigsäure umwandelt.

Die Bohnen nehmen Essigsäure auf.

DIE FERMENTATION HAT EINEN ENTSCHEIDENDEN EINFLUSS AUF DEN GESCHMACK DER SCHOKOLADE.

2

SCHWITZKÄSTEN

Die Bohnen kommen in spezielle Gärkästen und werden mit Bananenblättern bedeckt. Die Böden der Kästen sind durchbrochen, damit die vergorene Fruchtpulpe abtropfen kann.

Die Gärkästen stehen erhöht, damit die vergorene Pulpe durch die Löcher im Boden ablaufen kann.

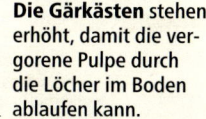

3

ANAEROBE FERMENTATION

Nach den ersten zwei Tagen der Gärung ist der Zucker in der Pulpe zu Alkohol umgewandelt worden. Dabei entsteht Hitze, die die Pulpe verflüssigt.

5

TROCKNEN

Nach rund 5–7 Tagen breitet man die Bohnen in der Sonne auf dem Boden aus. Manche Betriebe haben bewegliche Sonnendächer oder nutzen Gewächshäuser, um die Bohnen vor der Witterung zu schützen.

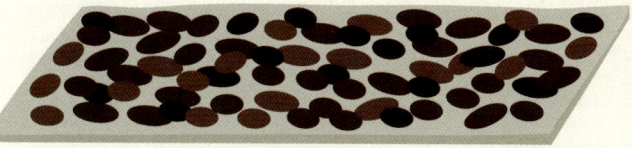

6

WENDEN

Die Bohnen werden mehrfach am Tag gewendet. Viele Pflanzer schlurfen dabei einfach mit den Füßen durch die Bohnen, andere verwenden eine spezielle Schaufel. Nach etwa einer Woche sind die Bohnen trocken und bereit für den Abtransport zum Schokoladenhersteller.

SORTIEREN

Der Schokoladenhersteller muss die Bohnen auf Verunreinigungen, Insekten-schäden und Schimmel untersuchen, die den Geschmack der Schokolade verderben können. Außerdem sortiert er jetzt alle beschädigten, fehlgebil-deten oder verfärbten Bohnen aus. Je nach Betriebsgröße und persönlichen Vorlieben setzen Betreiber dabei unterschiedliche Methoden ein.

SAFETY FIRST

Die fermentierten und getrockneten Bohnen werden meist in Jutesäcken angeliefert. Da sie in der Regel im Freien trocknen, sind sie sehr wahrscheinlich mit Zweigen, Steinchen, Kaffee-bohnen und Insekten verunreinigt, die später auch in den Säcken mitreisen. Dazu kommen Keimreste, Schalensplitter und getrocknete Pulpe (siehe S. 35). Auch Metallteile und Glassplitter können hin und wieder ihren Weg in die Säcke finden.

Aus all diesen Gründen müssen die Kakao-bohnen gründlich untersucht und sortiert werden. Dafür gibt es verschiedene Methoden.

BESCHÄDIGTE BOHNEN
Manufakturen entfernen beschädigte Bohnen, um die Qualität der Schokolade nicht zu gefährden. Risse in der Bohne können z. B. auf Insektenbefall oder auch teilweise Keimung hindeuten.

Untersuchung

Kleinbetriebe untersuchen ihre Bohnen meist optisch und entfernen Verunreinigungen von Hand. In größeren Fabriken machen die ver-arbeiteten Mengen es schlicht unmöglich, sich nur auf den Augenschein zu verlassen.

Sieben

Die Bohnen werden gesiebt, um Steine, Staub und Bruchstücke schnell auszusortieren. Dazu kommt der Inhalt der Säcke auf ein Rüttelsieb, durch das alles, was kleiner als eine Bohne ist, hindurchfällt.

Magnetkraft

Größere Fabriken setzen unter anderem Elektro-magnete ein. Die Bohnen fahren dabei auf Lauf-bändern unter den starken Magneten hindurch, die etwaige Metallteile aus dem Strom ziehen.

DIE HERSTELLER SORTIEREN DIE BOHNEN, UM NUR DIE BESTE ROHWARE ZU VERARBEITEN.

Fließbandarbeit

Die meisten großen Verarbeitungsbetriebe setzen auf Fließbänder und automatisierte Abläufe beim Durchsuchen, Sieben und Entfernen von Metallteilen. Die Maschinen sind oft auch in der Lage, die einzelnen Chargen nach Qualität einzustufen und vorzusortieren.

STERILISATION

In großen Fabriken folgt auf die Sortierung häufig eine Sterilisation der Bohnen, indem man sie durch einen Dampfstrahl fahren lässt. Das geht schnell genug, um Mikroorganismen abzutöten, ohne die Bohnen dabei zu kochen. Auch beim Rösten werden die Bohnen sterilisiert, sodass der Verzehr unbedenklich ist.

JUTESÄCKE
Die Kakaobohnen werden meist in luftdurchlässigen Jutesäcken angeliefert, die rund 65 kg fassen.

RÖSTEN

Damit die Bohnen ihren vollen Geschmack entwickeln und unbedenklich für den Verzehr sind, rösten die meisten Hersteller sie in speziellen Röstern, umgebauten Backöfen oder Kaffeeröstern. Dabei spielen Temperatur und Dauer eine entscheidende Rolle.

OPTIMALER GESCHMACK

Das Rösten ist ein entscheidender und geschmacksbestimmender Schritt bei der Schokoladenherstellung. Handwerkliche Betriebe entwickeln akribische Röstprofile mit exakten Zeit- und Temperaturvorgaben für ein perfektes Ergebnis.

Die Bohnen erreichen den Hersteller fermentiert und getrocknet. Sie sind bereits relativ dunkel, da sie sich beim Gären tiefbraun verfärben, aber erst durch das Rösten erhalten sie eine gleichmäßige Farbe und Textur.

Es gibt nur wenige speziell für das Rösten von Kakao gebaute Maschinen, deshalb nutzen kleine Hersteller meist improvisierte Gerätschaften.

GERÖSTETE BOHNEN
Das Rösten verstärkt nicht nur den Geschmack und tötet Bakterien ab, sondern hilft auch, die Schale der Bohne vom Kern zu trennen.

KAKAOBOHNEN REAGIEREN SENSIBEL AUF TEMPERATURVERÄNDERUNGEN UND MÜSSEN SORGFÄLTIG ÜBERWACHT WERDEN.

Was steckt dahinter?

Die nach dem französischen Naturwissenschaftler Louis Camille Maillard benannte Maillard-Reaktion verleiht gerösteten Kakaobohnen ihren charakteristischen Geschmack und ihr Aroma. Sie beginnt bei ca. 140 °C trockener Hitze, wenn Zucker und Aminosäuren in den Bohnen zu reagieren beginnen. Andere Beispiele für die Maillard-Reaktion sind der Geschmack von Bratenfleisch und die Kruste gebackenen Brots.

Warum rösten?

Tötet Bakterien ab

Kakaobohnen werden meist 15–30 Minuten bei Temperaturen zwischen 120 °C und 140 °C geröstet. Das tötet Mikroorganismen auf der Schale ab und sterilisiert die Bohnen.

Fördert den Geschmack

Durch das Rösten entfaltet sich der natürliche Geschmack der Bohnen. Die Hersteller testen verschiedene Temperaturen, bis die Bohnen ein konsistentes Geschmacksprofil haben.

Löst die Schale

Kakaobohnen besitzen eine papierne Schale, die vor der weiteren Verarbeitung entfernt werden muss (siehe S. 42–43). Durch das Rösten trocknet die Schale und löst sich, sodass sie leichter zu entfernen ist.

Wie wird geröstet?

Kaffeeröster

Kakaobohnen rösten bei niedrigeren Temperaturen als Kaffeebohnen, aber mittelgroße Betriebe nutzen gerne umgebaute Kaffeeröster. Die gerösteten Bohnen landen auf einem Abkühlblech, um den Vorgang zu unterbrechen.

Konventioneller Ofen

Viele Hersteller nutzen konventionelle Großöfen, um die Bohnen zu rösten. Manche bauen auch rotierende Trommeln ein, damit die Bohnen wirklich rundum gleichmäßig behandelt werden.

BRECHEN UND REINIGEN

Bevor die gerösteten Bohnen zu Schokolade gemahlen werden können, müssen sie zerkleinert und durch sogenanntes Worfeln von ihren unverdaulichen Schalen befreit werden. Die verwendeten Methoden sind unterschiedlich, aber meist kommen Maschinen zum Einsatz, die beide Aufgaben erledigen.

BRECHEN

Beim Rösten trocknen die Kakaobohnen, und die Schalen lockern sich, sodass sie ohne großen Aufwand entfernt werden können. Die meisten Hersteller brechen die Bohnen zwischen Metallwalzen, um sie zu schälen. Die Bohnen fallen dabei durch einen schmalen Spalt zwischen den Walzen und kommen unten als gemischte Kernbruchstücke (die »Nibs«) und Schalen heraus.

REINIGEN

Die vermischten Nibs und Schalen werden maschinell mithilfe eines Luftstroms voneinander getrennt. Dazu gibt man die gebrochenen Bohnen in eine Maschine, wo sie durch einen Luftstrom fallen, der durch eine Vakuumpumpe erzeugt wird. Die leichteren Schalen werden aus der fallenden Mischung gesaugt, während die schwereren Nibs in Auffangbehälter rieseln. Die Schalen werden entweder kompostiert oder als Mulch verwendet, die Nibs werden zu Schokolade weiterverarbeitet.

TRICHTER
Die gerösteten Bohnen kommen in den Trichter, der sie in die enge Öffnung des Brechers leitet.

BRECHER
Die Schwerkraft zieht die Bohnen zwischen die Walzen des Brechers, die sie klein brechen und die Schalen von den Nibs lösen.

Geröstete Kakaobohnen

Kakaonibs und -schalen

ABWEISER
Dieses Blech verlangsamt den Fall der Stücke, sodass die schwereren Nibs nach unten fallen.

AUFFANGBEHÄLTER
Die von den Schalen getrennten Nibs werden zur Weiterverarbeitung gesammelt.

Saubere Kakaonibs

GEREINIGTE KAKAONIBS
Nach dem Brechen und Reinigen
bleiben nur noch die Kakaonibs übrig.

DIE NIBS ENTHALTEN DEN GANZEN GESCHMACK DES FERMENTIERTEN UND GERÖSTETEN KAKAOS.

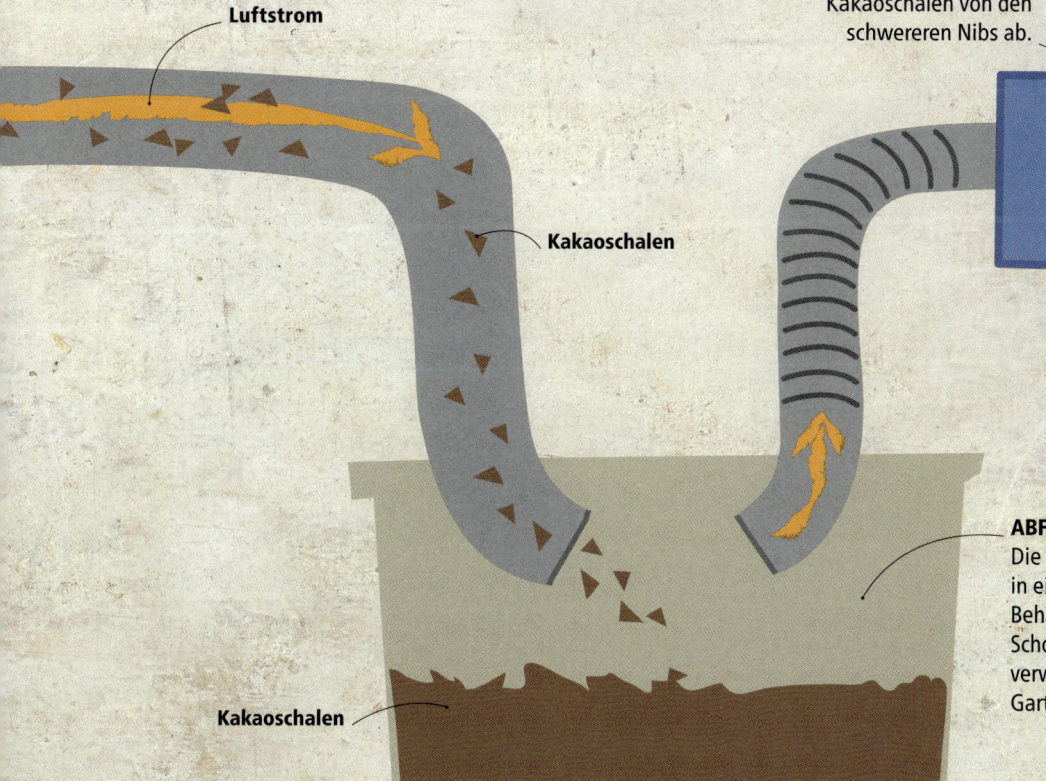

Luftstrom

VAKUUMPUMPE
Der Luftstrom der Pumpe
saugt die leichteren
Kakaoschalen von den
schwereren Nibs ab.

Kakaoschalen

ABFALLSAMMLUNG
Die Kakaoschalen fallen
in einen geschlossenen
Behälter. Manche
Schokoladenhersteller
verwenden sie als
Gartenmulch weiter.

Kakaoschalen

MAHLEN UND RAFFINIEREN

Auf dem weiteren Weg der Schokoladenherstellung werden die Nibs zu einer dickflüssigen Kakaomasse zermahlen. Dann fügt man Zucker und Kakaobutter, Milchpulver (für Milchschokolade) und pulverförmige Aromaten hinzu. Anschließend wird die Mischung bis zum geschmeidigen Mundgefühl raffiniert, das wir heute von Schokolade erwarten.

DIE RICHTIGE KONSISTENZ

Um zu einer flüssigen Kakaomasse zu werden, müssen die Kakaonibs auf eine Teilchengröße von weniger als 30 µm, d.h. 0,03 mm, gemahlen werden. Diese Teilchen sind auf der Zunge nicht mehr einzeln wahrnehmbar, sodass wir die Konsistenz als seidig und geschmeidig empfinden. Zu diesem Zweck verwenden die Hersteller eine ganze Reihe von Maschinen zum Mahlen und Verfeinern (siehe gegenüber).

ZUSATZSTOFFE

Kleine Hersteller geben beim Raffinieren oft Zucker und Milchpulver hinzu, wenn sie Milchschokolade produzieren wollen. Größere Produzenten stellen meist zunächst eine Mischung aus Kondensmilch, Kakaomasse und Zucker her, die sie zu einem feinen Pulver mahlen. Dieses Pulver wird dann erhitzt und mit zusätzlicher Kakaobutter zu einer flüssigen Schokolade vermengt.

KAKAONIBS
Die Nibs selber schmecken bitter und säuerlich, erst mit Zucker und anderen Zutaten gemischt erhalten sie einen ansprechenden Geschmack.

FLÜSSIGE SCHOKOLADE
Nach einigen Stunden des Mahlens und Raffinierens wird aus den harten Nibs eine geschmeidige flüssige Schokolade.

VORMAHLEN

Manche kleinen Mühlen haben Schwierigkeiten mit größeren Kakaonibs, sodass die Hersteller die Nibs grob zu einer körnigen Paste vormahlen müssen, damit sie einfach zu verarbeiten sind. Häufig kommen dazu Nussmühlen zum Einsatz, wie man sie auch für Erdnussbutter verwendet.

KAKAONIBS WERDEN ZU EINER GLATTFLÜSSIGEN SCHOKOLADE GEMAHLEN UND RAFFINIERT.

MELANGEUR

Der seit über hundert Jahren von Schoko-
ladenmachern verwendete Melangeur
ist eine der einfachsten Maschinen zum
Mahlen und Raffinieren. Er wird auch zum
Conchieren (siehe S. 46–47) genutzt. Zwei
Granitwalzen rollen über einen Granitteller
und erzeugen mit Druck und Reibungswärme eine geschmeidige Konsistenz.

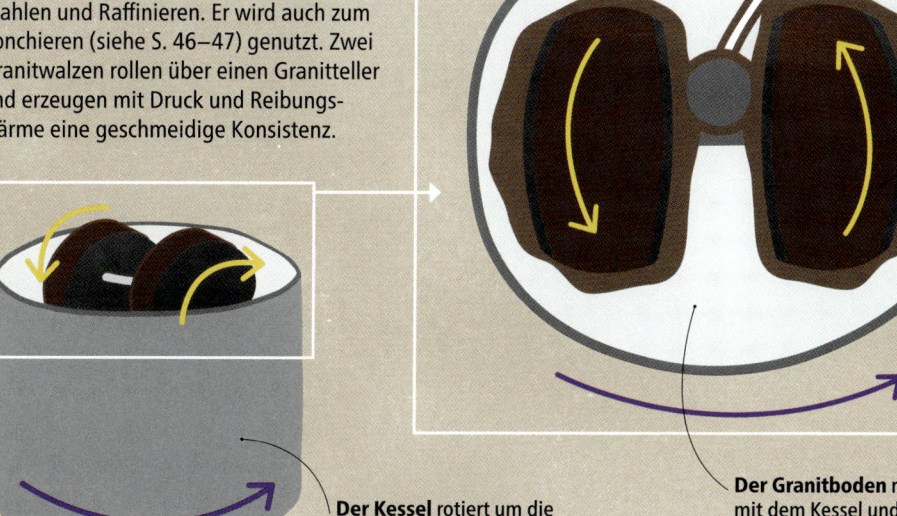

Der Abstreifer führt
die Kakaomasse
immer wieder von
der Wand zurück ins
Innere der Maschine
und erneut zwischen
die Walzen.

Die Granitwalzen
laufen in entgegen-
gesetzte Richtungen
über den rotierenden
Teller, zerkleinern
dabei die Teilchen
der Kakaomasse und
geben ihr so eine cre-
migere Konsistenz.

Der Kessel rotiert um die
inneren Walzen und hält die
Kakaomasse in Bewegung.

Der Granitboden rotiert zusammen
mit dem Kessel und die Reibung mit
den Walzen erzeugt Wärme, die die
Nibs schmelzen lässt.

RAFFINEUR

Große Hersteller bevorzugen den
Raffineur, der teurer ist, aber auch
effizienter arbeitet. Im Raffineur
durchfließt die Kakaomasse eine
Reihe von großen Metallwalzen, die
sie von Walzenpaar zu Walzenpaar
feiner zermahlen.

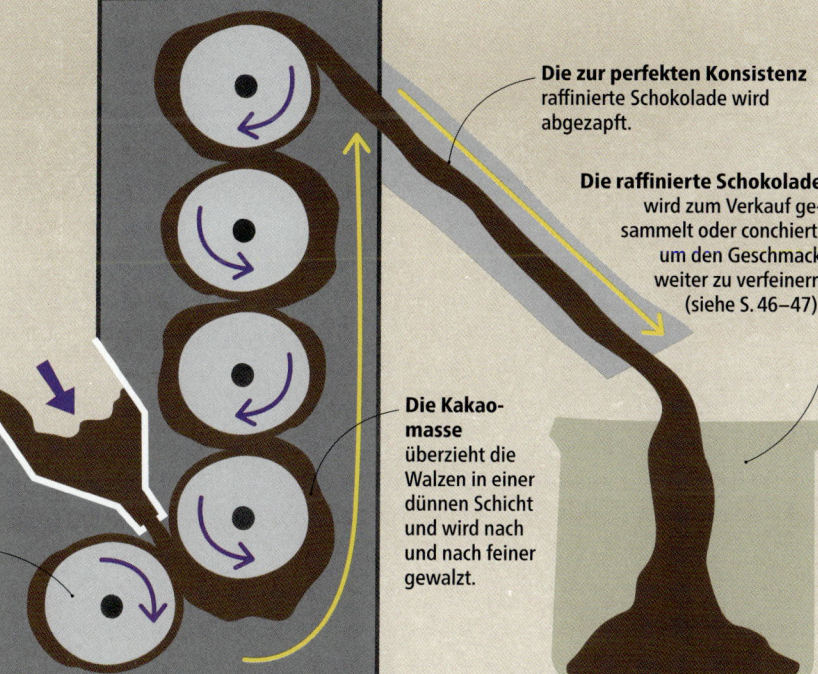

**Vorgemahlene
Kakaomasse** kommt
in den Raffineur.

**Große rotierende
Walzen** ziehen
die Kakaomasse
durch die Maschine.

Die zur perfekten Konsistenz
raffinierte Schokolade wird
abgezapft.

Die raffinierte Schokolade
wird zum Verkauf ge-
sammelt oder conchiert,
um den Geschmack
weiter zu verfeinern
(siehe S. 46–47).

**Die Kakao-
masse**
überzieht die
Walzen in einer
dünnen Schicht
und wird nach
und nach feiner
gewalzt.

CONCHIEREN

Sobald die Schokolade die optimale Konsistenz hat, wird sie erhitzt und gerührt, um den Geschmack weiter zu verfeinern. Dieses »Conchieren« dauert je nach Kakaosorte und Vorliebe des Produzenten zwischen einigen Stunden und mehreren Tagen. Man kann dazu einen Melangeur verwenden, aber es gibt auch spezielle Maschinen.

DIE ERFINDUNG DER CONCHE

Die Conchiermaschine wurde 1879 vom Schweizer Schokoladenhersteller Rodolphe Lindt erfunden. Ihren Namen erhielt sie, weil der Trog, der die Schokolade enthält, wie eine Muschel (span. *concha)* geformt war. In Lindts Maschine bewegte eine schlichte Rolle die Schokolade hin und her, während der Trog von unten beheizt wurde. Moderne Maschinen funktionieren nach dem gleichen Prinzip, verwenden aber Räder oder Paddel zum Rühren der Schokolade.

Heute verzichten viele kleinere Hersteller auf die Conche und verlassen sich zum Mahlen, Raffinieren und Conchieren ganz auf den Melangeur (siehe S. 44–45). Einige mittelgroße Produzenten bauen ihre eigenen Conchen, da die am Markt erhältlichen Geräte meist zu groß oder zu klein für ihren Bedarf sind. Große Hersteller verwenden Industriemaschinen (siehe unten), die gleich mehrere Tonnen Schokolade auf einmal kontrolliert erhitzen und rühren können.

CONCHIERTE SCHOKOLADE
Die fertig conchierte Schokolade hat einen runden, voll entwickelten Geschmack mit wenig Säure oder Adstringenz. Sie kann jetzt gereift oder temperiert und sofort verzehrt werden.

SCHWEIZER ERFINDUNG

Rodolphe Lindts Conchiermaschine war den heutigen Industrieanlagen schon sehr ähnlich. Flüssige Schokolade fließt in einen großen, gewölbten Trog, wo sie von einer Metallwalze ähnlich einer Teigrolle unablässig hin und her geschoben wird. Der beheizte Granittrog wärmt die Schokolade von unten und sorgt so für ein gleichmäßiges Ergebnis.

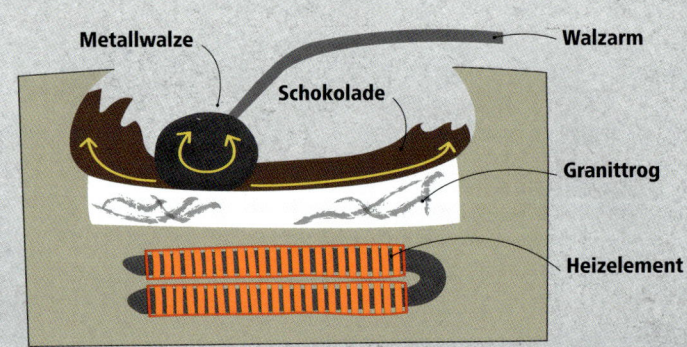

Metallwalze — Walzarm — Schokolade — Granittrog — Heizelement

Was steckt dahinter?

Schokoladenmacher wissen, dass die Schokolade vom Conchieren profitiert, aber was da chemisch genau abläuft, ist bis heute rätselhaft. Reibung und Hitze verändern auf jeden Fall die Kakaoteilchen und verbessern so den Geschmack der Schokolade.

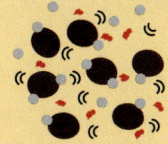

Wärme und Bewegung verringern die adstringierenden und bitter schmeckenden Bestandteile der Schokolade.

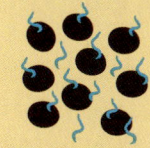

Beim Conchieren verdunstet die Restfeuchtigkeit, der natürliche Feind der Schokolade.

Die Kakaoteilchen werden gleichmäßig von Kakaobutter überzogen, was die Konsistenz der Schokolade verbessert.

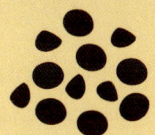

Manche Conchen raffinieren die Schokolade auch gleich und zerkleinern die Teilchen weiter.

IN DER CONCHE
Die Reibungswärme der Granitwalzen in diesem Melangeur erhitzt die Schokolade, womit der Vorgang dem in einer traditionellen Conchiermaschine mit Metallwalzen sehr nahe kommt.

Die Schokolade wird im Metallkessel oder Trog bewegt, bis der Hersteller beschließt, dass sie für die Weiterverarbeitung bereit ist.

Ein Abstreifer rührt die Schokolade um und verhindert gleichzeitig, dass sie an der Wand des Melangeurs oder der Conche kleben bleibt.

Granit- oder Metallwalzen bewegen die Schokolade und verteilen sie gleichmäßig in der Conchiermaschine. Im Melangeur rotiert zusätzlich der Kessel, um die Schokolade in Bewegung zu halten.

UNTER DRUCK
Je länger die Schokolade conchiert wird, desto entwickelter und gerundeter wird der Geschmack. Hersteller conchieren eine Charge Schokolade meist 72 Stunden, um den bestmöglichen Geschmack zu erzielen, aber manche experimentieren auch mit Zeiten von mehr als einer Woche.

TEMPERIEREN

Schokoladenhersteller temperieren ihre Schokolade, um ihr Glanz und einen knackigen Bruch zu verleihen. Das Temperieren verbessert also Aussehen und Textur der Schokolade. Da dies von Hand sehr zeitaufwendig ist, setzen Hersteller auf Maschinen, um die Schokolade zu erhitzen und wieder abzukühlen.

DIE DREI STUFEN

Das Temperieren verändert die Kristallstruktur der Schokolade, sodass sie zur perfekten Textur aushärtet. Dafür wird sie auf drei genau vorgegebene Temperaturen erhitzt und wieder abgekühlt. Die einzelnen Schritte hängen davon ab, ob es sich um Zartbitter-, Milch- oder weiße Schokolade handelt (siehe S. 151).

Das Temperieren erfolgt in drei Stufen. Die erste Stufe bricht die vorhandene Kristallstruktur auf, in der zweiten baut sie sich neu auf und in der dritten werden alle Kristalle zerstört bis auf den Typ V, der die perfekten Eigenschaften besitzt (siehe rechts).

GLÄNZENDES ERGEBNIS
Schokoladenhersteller temperieren Schokolade, um Pralinen und Tafeln Glanz und die richtige Schmelztemperatur zu geben.

Was steckt dahinter?

Kakaobutter ist polymorph, d. h. sie kann mehrere unterschiedliche Kristallformationen enthalten. Es gibt sechs Kristalltypen, von denen nur der Typ V das Temperieren übersteht. Kristalle des Typs IV entstehen beim Temperieren nicht, sie bilden sich erst aus dem Typ V, wenn die Schokolade sehr lange gelagert wird.

KRISTALL-TYPEN	SCHMELZ-PUNKT	EIGENSCHAFTEN DER SCHOKOLADE
VI	36 °C	Hart, schmilzt zu langsam
V	34 °C	Glänzend mit gutem Bruch; schmilzt knapp unterhalb der Körpertemperatur
IV	27 °C	Fest, guter Bruch, schmilzt aber zu schnell
III	25 °C	Fest, schlechter Bruch und schmilzt zu schnell
II	23 °C	Weich und krümelig
I	17 °C	Weich und krümelig

DIE TECHNIK

Chocolatiers temperieren ihre Schokolade von Hand auf einer Marmorplatte, aber diese Methode eignet sich nicht für große Mengen, sodass die Hersteller lieber Maschinen einsetzen. Es gibt verschiedene Typen. Manche mittelständischen Betriebe setzen auf rotierende Kessel (siehe rechts), während größere Produzenten ausgeklügelte kontinuierlich arbeitende Temperiermaschinen einsetzen (siehe unten).

TEMPERIERKESSEL
Die Schokolade schmilzt in einem langsam rotierenden Kessel und wird dabei entweder von einem Heizelement erwärmt oder von einem Gebläse abgekühlt.

DIE KONTINUIERLICHE TEMPERIERMASCHINE

Die auf präzise Temperaturen programmierbare kontinuierliche Temperiermaschine hält die Schokolade mit einer Schneckenpumpe in Bewegung. Die temperierte Schokolade wird präzise dosiert aus dem System abgezogen.

1

Die geschmolzene Schokolade läuft in einen Kessel ans untere Ende einer Schneckenpumpe.

2
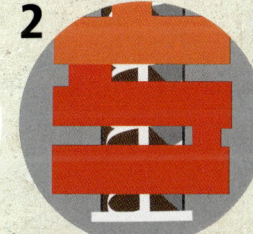
Ein Heizelement erhitzt die Schokolade auf eine vorprogrammierte Temperatur.

3
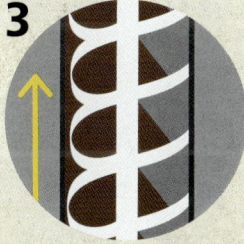
Die Schneckenpumpe fördert die Schokolade kontinuierlich durch verschiedene Temperaturzonen.

4
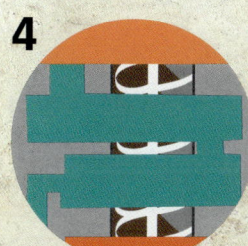
Mit Kühlflüssigkeit gefüllte Schlangen kühlen die Schokolade auf die gewünschte Temperatur ab.

5

Der Dosierkopf entlässt die Schokolade. Was nicht gebraucht wird, fließt zurück in die Maschine.

DIE KONTINUIERLICHE TEMPERIERMASCHINE
Die Schneckenpumpe transportiert die Schokolade durch die verschiedenen Temperaturzonen der Maschine.

FORMEN UND VERPACKEN

Die temperierte Schokolade muss sofort in Formen gegossen werden, bevor sie erkaltet und erstarrt. Hier kommt es auf das Aussehen an: Von der Größe und der Form bis hin zur Verpackung spielt jeder Aspekt des Produktdesigns eine wichtige Rolle bei der Akzeptanz durch den Verbraucher.

DESIGNFRAGEN

Schokoladenhersteller und Chocolatiers haben oft eine ganz charakteristische Form für ihre Trüffeln, Pralinen und Tafeln entwickelt. Sobald die Schokolade abgekühlt und fest ist, kann sie verpackt werden. Dabei spielt das Verpackungsdesign eine entscheidende Rolle für den Markterfolg. Vor allem Manufakturen sind bekannt für attraktive und originelle Verpackungen, die ihre Produkte im besten Licht erscheinen lassen. Da sie aber oft von Hand konfektionieren müssen, ist dieser Schritt meist sehr arbeitsintensiv.

FRISCH BLEIBEN

Viele Hersteller wickeln ihre Tafeln in Alufolie, die die Schokolade zuverlässig schützt, und setzen für die äußere Umhüllung auf Papier oder Pappe. Auch wiederverschließbare Schachteln und Beutel sind sehr beliebt, da sie die Schokolade zusätzlich länger frisch halten.

Alufolie sieht attraktiv aus, ist aber manuell nur schwer zu handeln.

Handwerklich hergestellte Tafeln sind oft in modern gestalteten Kartons verpackt.

VERPACKTE SCHOKOLADENTAFELN
Das Design spielt für den Markterfolg eine entscheidende Rolle, deshalb investieren Hersteller und Chocolatiers in attraktive und unverwechselbare Verpackungen.

LUFTBLASEN

Die in den Formen beim Füllen eingeschlossenen Luftblasen schaden dem Aussehen von Pralinen und Tafeln. Um sie zu entfernen, stellt man die gefüllten Formen auf Rüttelplatten oder Fließbänder. Kleine Hersteller klopfen die Formen schlicht mehrfach fest von Hand auf den Tisch, bis die Blasen verschwunden sind.

DAS VERPACKUNGSDESIGN BEEINFLUSST UNSER KAUFVERHALTEN.

MASSENPRODUKTION

Große Hersteller setzen programmierbare Dosiermaschinen ein, um die Formen mit präzise abgemessenen Mengen temperierter Schokolade zu füllen. Dazu kommen auch Maschinen, die den Vorgang des Verpackens ganz erheblich beschleunigen. Am häufigsten findet man heute kontinuierlich arbeitende Maschinen, die eine lange Folienbahn nutzen, um einzelne Tafeln zu verpacken.

FLIESSBAND
Computergesteuerte Dosiermaschinen füllen die Formen mit exakt berechneten Mengen und rütteln sie leicht auf dem Fließband, um Luftblasen zu entfernen.

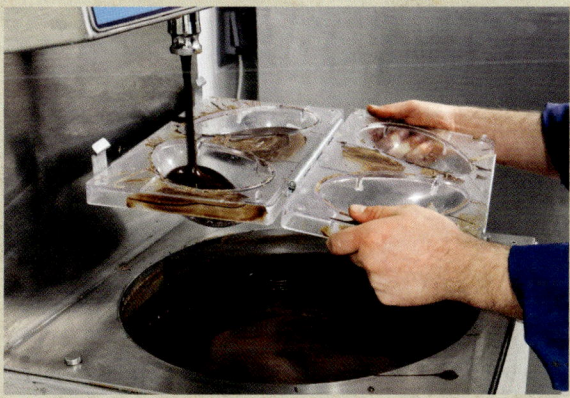

TEMPERIERMASCHINE
Große Temperiermaschinen (siehe S. 49) können bis zu 550 kg Schokolade pro Stunde verarbeiten. Arbeiter steuern die Dosierung mit einem Fußpedal.

HANDELSGUT

Kakao wird schon seit Jahrhunderten als Rohstoff gehandelt und zu einem Börsenpreis ge- und verkauft, der Herkunft oder Qualität ignoriert. Da sehr viele Menschen darin involviert sind, bleibt ein bedeutender Teil des Verkaufserlöses bei Händlern, Verarbeitern und Finanzämtern hängen, bevor die Pflanzer ihren Anteil bekommen.

INDUSTRIELLER MASSSTAB

Rund 95 Prozent der weltweit produzierten Schokolade durchlaufen auf industriellem Weg große Fabriken. Die wenigen großen Verarbeiter beherrschen den Rohstoffhandel und bereiten Schokolade und Kuvertüre vor, die sie an die Produzenten (Pralinenhersteller, Chocolatiers und Konditoren) weiterverkaufen, statt sie selber auf den Markt zu bringen. Aus diesem Grund haben die meisten Verbraucher noch nie von einigen der größten Hersteller in der Schokoladenindustrie gehört.

Schokoladenproduzenten wie Barry Callebaut, Cargill, ADM und Belcolade und die bekannteren Marken Nestlé, Mondelez (ehemals Kraft) und Mars produzieren alle im industriellen Maßstab. Weil sie Kakao in riesigen Mengen beschaffen müssen, stammt der meiste industriell verarbeitete Kakao aus der Elfenbeinküste und Ghana, wo die Bohnen eher mit dem Blick auf maximale Erträge als auf Geschmack kultiviert werden.

RIESEN DER SCHOKOLADENWELT

Viele industrielle Hersteller haben ihre Wurzeln in kleinen Familienbetrieben des 19. Jh. und sind in der Folge durch Zukäufe und Wachstum zu Industrieriesen geworden. Dieses Phänomen lässt sich besonders in europäischen Ländern wie Belgien beobachten, das quasi als Synonym für Schokolade gilt. Früher gab es hier viele unabhängige Hersteller, heute wird das Geschäft von Konzernen beherrscht, die belgische Schokolade für Pralinenhersteller in aller Welt produzieren.

> **EINE KLEINE GRUPPE VON KONZERNEN PRODUZIERT DAS GROS DER WELTWEITEN SCHOKOLADE.**

Dabei ist die Schokoladenherstellung im industriellen Maßstab prinzipiell identisch mit der handwerklichen Fertigung, nur dass jeder Schritt auf höchste Effizienz hin rationalisiert ist. Die Werke sparen Betriebs- und Arbeitskosten, indem sie riesige Röster, Conchen mit mehreren Tonnen Fassungsvermögen und Verpackungsmaschinen einsetzen, die Hunderte Tafeln pro Minute schaffen.

ZUGEKAUFTE KUVERTÜRE
Viele Chocolatiers fertigen ihre Trüffeln und Pralinen aus Kuvertüre, die sie von den großen Herstellern zukaufen.

DER WEG DES ROHSTOFFS

Zumeist legt der weltweit angebaute Kakao einen weiten Weg zwischen der Plantage und der fertigen Schokoladentafel zurück. Hier sehen wir eine typische Reise der Kakaobohnen von einer Farm in Westafrika zu einem Pralinenhersteller.

1 **Pflanzer** kultivieren, ernten, fermentieren und trocknen die Bohnen.

2 **Kleine Händler** klappern die Farmen ab und kaufen Bohnen auf.

3 **Regionale Großhändler** kaufen die Bohnen von den Aufkäufern.

4 **Exporteure** kaufen Bohnen in großen Mengen, sortieren und verpacken sie.

5 **Internationale Händler** handeln den Kakao als Rohstoff, der zu den Fabriken der Hersteller transportiert wird, um dort zu Schokolade verarbeitet zu werden.

6 **Hersteller** produzieren Schokolade und Kuvertüre im industriellen Maßstab. Es gibt weltweit nur eine Handvoll große Produzenten.

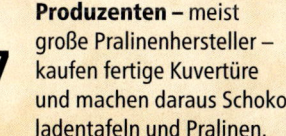

7 **Produzenten** – meist große Pralinenhersteller – kaufen fertige Kuvertüre und machen daraus Schokoladentafeln und Pralinen.

DIREKTHANDEL

Der Direkthandel wird in den letzten Jahren vor allem bei den handwerklichen Herstellern immer beliebter. Bei diesem System kauft der Hersteller seine Bohnen meist direkt vom Pflanzer oder einer Kooperative. Das hat den Vorteil, dass die Pflanzer einen fairen Preis für ihr Produkt erzielen und die Hersteller direkten Einfluss auf Qualität und Geschmack haben.

DER DIREKTE HANDELSWEG

Die Wege im Direkthandel unterscheiden sich deutlich je nach Herkunft der Bohnen und Präferenz des Pflanzers. Manche Farmer verhandeln direkt mit den Herstellern und überlassen den Vertrieb Exportmaklern.

Die Lieferkette ist wesentlich kürzer als im herkömmlichen Rohstoffhandel (siehe S. 53), sodass die Pflanzer einen besseren Preis für ihre Ernte erzielen und in bessere Arbeitsbedingungen und Verarbeitungstechniken investieren können.

Unten ist eine vereinfachte Lieferkette im Direkthandel zwischen einem Kakao anbauenden Land und einer Schokoladenmanufaktur zu sehen.

1 **Kakaopflanzer** pflanzen, ernten, fermentieren und trocknen die Bohnen und arbeiten in Kooperativen zusammen.

2 **Kooperativen oder kleine Händler** arbeiten mit Exporteuren zusammen oder exportieren die Bohnen selber.

3 **Hersteller** kaufen die Bohnen, verarbeiten sie zu Schokolade und geben dem Pflanzer Rückmeldung zur Qualität der Bohnen.

DIREKTER KONTAKT

Der Direkthandel schaltet den Zwischenhändler aus, sodass die Hersteller sehr viel mehr direkt für den Kakao bezahlen können. Das bedeutet manchmal das bis zu Fünffache des Fair-Trade-Preises für hochwertige Kakaobohnen (siehe gegenüber).

Durch den direkten Kontakt kann der Hersteller Rückmeldung zur Qualität der Bohnen geben. So erhält der Pflanzer unter Umständen Hinweise zur Verbesserung von Fermentation oder Trocknung – schließlich hat er ein vitales Interesse daran, dass seine Bohnen nach der Ernte die bestmögliche Behandlung erfahren.

NACHVOLLZIEHBARKEIT

Der vielleicht größte Vorteil des Direkthandels ist die Nachvollziehbarkeit. Der Hersteller kann den Weg seiner direkt gehandelten Bohnen bis zum Pflanzer zurückverfolgen, was im Rohstoffhandel meist unmöglich ist.

WAS IST FAIR TRADE?

Rund 0,5 Prozent des aktuell gehandelten Kakaos sind als Fair Trade zertifiziert. Die Fairtrade Foundation ist eine führende Handelspartnerschaft, die Pflanzern Höchstpreise für ihr Produkt anbietet, um Arbeitsbedingungen und Verdienst der Farmer zu verbessern.

Was bedeutet das Fairtrade-Siegel?

Ein Fairtrade-Siegel zeigt an, dass der Erzeuger gewisse soziale, ökonomische und ökologische Standards einhält, dass die Arbeitsbedingungen fair sind und dass für die Zutaten ein bestimmter Mindestpreis bezahlt wurde.

Ist das wichtig?

Dem Berufsstand der Kakaopflanzer droht in manchen Ländern die Überalterung. Die Industrie muss unbedingt in die Zukunft investieren und das Geld denen zukommen lassen, die es wirklich brauchen: den Pflanzern in den ärmsten Ländern der Welt.

Was bekommen die Pflanzer?

Händler zahlen für Fairtrade-Kakao 10 Prozent über Marktwert und die Erzeuger haben Anspruch auf eine Prämie, die zurzeit bei 150 Dollar für die Tonne Kakao liegt. Allerdings müssen die Pflanzer auch eine Gebühr für das Fairtrade-Siegel bezahlen.

Was ist negativ?

Das System der Fairtrade Foundation bedeutet, dass Hersteller nicht zertifizierten Kakao in Fairtrade-zertifizierten Produkten verwenden dürfen, wenn sie die gleiche Menge zertifizierte Bohnen für andere Produkte gekauft haben. Es ist also durchaus möglich, dass eine Schokoladentafel mit Siegel überhaupt keine Fairtrade-Schokolade enthält.

SCHOKOLADENWELT

Kakaobäume brauchen nährstoffreichen Boden und das tropische Klima der Äquatorregion. Hier erfahren Sie alles zu den Anbaugebieten, zu Geschichte, Traditionen und Problemen des Kakaoanbaus.

ELFENBEINKÜSTE

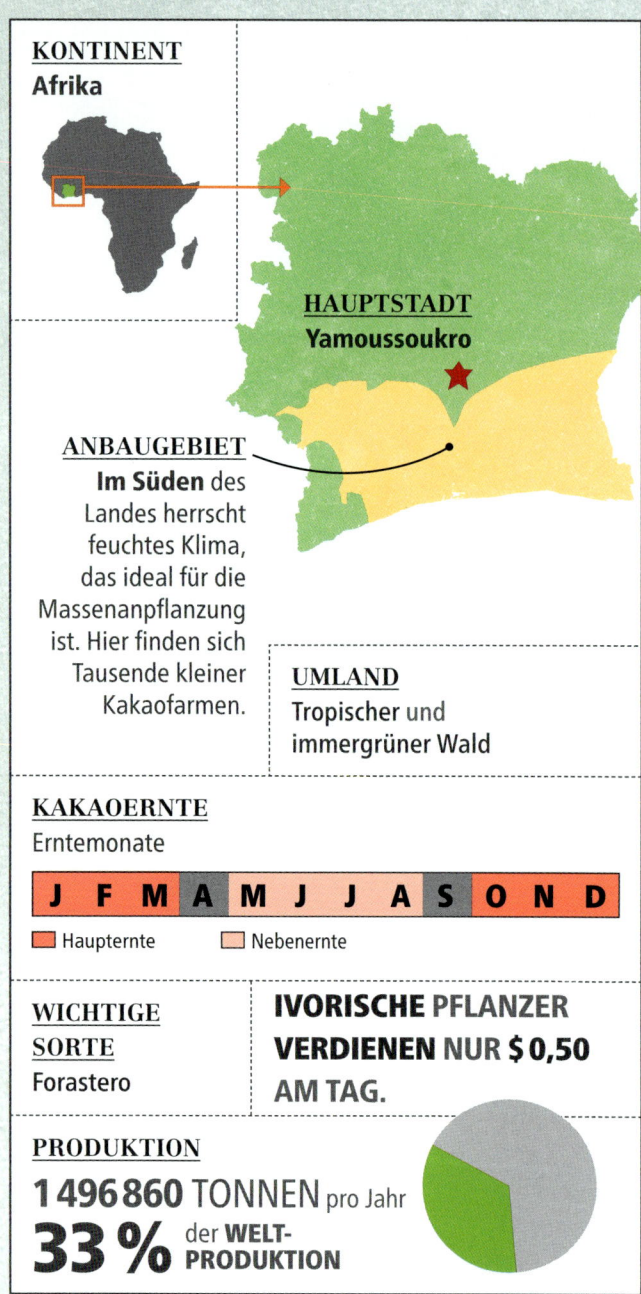

KONTINENT
Afrika

HAUPTSTADT
Yamoussoukro

ANBAUGEBIET
Im Süden des Landes herrscht feuchtes Klima, das ideal für die Massenanpflanzung ist. Hier finden sich Tausende kleiner Kakaofarmen.

UMLAND
Tropischer und immergrüner Wald

KAKAOERNTE
Erntemonate

J	F	M	A	M	J	J	A	S	O	N	D

■ Haupternte   ■ Nebenernte

WICHTIGE SORTE
Forastero

IVORISCHE PFLANZER VERDIENEN NUR $ 0,50 AM TAG.

PRODUKTION
1 496 860 TONNEN pro Jahr
33 % der **WELT-PRODUKTION**

Seit der Unabhängigkeit von Frankreich 1960 boomt die Kakaoproduktion der Elfenbeinküste. Das Land exportiert heute mehr Kakaobohnen als jede andere Nation.

Ende des 19. Jh. war Kakao die erste massenhaft kultivierte Nutzpflanze, mit der die Franzosen Profit aus ihrer Kolonie zu schlagen hofften. Dieser Trend zu ertragreichen, minderwertigen Bohnen setzt sich bis heute fort – hier geht es um maximale Produktion zu minimalen Kosten.

MASSENPFLANZUNGEN
Nahezu der gesamte hier produzierte Kakao geht in die Herstellung von Pralinen für den Massenmarkt. Die in jüngerer Zeit aufgrund des Klimawandels vermehrt auftretenden Dürren sind ein echtes Problem für die Pflanzer, weil die Produktionskosten steigen und die Erträge sinken. Während die Pflanzer kaum von ihrer Arbeit leben können, werden die Hersteller von Engpässen beim Nachschub an billigem Kakao geplagt, den sie für ihre Produkte benötigen.

PROBLEME DER PFLANZER
Die Plantagen sind meist kleine Familienbetriebe und die Pflanzer fermentieren ihre Bohnen oft vor Ort, bevor sie sie zum Trocknen zu zentralen Sammelstellen schaffen. Von dort transportieren Aufkäufer die getrockneten Bohnen zu Lagerhäusern in den Großstädten. Wegen dieser langen Produktionskette kommt kaum noch Geld bei den kleinen Pflanzern an.

Kooperativen wie die Entreprise Coopérative Kimbre (ECOOKIM) arbeiten daran, den Kakao ihrer Mitglieder effizienter an den Markt zu bringen. Diese Organisationen sind besonders wichtig in einem Land, in dem Zwangs- und Kinderarbeit immer noch zum Alltag gehören.

GHANA

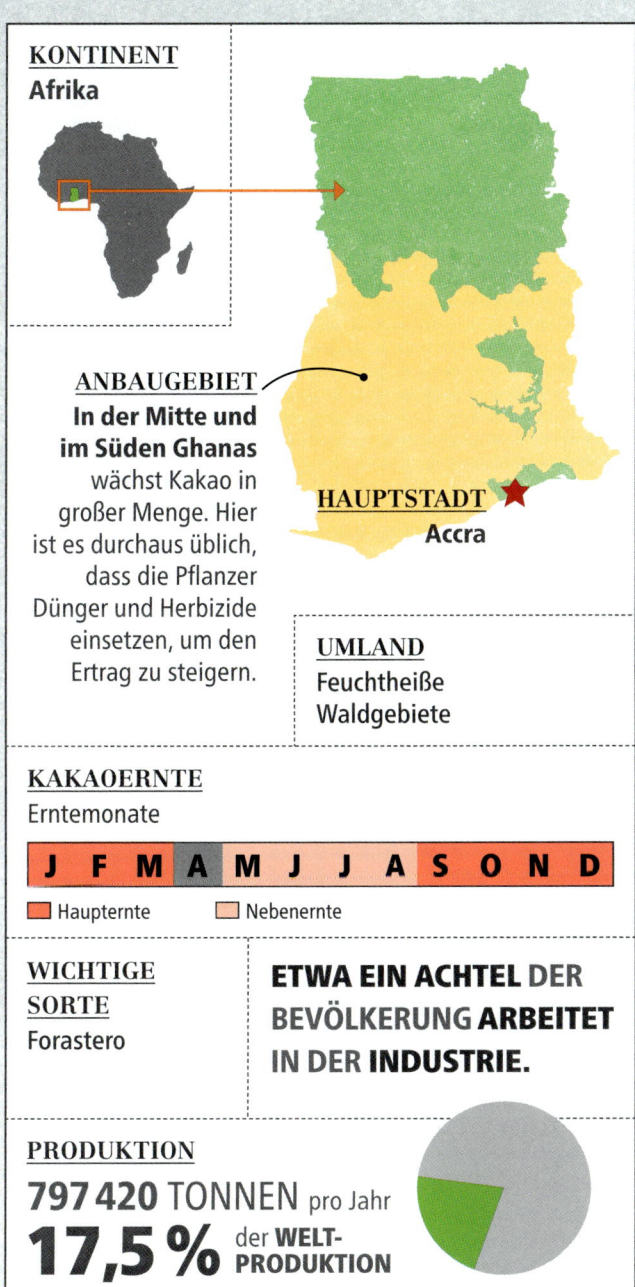

KONTINENT
Afrika

ANBAUGEBIET
In der Mitte und
im Süden Ghanas
wächst Kakao in
großer Menge. Hier
ist es durchaus üblich,
dass die Pflanzer
Dünger und Herbizide
einsetzen, um den
Ertrag zu steigern.

HAUPTSTADT
Accra

UMLAND
Feuchtheiße
Waldgebiete

KAKAOERNTE
Erntemonate

| J | F | M | A | M | J | J | A | S | O | N | D |

☐ Haupternte   ☐ Nebenernte

WICHTIGE
SORTE
Forastero

ETWA EIN ACHTEL DER
BEVÖLKERUNG ARBEITET
IN DER **INDUSTRIE.**

PRODUKTION
797 420 TONNEN pro Jahr
17,5 % der **WELT-**
PRODUKTION

Der nach der benachbarten Elfenbein-
küste zweitgrößte Produzent der Welt
erzeugt Kakao als Massenware für die
Süßwarenindustrie.

Wie der Kakao nach Ghana kam, ist umstritten.
Manche glauben, dass er von niederländischen
Missionaren eingeführt wurde, während andere
denken, dass der ghanaische Landwirt Tetteh
Quarshie die Bohnen im späten 19. Jh. aus
Äquatorialguinea mitgebracht hat.

LEBEN AUF DER PLANTAGE
Heute wachsen große Mengen an Kakaobäumen in sechs von zehn Regionen des Landes:
Western, Central, Brong-Ahafo, Eastern, Ashanti
und Volta. Kakao ist der Hauptexport des
Landes, wobei die Produktionsmenge in den
letzten Jahren gesunken ist. Ökonomische und
ökologische Probleme belasten die Wirtschaft
und machen den einfachen ghanaischen Kakaobauern das Leben schwer.

DER KAKAO WIRD
ZUM FESTPREIS
VERKAUFT.

Die Betriebskosten übersteigen den Erlös, den
die Pflanzer für ihre Bohnen erzielen können.
Da 90 Prozent des ghanaischen Kakaos von
Kleinbauern kultiviert werden, sind diese akut
in ihrer Existenz bedroht. Dank der dezentrali-
sierten Kontrolle der Kakaoexporte durch das
Ghana Cocoa Board verdienen die ghanaischen
Bauern aber immer noch mehr Geld als ihre
ivorischen Nachbarn: $ 0,84 im Vergleich zu
$ 0,50 am Tag in der Elfenbeinküste.

MADAGASKAR

Madagaskar erntet zwar im Jahr weniger als ein Prozent der Weltproduktion, ist aber berühmt für fein aromatischen, intensiv fruchtigen Kakao. Die Insel gilt als das Juwel in der Kakaokrone Afrikas.

Der in den 1800er-Jahren nach Madagaskar eingeführte Kakao wurde im frühen 19. Jh. unter französischer Kolonialherrschaft erfolgreich. Die charakteristisch fruchtigen, fein aromatischen Bohnen werden heute vor allem zu hochwertiger handgefertigter Schokolade verarbeitet.

CHOCOLATERIE ROBERT UND CINAGRA

Madagaskar ist ein Exot der Schokoladenindustrie, denn die im Land angebauten und geernteten Bohnen werden auch vor Ort zu Schokolade verarbeitet. Es gibt zwei Schokoladenfabriken auf der Insel, die Schokoladentafeln und Pralinen aus Kakaobohnen aus dem Sambirano-Tal fertigen. Die Chocolaterie Robert wurde in den 1940er-Jahren in der Hauptstadt Antananarivo gegründet, um mit Bohnen benachbarter Plantagen Schokolade für den heimischen Markt zu produzieren. Robert fertigt heute die Marke Chocolat Madagascar und verkauft sie in alle Welt. Cinagra, die zweite Fabrik, stellt die preisgekrönte Menakao-Schokolade für den internationalen Markt her. Diese Schokoladentafeln werden nur aus madagassischen Zutaten gefertigt, einschließlich der Kokosnuss und des Rosa Pfeffers.

UNVERWECHSELBARER GESCHMACK

Die Süße und die einzigartig fruchtigen Geschmacksnoten der madagassischen Schokolade machen sie bei Herstellern und Chocolatiers rund um den Globus beliebt. Sie wird oft mit fruchtigen Füllungen oder einem Hauch Salz kombiniert, um die süßen und Zitrusnoten zu unterstreichen.

KONTINENT
Afrika

BOHNEN TROCKNEN
Pflanzer auf der Plantage Ambolikapiky im Sambirano-Tal wenden die Bohnen, damit sie gleichmäßig in der Sonne trocknen.

MADAGA

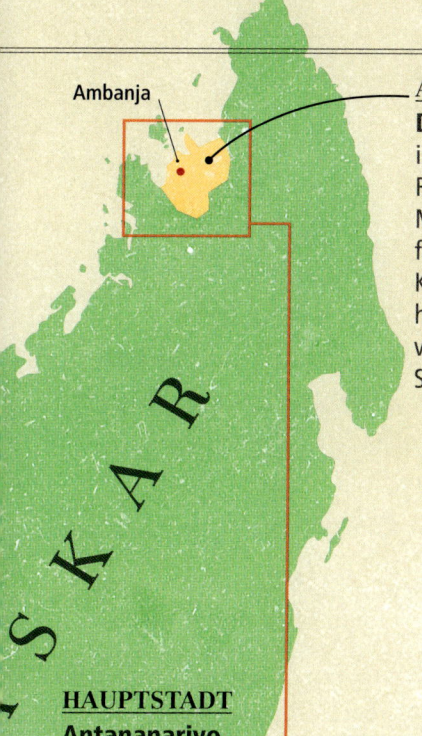

Ambanja

ANBAUGEBIET
Das Sambirano-Tal
ist eine relativ kleine
Region im Norden
Madagaskars. Doch
fast der gesamte
Kakao der Insel wächst
hier in einem Umkreis
von 80 km um die
Stadt Ambanja.

HAUPTSTADT
Antananarivo

Ambanja

WICHTIGSTE PLANTAGE
Ambolikapiky ist eine 2000 Hektar
große Plantage. Unter der Leitung
von Bertil Åkesson produziert sie
hochwertige Bohnen für renommierte
Hersteller, wie Åkesson's Organic Ltd.

UMLAND
Kakao gedeiht in den fruchtbaren Flusstälern.

AUF DER INSEL GIBT ES **15 000 HA
KAKAOPLANTAGEN. DAS LAND**
PRODUZIERT ZUDEM **VANILLE,
KAFFEE** UND **ZUCKERROHR.**

KAKAOERNTE
Erntemonate

J	F	M	A	M	J	J	A	S	O	N	D

■ Haupternte   ■ Nebenernte

KAKAO WÄCHST AUF **KLEINEN
FAMILIENFARMEN,** DIE UNTER
**FRANZÖSISCHER KOLONIAL-
HERRSCHAFT** NOCH **OBST**
ANGEBAUT HABEN.

WICHTIGE SORTEN
Criollo und Trinitario

GESCHMACKSPROFIL
Fruchtig und natürlich süß,
mit Zitrusnoten

MADAGASKAR IST EBENSO BERÜHMT
FÜR **VANILLE** WIE FÜR KAKAO – BEIDE
WERDEN GERNE IN **SCHOKOLADE**
KOMBINIERT.

PRODUKTION
7260 TONNEN pro Jahr
0,16 % der **WELT-
PRODUKTION**

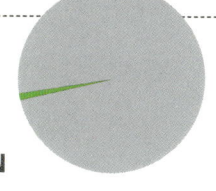

TANSANIA

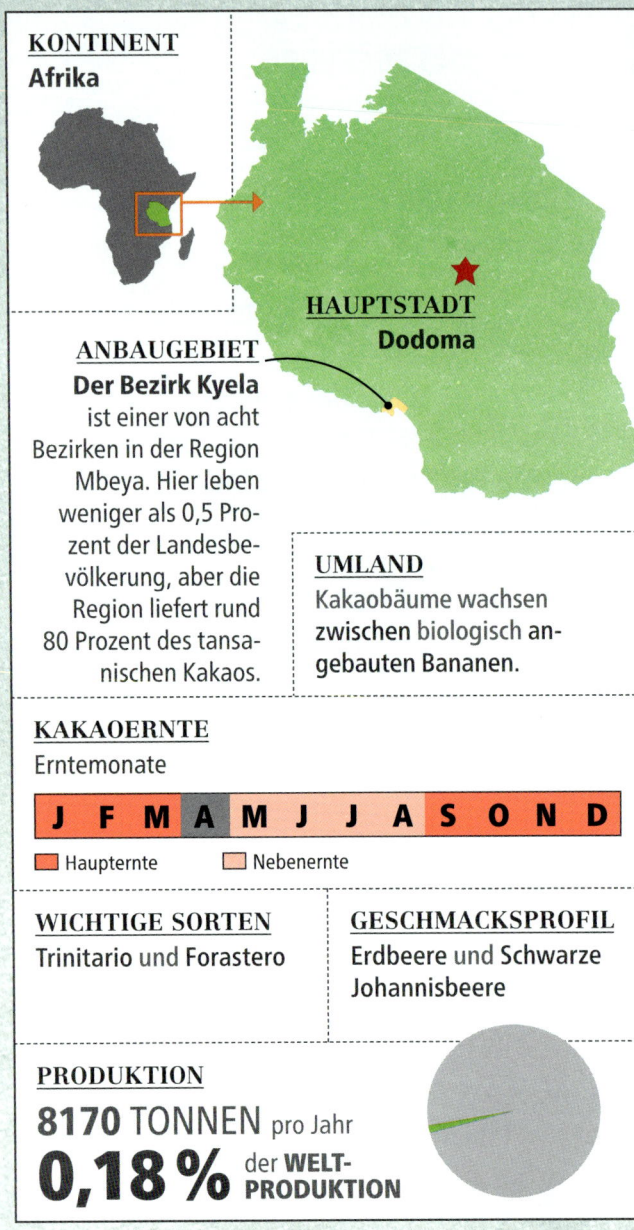

KONTINENT
Afrika

HAUPTSTADT
Dodoma

ANBAUGEBIET
Der Bezirk Kyela
ist einer von acht
Bezirken in der Region
Mbeya. Hier leben
weniger als 0,5 Pro-
zent der Landesbe-
völkerung, aber die
Region liefert rund
80 Prozent des tansa-
nischen Kakaos.

UMLAND
Kakaobäume wachsen
zwischen biologisch an-
gebauten Bananen.

KAKAOERNTE
Erntemonate

| J | F | M | A | M | J | J | A | S | O | N | D |

☐ Haupternte　　☐ Nebenernte

WICHTIGE SORTEN
Trinitario und Forastero

GESCHMACKSPROFIL
Erdbeere und Schwarze
Johannisbeere

PRODUKTION
8170 TONNEN pro Jahr
0,18 % der **WELT-
PRODUKTION**

Tansanias Kakaoindustrie ist weder so
entwickelt noch so organisiert wie die der
bekannteren afrikanischen Nachbarländer,
aber das Land konnte sich in den letzten
Jahren einen Namen als Erzeuger hochwertigen Kakaos machen.

Tansania ist nicht gerade weltbekannt für seinen
Kakao, erzeugt aber in kleinen Mengen Bohnen,
die bei den Manufakturen in aller Welt zuneh-
mend begehrt sind. Die Trinitario-Bohnen aus
der Region Mbeya besitzen feine und fruchtige
Geschmacksnoten.

INVESTITION IN QUALITÄT
Die meisten tansanischen Bauern arbeiten
nach wie vor unabhängig statt in Kooperativen.
Dadurch sind sie beim Verkauf ihrer Bohnen
im Nachteil und können nicht auf gemeinsame
Ressourcen und Informationen zugreifen. Allerdings verbessert sich die Qualität und Quantität
des Kakaos mit Förderung durch die tansanische
Regierung und die Unterstützung durch Schokoladenmanufakturen kontinuierlich.

PARTNERSCHAFTEN
Der amerikanische Schokoladenhersteller Shawn
Askinosie arbeitet seit 2010 mit Pflanzern im
Bezirk Kyela zusammen und sorgt durch den
direkten Kontakt dafür, dass die Qualität steigt.
Er ist darüber hinaus Teil eines weiter gefassten
Ausbildungsprogramms, in dessen Rahmen ame-
rikanische Studenten mit tansanischen Studen-
ten und Pflanzern zusammenarbeiten können.
Die gemeinsam erzeugte Schokolade betont die
feinen Beerennoten des heimischen Kakaos.

DEMOKRATISCHE REPUBLIK KONGO

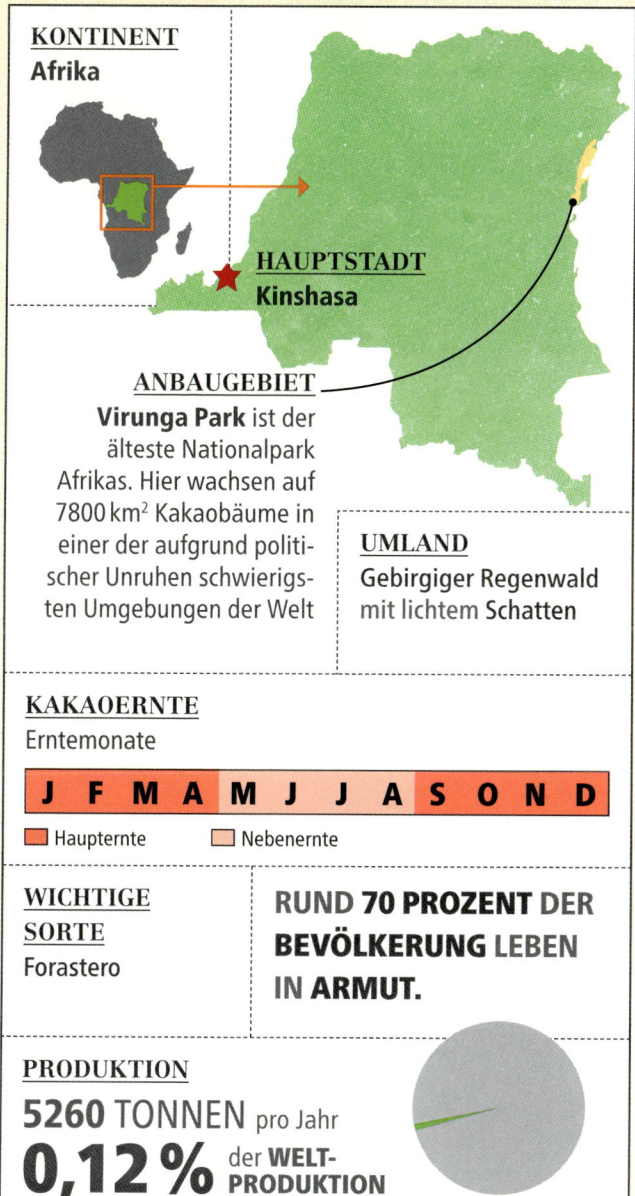

KONTINENT
Afrika

HAUPTSTADT
Kinshasa

ANBAUGEBIET
Virunga Park ist der älteste Nationalpark Afrikas. Hier wachsen auf 7800 km² Kakaobäume in einer der aufgrund politischer Unruhen schwierigsten Umgebungen der Welt

UMLAND
Gebirgiger Regenwald mit lichtem **Schatten**

KAKAOERNTE
Erntemonate

J	F	M	A	M	J	J	A	S	O	N	D

▭ Haupternte   ▭ Nebenernte

WICHTIGE SORTE
Forastero

RUND 70 PROZENT DER BEVÖLKERUNG LEBEN IN ARMUT.

PRODUKTION
5260 TONNEN pro Jahr
0,12 % der **WELT-PRODUKTION**

Der Kongo produziert Kakao, der zu hochwertiger Schokolade mit einem feinen und fruchtigen Geschmack verarbeitet wird. In einem der ärmsten und politisch instabilsten Länder Afrikas ist der Kakaoanbau zur Hoffnung für viele geworden.

Der meiste Kakao des Landes stammt aus dem Nordosten, der gleichermaßen für seine Artenvielfalt wie für die häufigen Ausbrüche von Gewalt bekannt ist.

ÜBERLEBENSWICHTIG
Da Kakaofrüchte schwierig zu verarbeiten sind, sind sie für die Milizen der Region uninteressant, die lieber andere Früchte stehlen. Gut wirtschaftende Farmer können Spitzenpreise für ihre Bohnen erzielen. Die meisten Menschen in der Region sind Subsistenzbauern, betreiben also Selbstversorgung. Der Kakao kann ihnen dabei helfen, ihr Leben nachhaltig zu verändern. Das ist ein bedeutender Schritt nach vorne für ein Land, das zu den ärmsten der Welt zählt.

KAKAO VERÄNDERT LEBEN.

In den vergangenen Jahren haben Ausbildungs- und Wiederaufforstungsprogramme mit Unterstützung von Herstellern, wie Theo Chocolate und Original Beans, die Kakaoindustrie des Kongos angekurbelt und ihre Produkte international bekannt gemacht. 2011 erhielt Original Beans den Academy of Chocolate Award für ihre Cru-Virunga-Schokolade, die das Potenzial des kongolesischen Kakaos zeigt.

Blick hinter die Kulissen |
The Original Hawaiian Chocolate Factory

DER TREE-TO-BAR-HERSTELLER

Die in der Region Kona auf Hawaiis Big Island beheimatete The Original Hawaiian Chocolate Factory produziert Schokolade aus 100 Prozent hawaiianischen Kakaobohnen. Das kleine Team überwacht jede Etappe der Herstellung, um hochwertige und vollmundige Schokolade zu produzieren.

10 Angestellte: 3 auf der Farm und 7 in Herstellung und Verkauf

1997 von North Carolina nach Hawaii gezogen

Die erste Schokolade entstand 2000.

Das Gründerpaar Pam und Bob Cooper stellt seine Schokolade auf seiner 2,5 Hektar großen Farm auf Big Island her. Die beiden zogen 1997 vom amerikanischen Festland hierher, wo sie eine Farm mit Kaffee-, Macadamia- und Kakaobäumen kauften. Ohne jede landwirtschaftliche Erfahrung gelang es ihnen, einzigartige hawaiianische Schokolade herzustellen. Zu dieser Zeit war auf Hawaii nicht an Spezialmaschinen heranzukommen, deshalb kauften sie alles Nötige in Europa und den USA oder ließen es eigens anfertigen.

Die Coopers pflanzen und verarbeiten ihren Kakao vor Ort. Auf diese Weise haben sie die Kontrolle über jeden Produktionsschritt und können hochwertige Tree-to-Bar-Schokolade anbieten. Neben den eigenen Bohnen verarbeiten sie auch die Ernte von 10–15 Nachbarfarmen.

Das Unternehmen möchte Hawaii zum »Napa Valley« des US-amerikanischen Kakaoanbaus und der Schokoladenherstellung machen.

HERAUSFORDERUNGEN
Die größte Herausforderung ist das tropische Wetter: Wenn es einmal zehn Tage lang nicht regnet, müssen die Pflanzer die Bäume bewässern. Starke Winde und Temperaturen, die unter 10 °C fallen können, gefährden die Gesundheit der Bäume. Die Bohnen benötigen Sonnenschein zum Trocknen, die Verantwortlichen müssen also das Wetter im Auge behalten. Die Schokolade muss in klimatisierten Räumen verpackt und gelagert werden.

DURCH DEN TAG MIT PAM UND BOB
Jeder Tag ist einer besonderen Aufgabe gewidmet. Montags wird geerntet, dienstags und donnerstags werden Tafeln gegossen, mittwochs und freitags führen Pam und Bob Besucher durch die Plantage und samstags stehen Buchhaltung und Schokoladenherstellung an. Am Sonntag schließlich legen alle eine Pause ein.

STÄNDIGE KONTROLLE
Kakaoanbau erfordert viel Aufmerksamkeit und Umsicht, damit am Ende die Qualität der Schokolade stimmt.

TROCKNENDE BOHNEN
Die Bohnen trocken auf kleinen Gestellen mit Deckel, um sie vor den häufigen Niederschlägen zu schützen.

TEMPERIERMASCHINE
Die Schokolade wird in speziellen Maschinen vor Ort temperiert. Die Fabrik muss wegen des Wetters klimatisiert werden.

KAKAO-REGENBOGEN
Die reifen Kakaofrüchte auf der Cooper-Farm zeigen fast alle Farben des Regenbogens.

DOMINIKANISCHE REPUBLIK

Nach ersten Versuchen der spanischen Konquistadoren führten die Franzosen 1665 endgültig die Kakaoerzeugung in der Dominikanischen Republik ein.

Heute ist das Land der zweitärmste Karibikstaat und der Kakao ist die Haupteinnahmequelle für die Kleinbauern. Wegen der steigenden Nachfrage amerikanischer und europäischer Hersteller hat sich die Anbaufläche für Kakao in den letzten 40 Jahren mehr als verdoppelt.

GESCHMACK DURCH FERMENTATION

Bei dem in der Dominikanischen Republik angebauten und verarbeiteten Kakao handelt es sich ausschließlich um Trinitario, wobei die Pflanzer zwei Qualitäten von Bohnen produzieren: Sanchez und Hispaniola.

Sie trocknen die Sanchez-Bohnen unmittelbar nach der Ernte, sodass sie schnell und billig herzustellen sind. Ihnen fehlt dafür aber auch die sich mit der Zeit entwickelnde geschmackliche Tiefe. Sie werden zu Kakaobutter und Süßwaren verarbeitet.

Hispaniola-Bohnen fermentieren 5–7 Tage, bevor sie in der Sonne getrocknet werden. Ihre feinen Fruchtnoten und geringe Bitterkeit machen sie für Mittelklassemarken und Manufakturen interessant. Fruition Chocolate, Rogue Chocolatier und Manufaktura Czekolady machen handgefertigte Schokolade aus Hispaniola-Bohnen.

ALLE MACHT DEM VOLK

Pflanzergewerkschaften und Kooperativen sind entscheidend an der Entwicklung des Kakaoanbaus beteiligt. Die Grupo CONACADO ist eine mächtige Gewerkschaft mit über 150 Mitgliedsorganisationen, die während des Niedergangs der Kakaopreise in den 1980er-Jahren die Hispaniola-Fermentation erfanden.

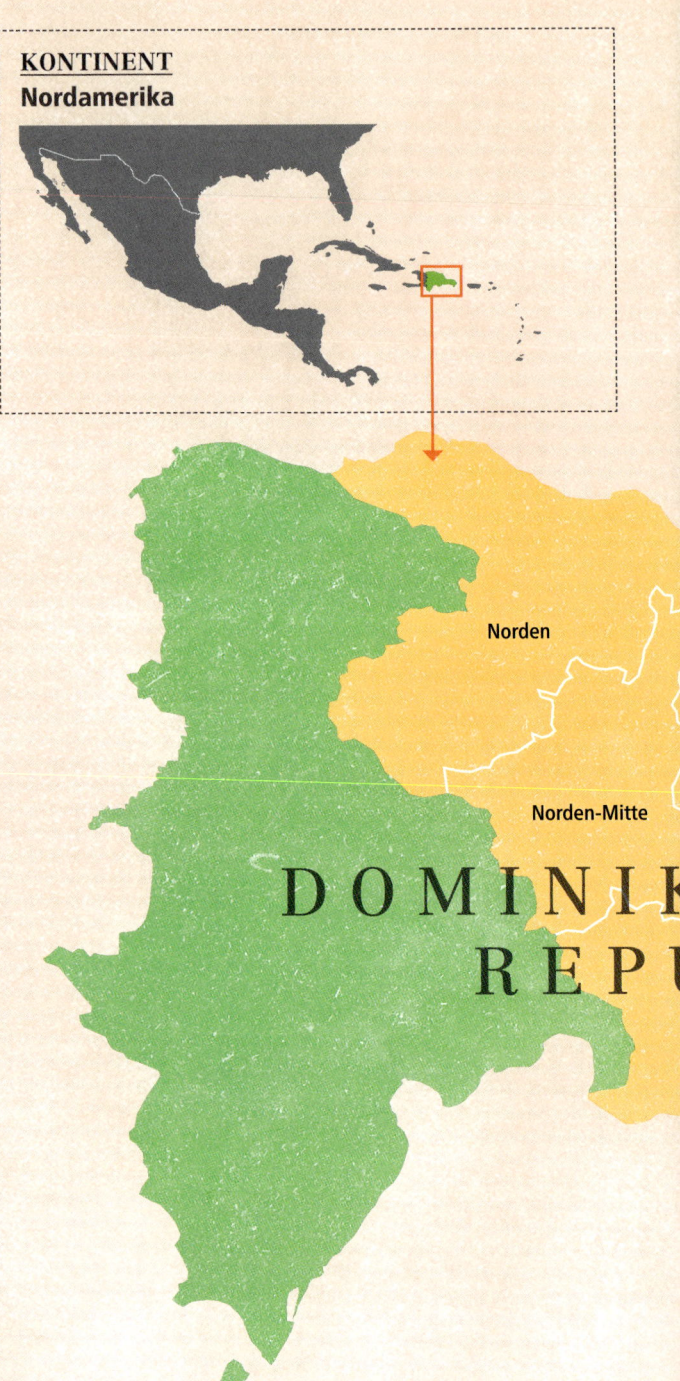

KONTINENT
Nordamerika

Norden

Norden-Mitte

DOMINIK

REPU

IN KÜSTENNÄHE
Kakaobäume wachsen entlang der Atlantikküste im Osten der
Insel. Hier stehen rund 150 000 Hektar fruchtbares Land ganz
im Zeichen des Kakaoanbaus.

ANBAUGEBIET
Der Nordosten liefert den meisten
Kakao des Landes. Hier gibt es aber
auch die meisten Wirbelstürme und
Überflutungen, was den Anbau
erschwert.

Nordosten

Mitte

N I S C H E
L I K

★
HAUPTSTADT
Santo Domingo

Osten

ANBAUGEBIET
Von den fünf Anbauregionen
für Kakao und Kaffee besitzt der Osten
die meisten fruchtbaren Böden.

UMLAND
Der Kakao wächst im Schatten von Zitrus-, Bananen-
und Avocadobäumen.

DER KAKAO WIRD MEIST BIOLOGISCH ANGEBAUT UND FAIR GEHANDELT – HOCHWERTIGER KAKAO ERZIELT VERLÄSSLICH HOHE PREISE.

KAKAOERNTE
Erntemonate

| J | F | M | A | M | J | J | A | S | O | N | D |

■ Haupternte   ■ Nebenernte

KLEINE FAMILIENFARMEN HERRSCHEN VOR, ABER ES GIBT VOR ALLEM IM NORDOSTEN EINEN TREND HIN ZU GRÖSSEREN BETRIEBEN.

WICHTIGE SORTE
Trinitario

GESCHMACKSPROFIL
Ganz leicht säuerlich mit
Noten gelber Früchte wie
Pfirsiche oder Mirabellen

EIN FÜHRENDER ERZEUGER VON KAKAO VERSCHIEDENER QUALITÄTSSTUFEN

PRODUKTION
65 320 TONNEN pro Jahr
1,4 % der WELT-
PRODUKTION

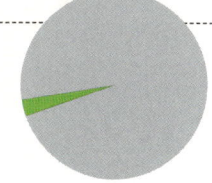

GRENADA

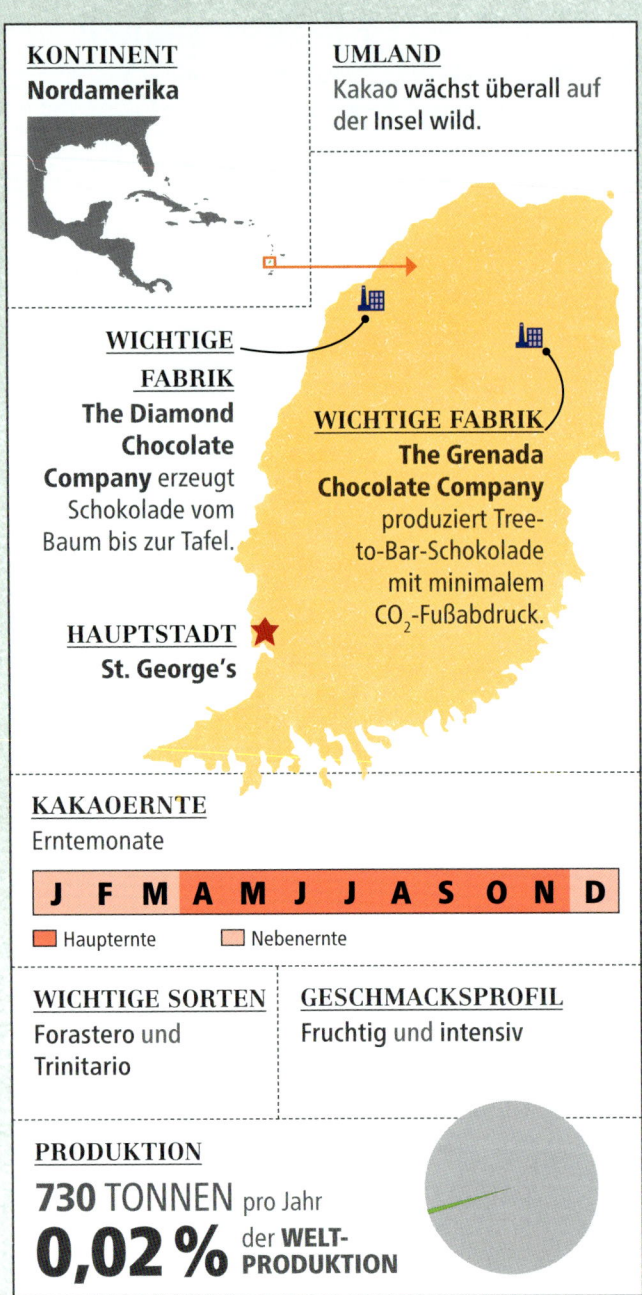

KONTINENT
Nordamerika

UMLAND
Kakao wächst überall auf
der Insel wild.

**WICHTIGE
FABRIK**
**The Diamond
Chocolate
Company** erzeugt
Schokolade vom
Baum bis zur Tafel.

WICHTIGE FABRIK
**The Grenada
Chocolate Company**
produziert Tree-
to-Bar-Schokolade
mit minimalem
CO_2-Fußabdruck.

HAUPTSTADT
St. George's

KAKAOERNTE
Erntemonate

J	F	M	A	M	J	J	A	S	O	N	D

☐ Haupternte   ☐ Nebenernte

WICHTIGE SORTEN
Forastero und
Trinitario

GESCHMACKSPROFIL
Fruchtig und intensiv

PRODUKTION
730 TONNEN pro Jahr
0,02 % der WELT-
PRODUKTION

Diese kleine Insel ist für ihren fruchtigen Kakao und ein kleines Unternehmen bekannt, das eine Revolution auslöste. Es ist einem Mann zu danken, dass Grenada zum Symbol für ethisch einwandfreie Schokolade geworden ist.

Wie in den anderen Kakao produzierenden Karibikstaaten waren es die Franzosen, die die Bohnen Ende des 17. Jh. nach Grenada brachten. In jüngerer Zeit hat sich die Insel den Ruf hochwertigen Kakaos erworben, der dort überall angebaut und vor Ort verarbeitet wird.

GRÜNE PRODUKTION
Als der Amerikaner Mott Green Ende der 1980er-Jahre auf die Insel zog, bauten die Bauern lieber Zimt, Gewürznelken und Ingwer an als Kakao. Green erkannte das Potenzial der Gegend für den Kakaoanbau und gründete 1999 The Grenada Chocolate Company. Er rekrutierte Freunde und Einheimische für den Bau einer winzigen solarbetriebenen Fabrik und ging Partnerschaften mit benachbarten Kakaopflanzern ein. Die Fabrik ist klimatisiert, damit die Schokoladentafeln nicht in der Tropenhitze schmelzen, und die Schokolade wird mit Segelbooten und Fahrrädern in aller Welt ausgeliefert. Als Green 2013 starb, war das Unternehmen international zum Modell für eine ethische und nachhaltige Produktion von der Bohne bis zur Tafel geworden.

FUSSARBEIT
Auf Grenada trocknet man die Kakaobohnen noch wie vor 300 Jahren. Nach dem Fermentieren werden sie zum Trocknen in der Sonne auf Holzgestellen ausgebreitet und die Pflanzer schlurfen regelmäßig mit den Füßen durch die Haufen, damit die Bohnen gleichmäßig trocknen.

ST. LUCIA

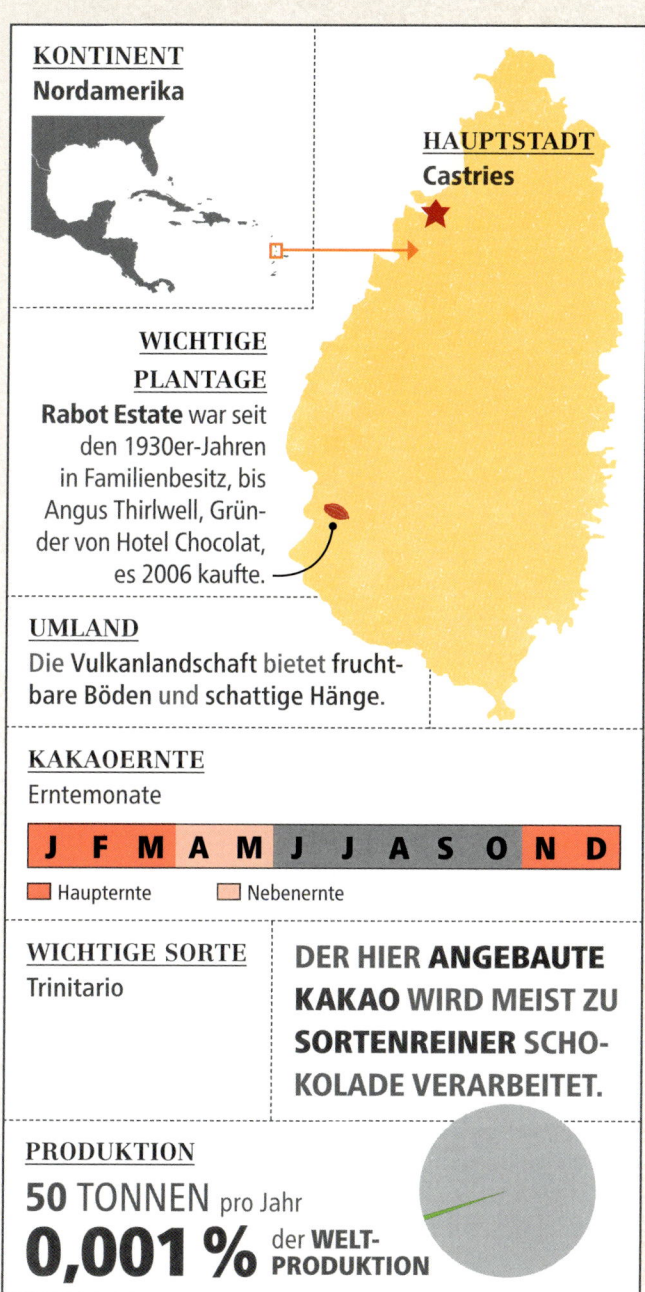

KONTINENT
Nordamerika

HAUPTSTADT
Castries

WICHTIGE PLANTAGE
Rabot Estate war seit den 1930er-Jahren in Familienbesitz, bis Angus Thirlwell, Gründer von Hotel Chocolat, es 2006 kaufte.

UMLAND
Die Vulkanlandschaft bietet fruchtbare Böden und schattige Hänge.

KAKAOERNTE
Erntemonate

| J | F | M | A | M | J | J | A | S | O | N | D |

☐ Haupternte ☐ Nebenernte

WICHTIGE SORTE
Trinitario

DER HIER ANGEBAUTE KAKAO WIRD MEIST ZU SORTENREINER SCHOKOLADE VERARBEITET.

PRODUKTION
50 TONNEN pro Jahr
0,001 % der WELT-PRODUKTION

Auf St. Lucia wird seit dem 18. Jh. Kakao angebaut. Aktuell erlebt die Insel ein Kakao-Revival, was unter anderem einem britischen Schokoladenhersteller zu danken ist.

Kakao war auf St. Lucia schon immer wichtig, aber bis vor Kurzem fehlte es an Investitionen, da man eher auf den Tourismus setzte. Die hier angebauten Kakaobohnen endeten meist in minderwertigen Schokoladenprodukten statt in hochwertigen Tafeln und Pralinen.

WIEDERBELEBUNG EINER PLANTAGE
Inspiriert von einem Buch über den Kakaoanbau in der Karibik, kaufte der Gründer von Hotel Chocolat Angus Thirlwell 2006 das Rabot Estate. Die 57 Hektar große Plantage ist eine der ältesten auf der Insel und befand sich seit den 1930er-Jahren in Familienbesitz, war aber mittlerweile heruntergekommen und verwildert.

FRISCHER WIND IM KAKAOHANDEL

Heute wird der größte Teil des heimischen Kakaos von Hotel Chocolat zu sortenreiner Schokolade verarbeitet. Das Unternehmen hat die Plantage wiederbelebt, neue Anbauinitiativen gegründet und ein Luxushotel gebaut, in dem Besucher die Schokoladenherstellung kennenlernen können. Das Land ist in 16 »Côtes« oder Anbaugebiete mit jeweils ganz eigenem Terroir unterteilt. Das Unternehmen verarbeitet die Bohnen direkt vor Ort, bevor sie nach Europa verschifft werden.

TRINIDAD UND TOBAGO

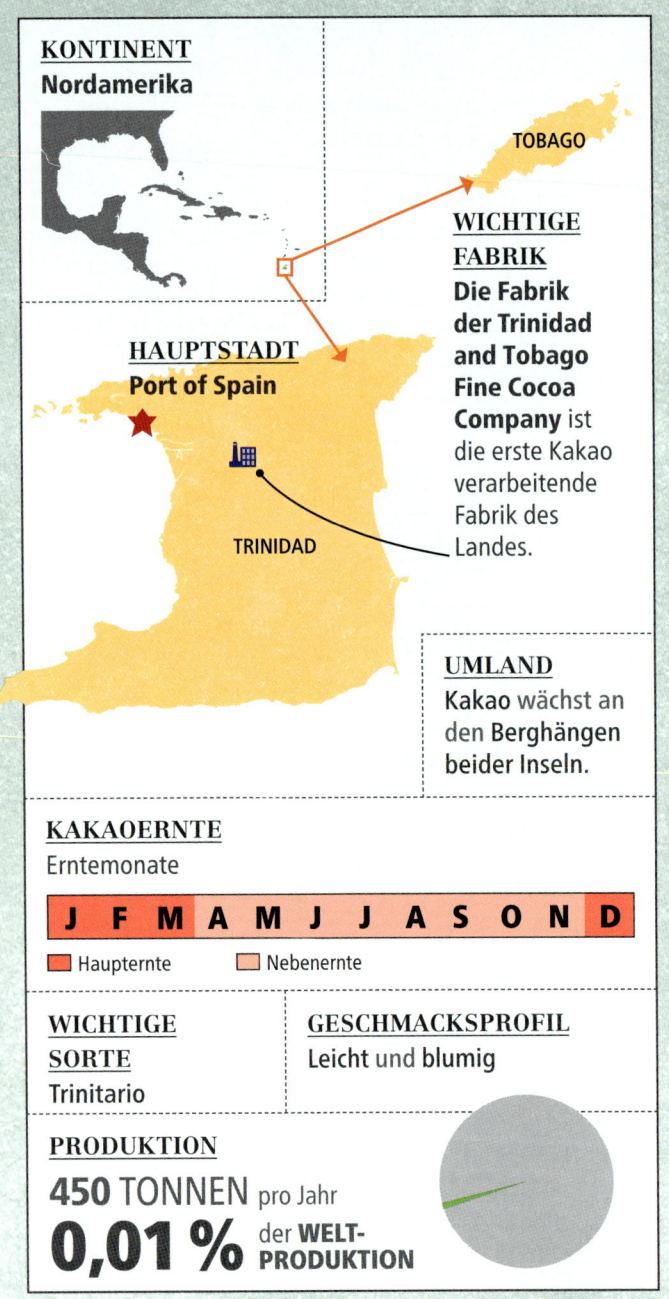

KONTINENT
Nordamerika

TOBAGO

WICHTIGE FABRIK
Die Fabrik der Trinidad and Tobago Fine Cocoa Company ist die erste Kakao verarbeitende Fabrik des Landes.

HAUPTSTADT
Port of Spain

TRINIDAD

UMLAND
Kakao wächst an den Berghängen beider Inseln.

KAKAOERNTE
Erntemonate

J F M A M J J A S O N D

■ Haupternte   ■ Nebenernte

WICHTIGE SORTE
Trinitario

GESCHMACKSPROFIL
Leicht und blumig

PRODUKTION
450 TONNEN pro Jahr
0,01 % der WELT-PRODUKTION

Die Inseln Trinidad und Tobago waren einst eine der größten Kakao anbauenden Nationen der Welt, aber der Handel schrumpfte im 20. Jh. In jüngerer Zeit haben die Inseln sich zu einem Zentrum der Forschung gemausert, eine neue Fabrik wurde eröffnet und man versucht die Produktion neu anzukurbeln.

Die Spanier brachten die Criollo-Bohne 1525 aus Zentralamerika nach Trinidad und Tobago. Diese Bäume kreuzten sich später mit Forastero-Bäumen zur neuen Hybride »Trinitario«, die nach der Insel Trinidad benannt wurde.

Die Bohnen des Trinitario-Baums zeigen einige der geschmacklichen Eigenschaften der Criollo-Bohnen, kombiniert mit dem höheren Ertrag des Forastero-Baums. Dank des Erfolgs der Hybride wurde Trinidad und Tobago zu einer führenden Kakaonation. Zu Spitzenzeiten waren die Inseln der drittgrößte Erzeuger der Welt. In den 1920er-Jahren führten Pilzerkrankungen und die globale Wirtschaftskrise zu einem dramatischen Rückgang der Exportmengen.

FORSCHUNG UND REGENERATION
In diesen schwierigen Zeiten entstanden die ersten Forschungsgruppen, die nach einem Mittel gegen Krankheiten und nach resistenten Sorten suchten. Das Cocoa Research Centre und die internationale Genbank besitzen heute 2400 Kakaosorten, die ungefähr 80 Prozent des weltweit wachsenden Kakaos repräsentieren.

2015 wurde die Trinidad and Tobago Fine Cocoa Company mit dem Ziel gegründet, den heimischen Kakao international bekannter zu machen und bessere Preise für die Pflanzer zu erzielen. Die Fabrik kann bis zu 150 Tonnen lokal angebauten Kakaos im Jahr verarbeiten.

KUBA

Kuba ist zwar eher als Erzeuger von Tabak, Zucker und Kaffee bekannt, produziert aber seit über 200 Jahren auch Kakao. Die meisten Plantagen liegen an der östlichen Spitze der Insel, die sich in den Atlantik hinausstreckt.

Der Kakao kam vermutlich um 1540 mit den Spaniern auf die Insel, erlangte aber erst im späten 18. Jh. größere Bedeutung, als die Franzosen vom benachbarten Haiti nach Kuba kamen. 1827 gab es 60 Kakaoplantagen auf der Insel und die Kakaoproduktion sollte sich in den nächsten 70 Jahren mehr als vervierfachen. Heiße Schokolade wurde zu einem allgegenwärtigen Frühstücksgetränk.

CHE GUEVARAS VERMÄCHTNIS

Heute werden 75 Prozent des kubanischen Kakaos in den Hügeln um Baracoa im Osten angebaut. Hier fallen mehr als 230 ml Regen im Jahr – das feuchte Klima kommt dem Kakao sehr entgegen. Die Campesinos, wie die Pflanzer hier heißen, können mit Kakao alleine kaum genug Geld verdienen und pflanzen lukrativere Nutzpflanzen wie Bananen zwischen die Kakaobäume.

Die Bohnen werden nach Europa und in die USA verkauft oder vor Ort im Ruben David Suarez Abella Complex in Baracoa verarbeitet. Ernesto »Che« Guevara gründete die Fabrik Anfang der 1960er-Jahre, als er Industrieminister war. Sie produziert nach wie vor mit den Originalmaschinen, die aus der damaligen DDR importiert wurden.

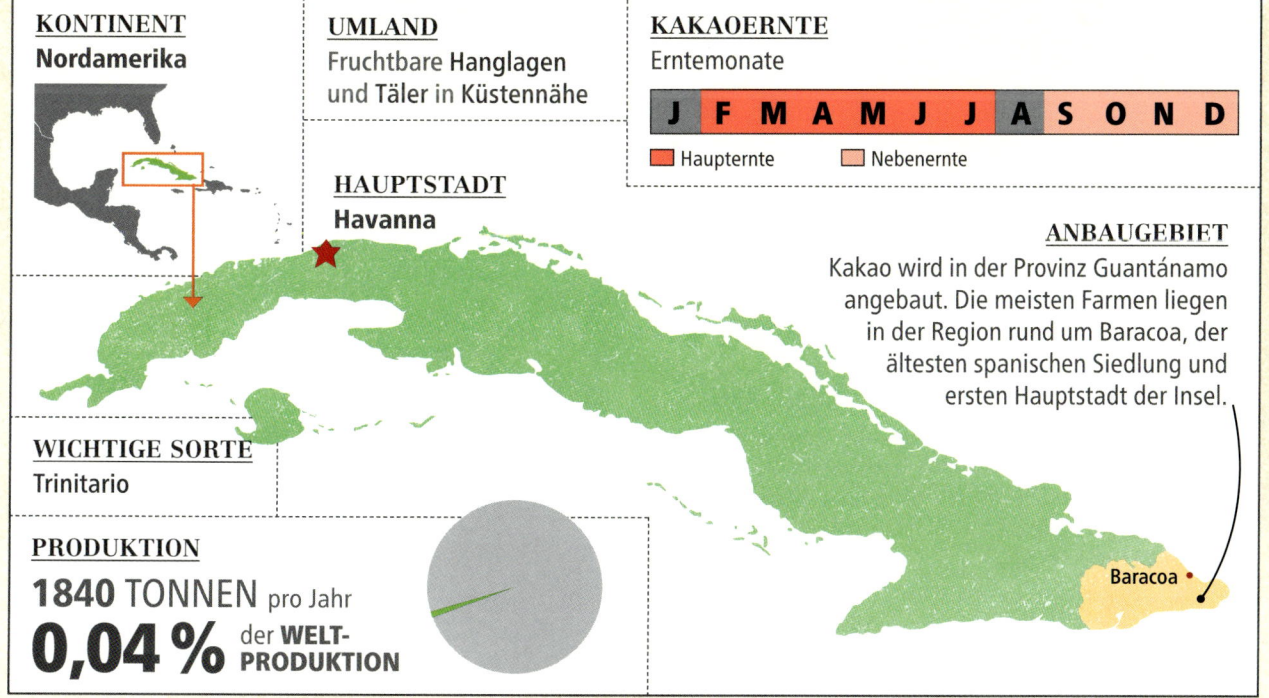

KONTINENT
Nordamerika

UMLAND
Fruchtbare Hanglagen und Täler in Küstennähe

KAKAOERNTE
Erntemonate

J	F	M	A	M	J	J	A	S	O	N	D

■ Haupternte   ■ Nebenernte

HAUPTSTADT
Havanna

ANBAUGEBIET
Kakao wird in der Provinz Guantánamo angebaut. Die meisten Farmen liegen in der Region rund um Baracoa, der ältesten spanischen Siedlung und ersten Hauptstadt der Insel.

WICHTIGE SORTE
Trinitario

PRODUKTION
1840 TONNEN pro Jahr
0,04 % der **WELT-PRODUKTION**

Baracoa •

ECUADOR

Der achtgrößte Erzeuger der Welt ist ein wichtiger Lieferant von edlen Kakaobohnen. Die einheimische Sorte Arriba Nacional wird weithin für ihre fein fruchtigen und blumigen Noten geschätzt, erhält aber Konkurrenz von ertragreicheren Hybriden.

Ecuador produziert zwar nur 5 Prozent der weltweiten Kakaomenge, hat aber seinen Ausstoß in den letzten 15 Jahren dramatisch gesteigert. Rund 70 Prozent der hochwertigen Bohnen für edle, sortenreine Schokolade stammen von hier.

KAKAOSORTEN

Die einheimische Arriba Nacional ist genetisch eine Varietät der Forastero, ist aber für ihren edlen Geschmack bekannt. Ihre Schokolade kann erdig und rund schmecken und zeigt oft feine Noten von Orangenblüte, Jasmin und Gewürzen.

In jüngerer Zeit hat die Einführung der Hybride CCN-51 für Kontroversen gesorgt, die höhere Erträge auf Kosten des Geschmacks gibt. Sie ist zwar für die Pflanzer attraktiv, aber Experten warnen vor einem Verlust der genetischen Diversität und der einzigartigen Geschmacksprofile ecuadorianischer Schokolade.

VOM BAUM ZUR TAFEL

Die ecuadorianische Kakaoindustrie ist im Wandel begriffen und will nicht mehr nur Bohnen exportieren, sondern selbst Schokolade herstellen. Das kommt der heimischen Wirtschaft stärker zugute als der reine Export von Bohnen und ermöglicht eine direkte Kooperation zwischen Herstellern und Pflanzern. Die schlanke Tree-to-Bar-Produktion ist Vorbild für die Hersteller in anderen Ländern.

Unternehmen wie Pacari und Montecristi verarbeiten heimischen Kakao zu preisgekrönten Schokoladentafeln und Kuvertüre für den Export.

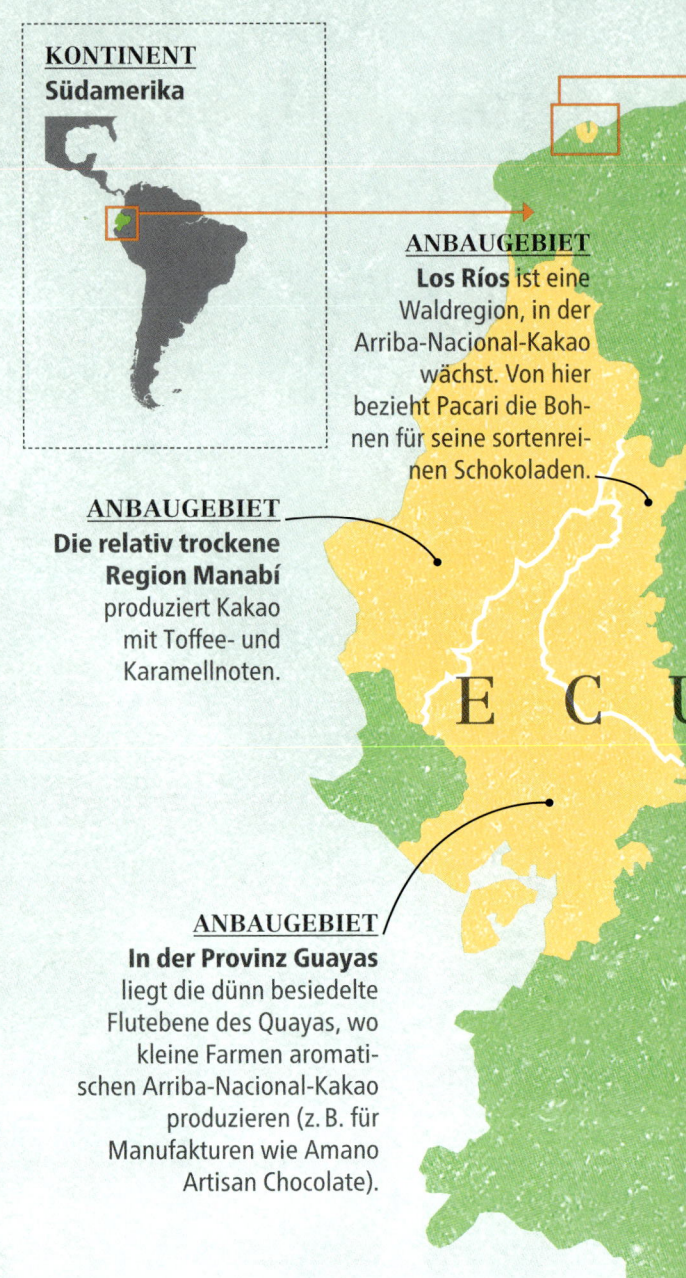

KONTINENT
Südamerika

ANBAUGEBIET
Los Ríos ist eine Waldregion, in der Arriba-Nacional-Kakao wächst. Von hier bezieht Pacari die Bohnen für seine sortenreinen Schokoladen.

ANBAUGEBIET
Die relativ trockene Region Manabí produziert Kakao mit Toffee- und Karamellnoten.

ANBAUGEBIET
In der Provinz Guayas liegt die dünn besiedelte Flutebene des Quayas, wo kleine Farmen aromatischen Arriba-Nacional-Kakao produzieren (z. B. für Manufakturen wie Amano Artisan Chocolate).

E C U

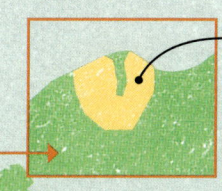

ANBAUGEBIET

Esmeraldas ist eine fruchtbare Region und eine der ärmsten Provinzen Ecuadors. Hochwertiger Kakao erzielt gute Preise und verändert das Leben der ansässigen Pflanzer.

HAUPTSTADT
Quito

WICHTIGE FABRIK

Montecristi Chocolate produziert edle Bio-Kuvertüre aus in Manabi angebauten Arriba-Nacional-Bohnen.

WICHTIGE FABRIK

Pacari Chocolate produziert in Quito sortenreine Bio-Schokolade aus heimischen Arriba-Nacional-Bohnen.

A D O R

HEIMISCHE UND INTERNATIONALE HERSTELLER SCHÄTZEN ECUADORIANISCHE BOHNEN.

UMLAND

Kakao gedeiht in den fruchtbaren Überschwemmungsebenen mit ihren vulkanischen Böden.

FABRIKEN PRODUZIEREN VOR ORT SORTENREINE SCHOKOLADE AUS EINHEIMISCHEM KAKAO.

KAKAOERNTE

Erntemonate

J	F	M	A	M	J	J	A	S	O	N	D

◻ Haupternte   ◻ Nebenernte

ECUADOR PRODUZIERT MEHR HOCHWERTIGEN KAKAO ALS JEDES ANDERE LAND.

WICHTIGE SORTEN

Arriba Nacional und CCN-51

GESCHMACKSPROFIL

Kopfnoten von **Orangenblüte**, **Jasmin** und **Gewürzen**

ARRIBA NACIONAL
Grüne oder gelbe Frucht mit tiefen Furchen und viel Geschmack

DIE PRODUKTION VON TREE-TO-BAR-SCHOKOLADE NÜTZT DER LOKALEN WIRTSCHAFT.

PRODUKTION

217 720 TONNEN pro Jahr
5,6 % der **WELT-PRODUKTION**

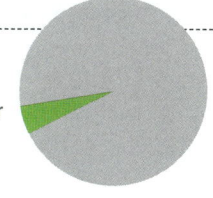

VENEZUELA

Venezuela produziert aus seinen heimischen Criollo-Hybriden mit den besten Kakao der Welt. Manche der zart aromatisierten, hellen Sorten sind bei Schokoladenherstellern heiß begehrt, nicht zuletzt, weil sie schwer zu bekommen sind.

Venezuela war einst einer der größten Kakao-erzeuger Südamerikas, exportiert aber heute, teilweise wegen strikter gesetzlicher Beschränkungen, nur einen Bruchteil des früheren Volumens. Diese Exportbegrenzungen sollen den Preis für lokal angebauten Kakao senken, um ihn auch für Venezolaner erschwinglich zu machen, führen aber dazu, dass die Bohnen oft in den Lager-häusern liegen bleiben. Während laufend neue Schokoladenfabriken eröffnen und den heimischen Markt beliefern, gelangt nur sehr wenig vom hervorragenden venezolanischen Kakao ins Ausland.

SELTENE SORTEN

Die im Westen des Landes angebaute Sorte Porcelana liefert helle, porzellanartige Bohnen mit zart fruchtigen und floralen Noten. Für europäische Schokoladenhersteller zählen sie zu den besten der Welt.

Gleichermaßen begehrt sind die Bohnen aus dem abgelegenen Ort Chuao an der Nordküste, wo schon seit über 400 Jahren Kakao angebaut wird. Sie sind zwar technisch gesehen keine eigenständige Sorte, aber die Kombination aus Genetik und Terroir verleiht ihnen einen ausgewogenen Geschmack mit Noten von roten Früchten und einem Hauch Säure. Da sie so schwer zu beschaffen sind, erzielen Chuao-Bohnen hohe Preise. In den Händen eines erfahrenen Schokoladenmachers können sie zu einer der besten Schokoladen der Welt werden.

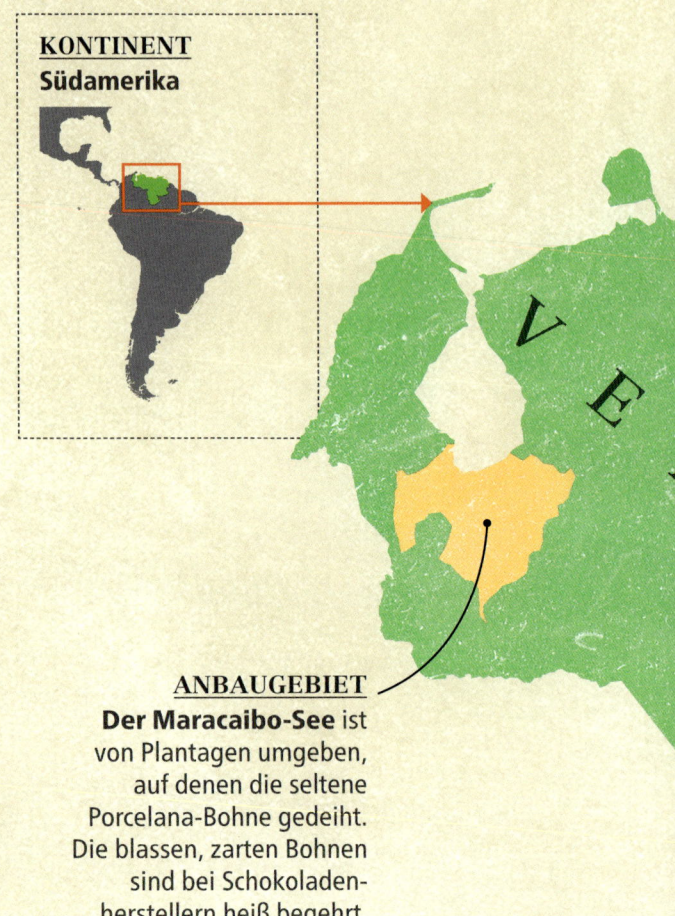

KONTINENT
Südamerika

ANBAUGEBIET
Der Maracaibo-See ist von Plantagen umgeben, auf denen die seltene Porcelana-Bohne gedeiht. Die blassen, zarten Bohnen sind bei Schokoladen-herstellern heiß begehrt.

GESETZE SOLLEN KAKAO FÜR EINHEIMISCHE HERSTELLER ERSCHWINGLICH MACHEN.

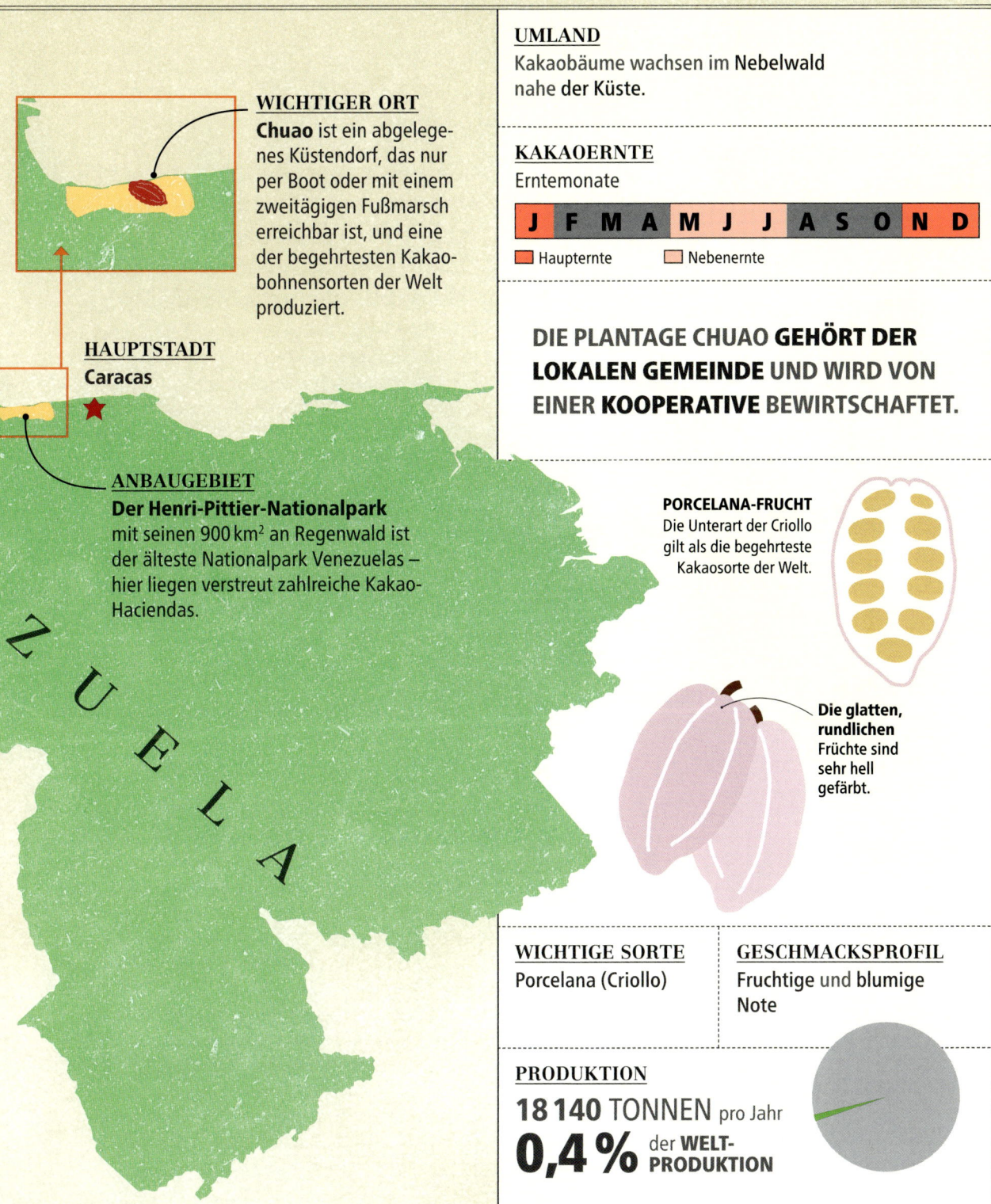

WICHTIGER ORT
Chuao ist ein abgelegenes Küstendorf, das nur per Boot oder mit einem zweitägigen Fußmarsch erreichbar ist, und eine der begehrtesten Kakaobohnensorten der Welt produziert.

HAUPTSTADT
Caracas

ANBAUGEBIET
Der Henri-Pittier-Nationalpark mit seinen 900 km² an Regenwald ist der älteste Nationalpark Venezuelas – hier liegen verstreut zahlreiche Kakao-Haciendas.

UMLAND
Kakaobäume wachsen im Nebelwald nahe der Küste.

KAKAOERNTE
Erntemonate

J	F	M	A	M	J	J	A	S	O	N	D

■ Haupternte   ■ Nebenernte

DIE PLANTAGE CHUAO GEHÖRT DER LOKALEN GEMEINDE UND WIRD VON EINER KOOPERATIVE BEWIRTSCHAFTET.

PORCELANA-FRUCHT
Die Unterart der Criollo gilt als die begehrteste Kakaosorte der Welt.

Die glatten, rundlichen Früchte sind sehr hell gefärbt.

WICHTIGE SORTE
Porcelana (Criollo)

GESCHMACKSPROFIL
Fruchtige und blumige Note

PRODUKTION
18 140 TONNEN pro Jahr
0,4 % der **WELT-PRODUKTION**

BRASILIEN

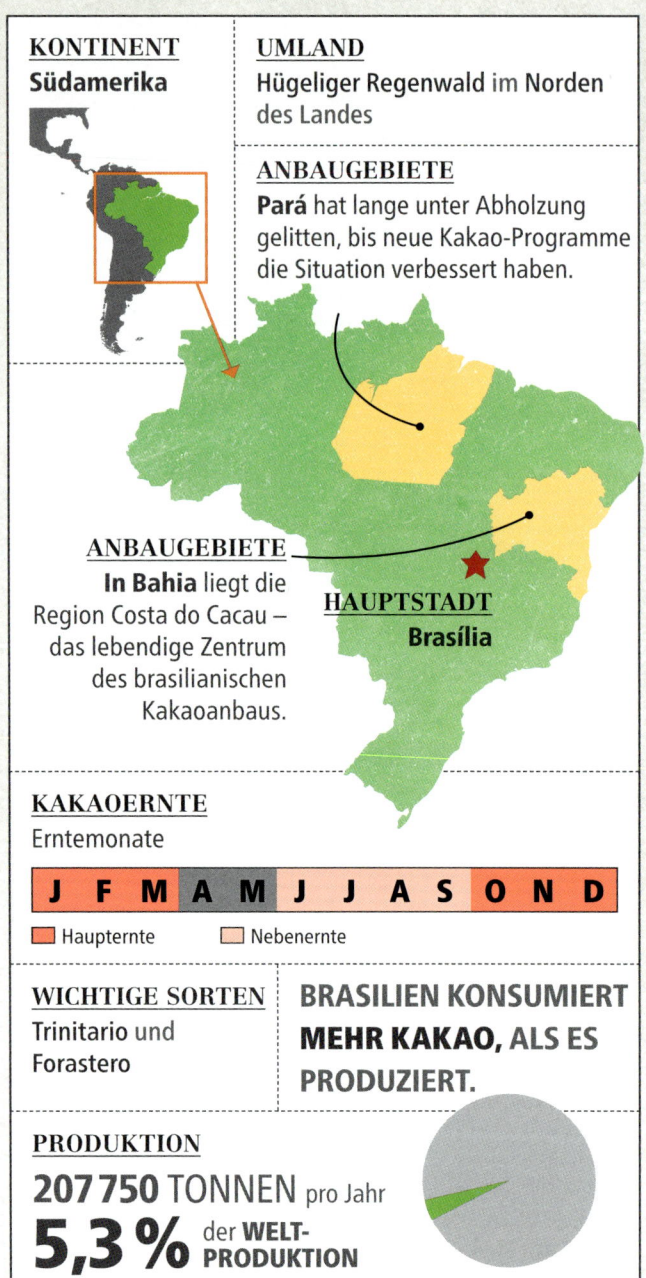

KONTINENT
Südamerika

UMLAND
Hügeliger Regenwald im Norden des Landes

ANBAUGEBIETE
Pará hat lange unter Abholzung gelitten, bis neue Kakao-Programme die Situation verbessert haben.

ANBAUGEBIETE
In Bahia liegt die Region Costa do Cacau – das lebendige Zentrum des brasilianischen Kakaoanbaus.

HAUPTSTADT
Brasília

KAKAOERNTE
Erntemonate

J	F	M	A	M	J	J	A	S	O	N	D

☐ Haupternte   ☐ Nebenernte

WICHTIGE SORTEN
Trinitario und Forastero

BRASILIEN KONSUMIERT MEHR KAKAO, ALS ES PRODUZIERT.

PRODUKTION
207 750 TONNEN pro Jahr
5,3 % der **WELT-PRODUKTION**

Das größte Land Südamerikas war einst ein Zentrum der Kakaoproduktion. Pflanzenkrankheiten und ökonomische Probleme haben der Industrie geschadet, aber es zeichnet sich eine Erholung ab.

Brasilien war einst der größte Kakaoerzeuger Amerikas, aber die Industrie wurde von Pflanzenkrankheiten hart getroffen. Sinkende Produktionszahlen zusammen mit wachsender Nachfrage haben dazu geführt, dass Brasilien seit 1998 mehr Kakao im- als exportiert.

KATASTROPHALE KRANKHEITEN

1989 befiel die Hexenbesenkrankheit Bahia die produktivste Anbauregion Brasiliens. Die Krankheit verursacht dichtes Astwachstum, das die Produktivität des befallenen Baums drastisch senkt. Im folgenden Jahrzehnt zerstörte die Krankheit das Gros der hiesigen Kakaobäume, die Produktion brach um 75 Prozent ein. Heute sind die meisten brasilianischen Kakaobäume durch resistentere Arten ersetzt worden und es gibt Anzeichen für eine langsame Erholung.

WIEDERAUFBAU EINER INDUSTRIE

Ungeachtet dieser Probleme ist Brasilien einer der zehn größten Kakaoproduzenten der Welt und bemüht sich, die Produktion anzukurbeln. Große multinationale Süßwarenhersteller, wie Mars und Cargill, haben Programme aufgelegt, die den brasilianischen Pflanzern mit ökonomischer, sozialer und technischer Hilfe unter die Arme greifen sollen.

Im kleineren Maßstab konzentrieren sich manche Farmen auf die Produktion hochwertiger Kakaobohnen. So erzeugen die Pflanzer der Fazenda Camboa, einer Kakaofarm an der Costa do Cacau im Süden Bahias, gezielt Kakao für Schokoladenmanufakturen.

KOLUMBIEN

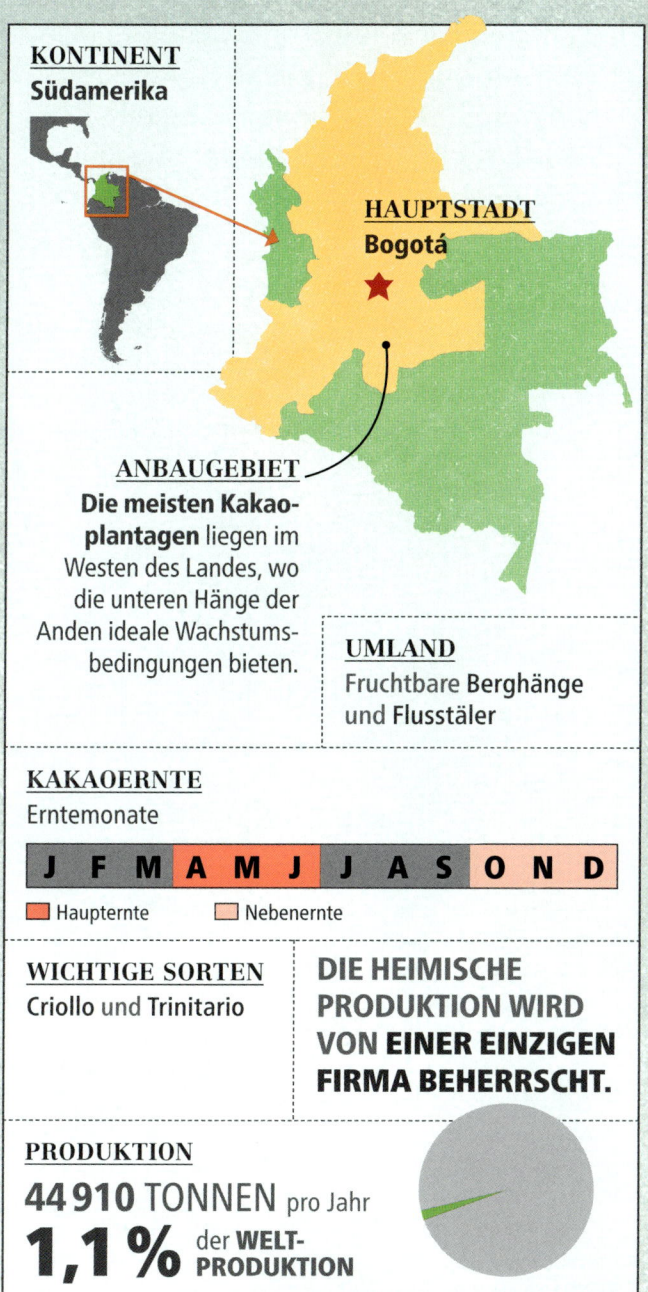

KONTINENT
Südamerika

HAUPTSTADT
Bogotá

ANBAUGEBIET
**Die meisten Kakao-
plantagen** liegen im
Westen des Landes, wo
die unteren Hänge der
Anden ideale Wachstums-
bedingungen bieten.

UMLAND
Fruchtbare Berghänge
und Flusstäler

KAKAOERNTE
Erntemonate

J	F	M	A	M	J	J	A	S	O	N	D

■ Haupternte   ■ Nebenernte

WICHTIGE SORTEN
Criollo und Trinitario

**DIE HEIMISCHE
PRODUKTION WIRD
VON EINER EINZIGEN
FIRMA BEHERRSCHT.**

PRODUKTION
44 910 TONNEN pro Jahr
1,1 % der **WELT-
PRODUKTION**

**Kolumbien legt Wert auf Qualität und auf
Quantität und ist somit einer der größten
Exporteure edlen Kakaos. Die heimischen
Sorten liefern Schokolade mit charakteris-
tischen fruchtigen oder floralen Noten.**

Aktuell produziert Kolumbien rund 1 Prozent
des weltweiten Kakaos, aber die Regierung hat
große Pläne für die Produktionssteigerung. Im
Gegensatz zu vielen anderen Ländern, in denen
höhere Erträge die Triebfeder sind, legen kolumbianische Programme mehr Wert auf Qualität.

EIN GUTER RUF
Die kolumbianische Regierung hat ihr Augen-
merk auf die Entwicklung hochwertiger Sorten
gerichtet, für die das Land berühmt ist, statt auf
ertragreichere Massensorten zu setzen. Es gibt
Pläne, die Produktion in den kommenden Jahren
zu verdoppeln. Dazu zählt auch ein Regierungs-
programm zur Revitalisierung und Wieder-
bepflanzung von 80 000 Hektar Anbaufläche.

Der mit Abstand größte Erzeuger und Expor-
teur von Kakaobohnen und Schokoladenprodukten ist das Familienunternehmen Casa Luker, das
rund ein Drittel der nationalen Ernte aufkauft.
Die Firma arbeitet direkt mit Pflanzern im ganzen
Land zusammen, ermutigt sie, heimische Sorten
anzubauen, und verarbeitet die Bohnen in ihrer
Fabrik in Bogotá zu unterschiedlichen Produkten.

GESCHMACKLICHE VIELFALT
Kolumbianische Schokolade ist so vielgestaltig
wie die Regionen, aus denen sie kommt, und
besitzt häufig feine fruchtige und florale Noten
mit einer Spur von Gewürz. Der heimische Hersteller Cacao Hunters kauft die besten Bohnen
im ganzen Land zusammen und macht daraus
Schokoladentafeln, die die ganze Vielfalt des
kolumbianischen Kakaos demonstrieren.

PERU

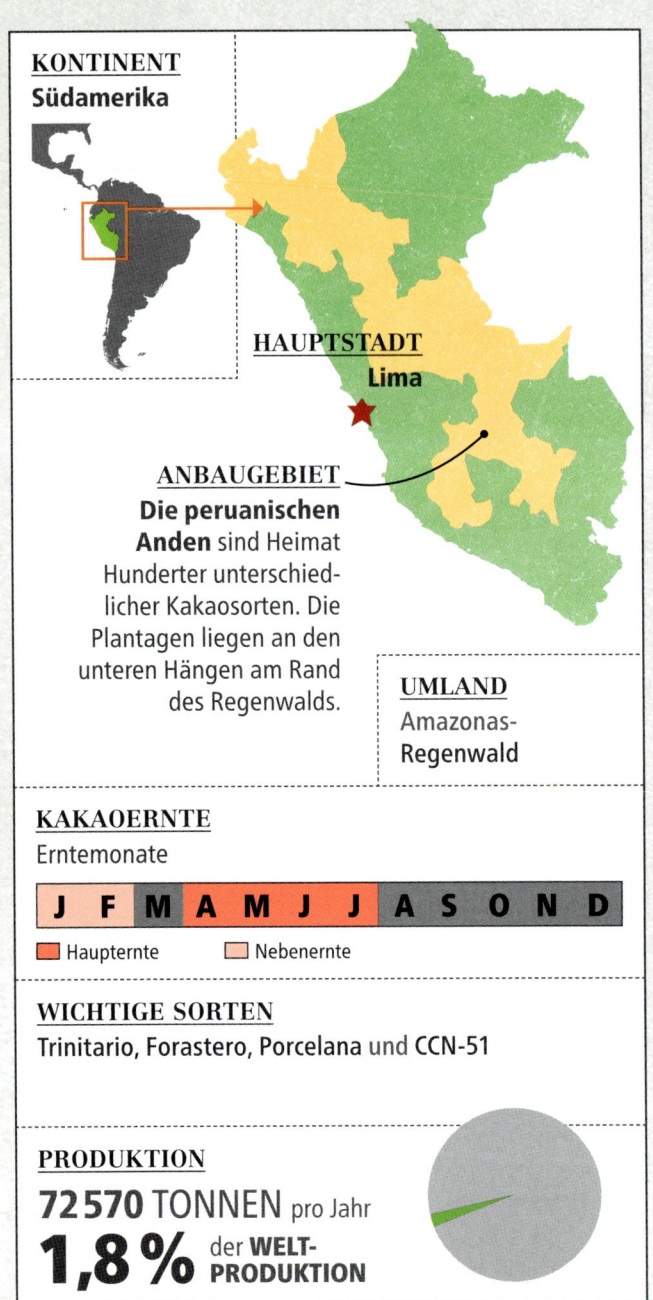

KONTINENT
Südamerika

HAUPTSTADT
Lima

ANBAUGEBIET
Die peruanischen
Anden sind Heimat
Hunderter unterschied-
licher Kakaosorten. Die
Plantagen liegen an den
unteren Hängen am Rand
des Regenwalds.

UMLAND
Amazonas-
Regenwald

KAKAOERNTE
Erntemonate

J	F	M	A	M	J	J	A	S	O	N	D

▪ Haupternte   ▪ Nebenernte

WICHTIGE SORTEN
Trinitario, Forastero, Porcelana und CCN-51

PRODUKTION
72 570 TONNEN pro Jahr
1,8 % der **WELT-
PRODUKTION**

Als einer der größten und bekanntesten Erzeuger von edlem Kakao für Manufakturen steigert Peru seinen Ausstoß rapide. Allerdings besteht die Gefahr, dass das Land seinem guten Ruf schadet, indem es stärker auf ertragreiche Sorten setzt.

Peru ist seit dem 19. Jh. einer der größten Kakaoerzeuger Südamerikas und in den letzten Jahren hat peruanischer Kakao eine Reputation für feinen Geschmack gewonnen, die zum schnellen Wachstum der Produktion beiträgt.

DEM ORIGINAL AUF DER SPUR
Neben den Kultursorten gedeihen im Amazonas-Regenwald auch zahlreiche wild wachsende Hybride. Anfang der 2000er-Jahre entdeckte ein Team aus peruanischen und amerikanischen Forschern drei neue Kakaosorten und fand sogar Exemplare der renommierten Sorte Arriba Nacional, die zuvor nur in Ecuador vorzukommen schien. Diese Forschung hilft, ursprüngliche Hybriden zu erhalten, die die Experten dann dazu verwenden können, junge Pflanzen nachzuziehen oder auch neue Edelsorten zu entwickeln.
    Wie in Ecuador sorgt auch in Peru die wachsende Beliebtheit der Hybride CCN-51 für Kontroversen. Die Pflanzer setzen sie zunehmend ein, um die Produktivität zu erhöhen, aber viele fürchten, dass durch ihre Ausbreitung die einzigartige genetische Vielfalt Perus verloren geht.

PARADIES FÜR EDELKAKAO
Perus Ruf als eine der wichtigsten und vielgestaltigsten Quellen für Kakao spricht Manufakturen in aller Welt an und so produzieren unter anderem Fruition Chocolate, Original Beans und Willie's Cacao Schokoladen, die die einzigartigen Noten des peruanischen Kakaos feiern.

BOLIVIEN

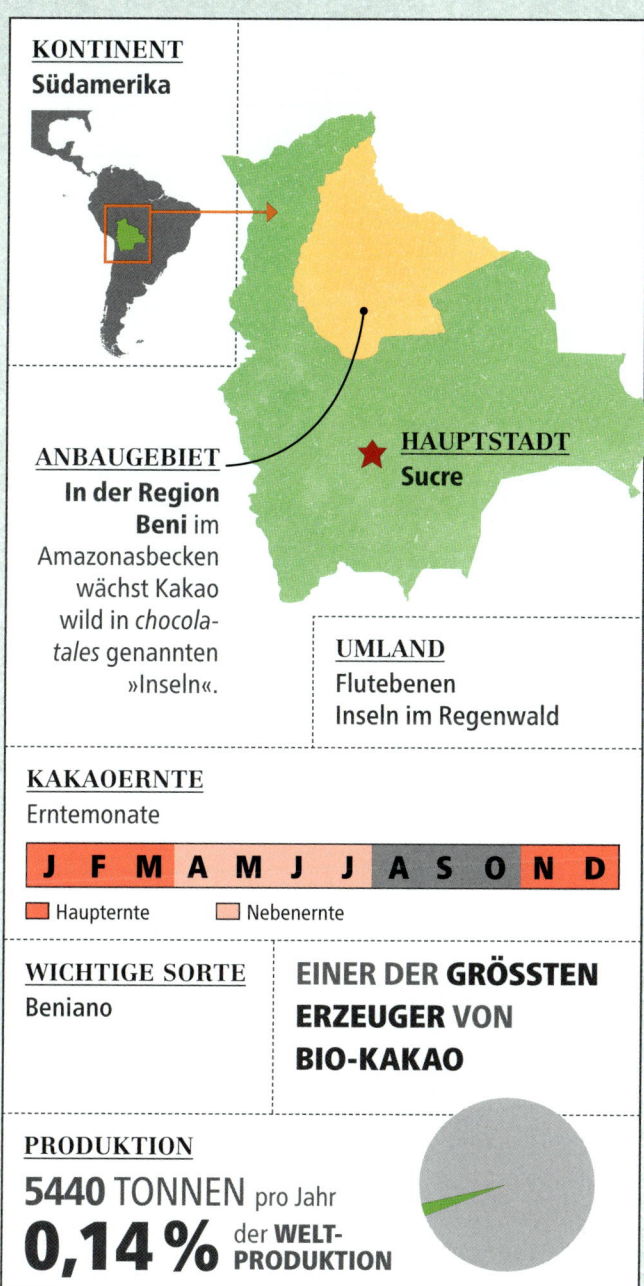

KONTINENT
Südamerika

ANBAUGEBIET
In der Region Beni im Amazonasbecken wächst Kakao wild in *chocolatales* genannten »Inseln«.

HAUPTSTADT
Sucre

UMLAND
Flutebenen
Inseln im Regenwald

KAKAOERNTE
Erntemonate

J	F	M	A	M	J	J	A	S	O	N	D

■ Haupternte   ■ Nebenernte

WICHTIGE SORTE
Beniano

EINER DER GRÖSSTEN ERZEUGER VON BIO-KAKAO

PRODUKTION
5440 TONNEN pro Jahr
0,14 % der **WELT-PRODUKTION**

Bolivien ist für seine hochwertigen Bohnen bekannt, die wild im Nordosten wachsen, und gilt weithin als Vorbild für nachhaltigen, biologischen Kakaoanbau.

Das Land produziert nur rund 5440 Tonnen Kakao im Jahr, ist aber einer der größten Exporteure von Bio-Bohnen und weltweit für seine wild wachsenden Kakaobäume berühmt.

WILDER AMAZONAS-KAKAO

Der größte Teil der weltweit produzierten Schokolade stammt von seit langer Zeit etablierten Plantagen, während die bekannteste Kakaosorte Boliviens nach wie vor wild und ohne menschliche Kontrolle in der Provinz Beni im Nordosten des Landes wächst. Weil das Land mit großer Regelmäßigkeit überflutet wird, nennt man die nur per Boot erreichbaren Haine *chocolatales,* Schokoladeninseln.

Der Deutsche Volker Lehmann erkannte das Potenzial dieses wilden Kakaos und investierte in die Entwicklung der Infrastruktur, um den Export dieser vollmundigen Bohnen zu ermöglichen. Sie erzielen heute Spitzenpreise und die Bolivianer profitieren von zunehmendem internationalen Interesse. Der Bio-Hersteller Original Beans produziert sortenreine Schokolade aus Beniano-Kakao.

ZUSAMMENARBEIT

Mitentscheidend für den Erfolg des bolivianischen Kakaos ist die Organisation der Pflanzer in Kooperativen. Die 1977 gegründete El Ceibo ist ein Verband mehrerer solcher Kooperativen, der 1200 Pflanzer vertritt und ihnen Ausbildung, Unterstützung und eine gemeinsame Handelsplattform für ihre Bohnen bietet. Daneben produziert El Ceibo seine eigenen Schokoladenprodukte, die er in alle Welt verkauft.

HONDURAS

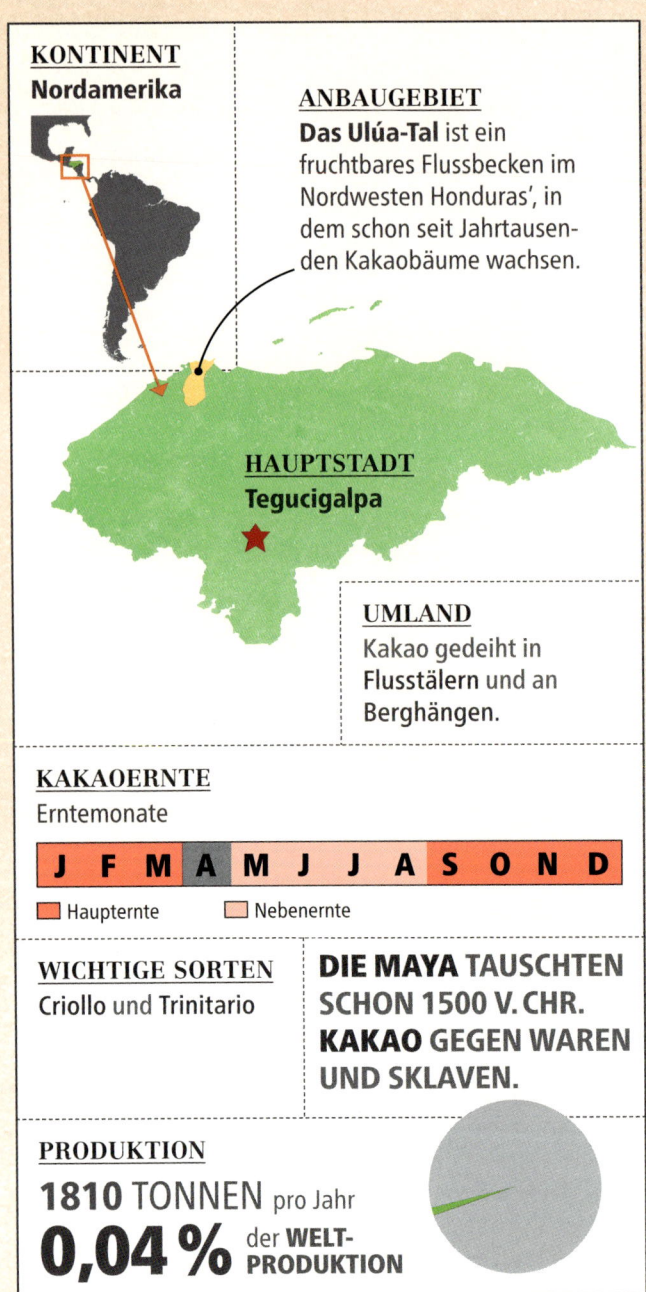

KONTINENT
Nordamerika

ANBAUGEBIET
Das Ulúa-Tal ist ein fruchtbares Flussbecken im Nordwesten Honduras', in dem schon seit Jahrtausenden Kakaobäume wachsen.

HAUPTSTADT
Tegucigalpa

UMLAND
Kakao gedeiht in **Flusstälern** und an Berghängen.

KAKAOERNTE
Erntemonate

J	F	M	A	M	J	J	A	S	O	N	D

☐ Haupternte   ☐ Nebenernte

WICHTIGE SORTEN
Criollo und Trinitario

DIE MAYA TAUSCHTEN SCHON 1500 V. CHR. **KAKAO** GEGEN WAREN UND SKLAVEN.

PRODUKTION
1810 TONNEN pro Jahr
0,04 % der **WELT-PRODUKTION**

In Honduras finden sich einige der frühesten Belege für die Kultivierung von Kakao. Ein Faktor für das wirtschaftliche Wachstum des Landes könnte in der Wiederbelebung einiger der alten Sorten liegen.

In den späten 1990er-Jahren entdeckten Archäologen Hinweise auf Kakaokonsum, die bis 1150 v. Chr. zurückgehen. Sie fanden Spuren von Kakao an uralten Tonscherben, die darauf hindeuten, dass Fruchtpulpe und Kakaobohnen für Getränke genutzt wurden.

ALTE SORTEN NEU ENTDECKT
Trotz einer langen Kakaotradition standen viele einheimische honduranische Kakaosorten durch ökonomische Probleme, Pflanzenkrankheiten und Sturmschäden im späten 20. Jh. vor dem Aussterben.

2008 tat sich schließlich das Schweizer Unternehmen Chocolats Halba mit der Asociación de Productores de Cacao de Honduras (APROCACAHO) zusammen, um den von Hurrikan Mitch zerstörten honduranischen Kakaohandel neu zu beleben. Die Firma unterstützt Pflanzer, zahlt faire Preise für die Bohnen und ermutigt die Farmer, Laubbäume zwischen den Kakao zu pflanzen, um die Landschaft wieder aufzuforsten.

Forschungseinrichtungen und Firmen wie Xoco Fine Cocoa helfen dabei, seltene honduranische Sorten zu erhalten. Xoco sucht und analysiert die besten Kakaobäume des Landes und wählt dann die geeignetsten Exemplare für die Reproduktion und Aufforstung aus. Die reifen Bäume produzieren einen Kakao, der bei den Manufakturen heiß begehrt ist, und Xoco vertreibt diese Bohnen in alle Welt.

NICARAGUA

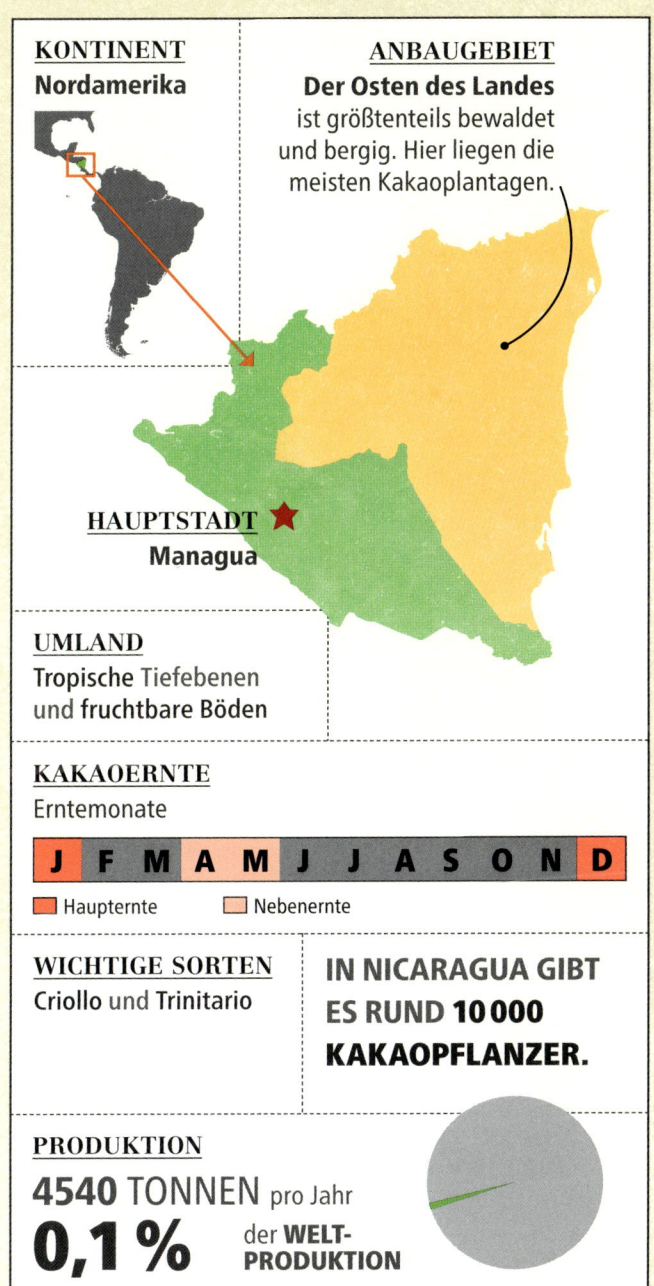

KONTINENT
Nordamerika

ANBAUGEBIET
Der Osten des Landes
ist größtenteils bewaldet
und bergig. Hier liegen die
meisten Kakaoplantagen.

HAUPTSTADT ★
Managua

UMLAND
Tropische Tiefebenen
und fruchtbare Böden

KAKAOERNTE
Erntemonate

J	F	M	A	M	J	J	A	S	O	N	D

■ Haupternte   ■ Nebenernte

WICHTIGE SORTEN
Criollo und Trinitario

**IN NICARAGUA GIBT
ES RUND 10 000
KAKAOPFLANZER.**

PRODUKTION
4540 TONNEN pro Jahr
0,1 % der **WELT-
PRODUKTION**

**Das als Kakaoerzeuger relativ junge
Nicaragua hat sich bereits einen Ruf für
hochwertige, vollmundige Kakaosorten
erarbeitet.**

Bisher haben die nicaraguanischen Pflanzer
Kakao eher als zweite oder dritte Frucht angebaut und der meiste Kakao wird vom heimischen
Markt für traditionelle Gerichte und Getränke
genutzt.

REVOLUTION UND WIEDERAUFBAU

In den 1980er-Jahren sorgte die Revolution für
massive Umwälzungen im Land. Nach Kriegs-
ende 1990 legten regierungsunabhängige
Organisationen eine Reihe von Programmen auf,
die die Landwirtschaft ins Zentrum des Wieder-
aufbaus stellten. Unter anderem wurden Farmer
ermutigt, Kakao anzubauen und sich dabei auf
die hochwertige Sorte Criollo zu konzentrieren.

Heute zeigen Programme, die Kakaosetzlinge
und Schulungen in Pflege, Ernte und Verarbeitung anbieten, nach und nach eine positive
Wirkung auf die Wirtschaft des Landes. Experten
glauben, dass Nicaragua mindestens 2 Millionen
Hektar geeignete Anbauflächen für die Kakaoerzeugung besitzt, von denen aktuell nur ein
Bruchteil genutzt wird.

QUALITÄT STATT QUANTITÄT

Nicaragua produziert zwar nur kleine Mengen
an Kakao, ist aber in der Manufakturszene für
seine einzigartig edel schmeckenden Bohnen
berühmt. Das dänische Unternehmen Ingemann
ist eine treibende Kraft in der Forschung und hat
sechs eigenständige Unterarten des heimischen
Kakaobaums mit rund 350 Millionen Bäumen
identifiziert. Ingemann bietet Ausbildung und
Hilfe an und kauft und exportiert den aus diesen
Bemühungen resultierenden Kakao in alle Welt.

MEXIKO

Kakao wird in Südmexiko bereits seit über 2000 Jahren kultiviert. Das Land zählte einst zu den größten Erzeugern der Welt, erlitt dann aber einen Abschwung und erholt sich heute erst langsam wieder.

Vermutlich domestizierten präkolumbianische Zivilisationen den Kakaobaum zuerst in einem Gebiet im Süden Mexikos. Als 2000 Jahre später die spanischen Eroberer kamen, fanden sie im gesamten südlichen Zentralamerika Plantagen vor. Mit die größten lagen in Soconusco und Tabasco, bis heute bedeutende Anbaugebiete.

Mexiko gilt zwar weithin als das Heimatland des Kakaoanbaus, aber aufgrund ökonomischer Probleme und Pflanzenkrankheiten ist die Produktion hier seit 2003 dramatisch gesunken. Die Pflanzer können keine fairen Preise für ihre Ernte erzielen und haben sich deshalb anderen Früchten zugewandt.

NEUE INITIATIVEN

Mittlerweile gibt es mehrere Programme zur Wiederbelebung der Industrie. So unterstützt der amerikanische Hersteller Hershey's die Ausbildung von Pflanzern und die Einführung neuer krankheitsresistenter Kakaosorten.

Es gibt Anzeichen für einen Aufschwung, aber Mexiko hat noch einen langen Weg zur Erholung vor sich, nicht zuletzt, weil die heimische Nachfrage nach Schokoladenprodukten wächst und die Erzeuger weiter unter Druck setzt.

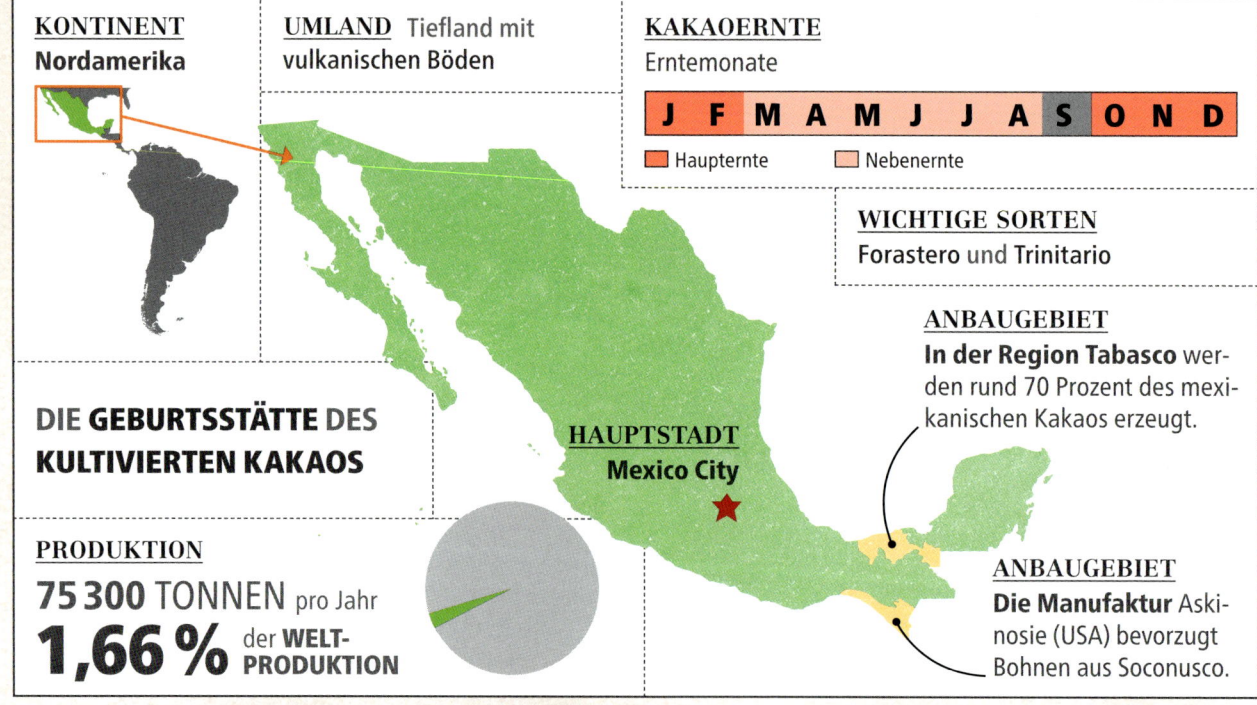

KONTINENT
Nordamerika

UMLAND Tiefland mit vulkanischen Böden

KAKAOERNTE
Erntemonate

| J | F | M | A | M | J | J | A | S | O | N | D |

■ Haupternte   ■ Nebenernte

WICHTIGE SORTEN
Forastero und Trinitario

ANBAUGEBIET
In der Region Tabasco werden rund 70 Prozent des mexikanischen Kakaos erzeugt.

DIE GEBURTSSTÄTTE DES KULTIVIERTEN KAKAOS

HAUPTSTADT
Mexico City

ANBAUGEBIET
Die Manufaktur Askinosie (USA) bevorzugt Bohnen aus Soconusco.

PRODUKTION
75 300 TONNEN pro Jahr
1,66 % der **WELT-PRODUKTION**

COSTA RICA

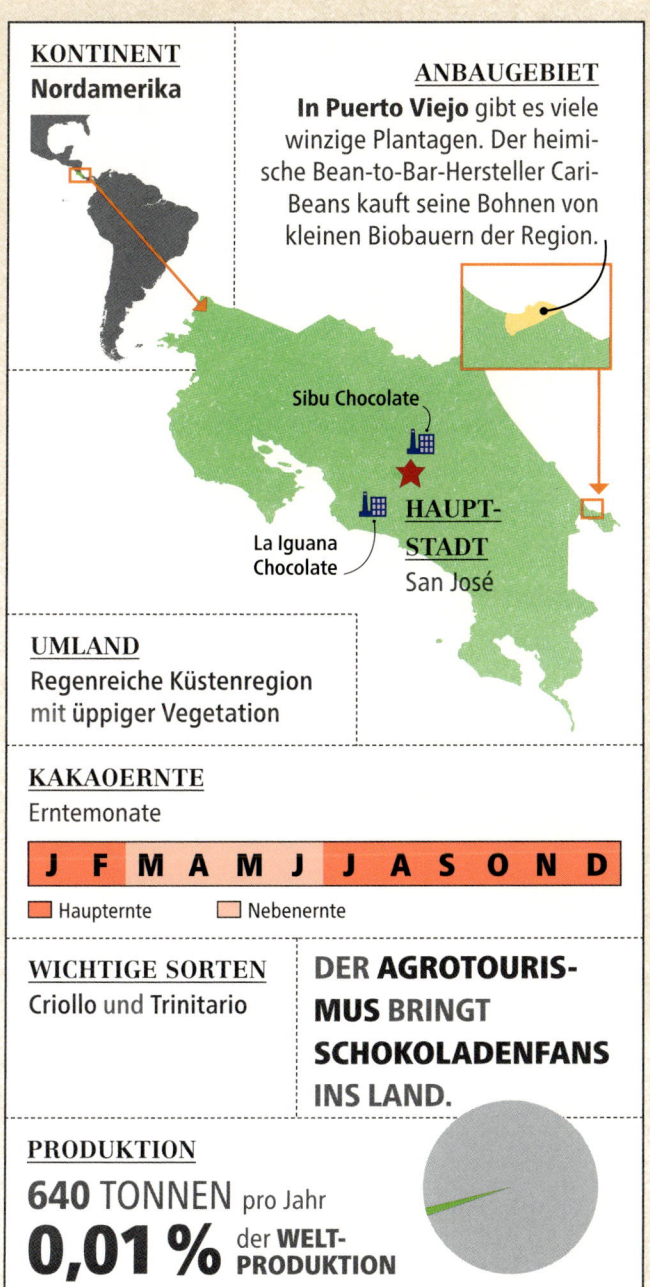

KONTINENT
Nordamerika

ANBAUGEBIET
In Puerto Viejo gibt es viele winzige Plantagen. Der heimische Bean-to-Bar-Hersteller Cari-Beans kauft seine Bohnen von kleinen Biobauern der Region.

Sibu Chocolate

La Iguana Chocolate

HAUPT-STADT
San José

UMLAND
Regenreiche Küstenregion mit üppiger Vegetation

KAKAOERNTE
Erntemonate

J	F	M	A	M	J	J	A	S	O	N	D

■ Haupternte □ Nebenernte

WICHTIGE SORTEN
Criollo und Trinitario

DER AGROTOURIS-MUS BRINGT SCHOKOLADENFANS INS LAND.

PRODUKTION
640 TONNEN pro Jahr
0,01 % der **WELT-PRODUKTION**

Costa Rica hat eine lange Geschichte des Kakaoanbaus und konzentriert sich auf die nachhaltige Produktion. Bio-Farmen und Agrotourismus gelten als Schlüssel zu einer erfolgreichen Zukunft.

Costa Rica liegt auf einer der wichtigsten Handelsrouten des alten Mayareichs. Es gibt Belege dafür, dass Händler hier schon um 400 v. Chr. mit Kakao handelten. Trotz dieses großen Erbes hat die Kakaoerzeugung nie eine bedeutende Rolle in der heimischen Wirtschaft gespielt.

Anfang des 20. Jh. bewirtschaftete die United Fruit Company Plantagen in Costa Rica, die die von Krankheiten verwüsteten Bananenbäume ersetzen sollten. Diese Pflanzungen liefern bis heute eine begrenzte Menge an Kakao.

MANUFAKTUREN
Costa-ricanische Kakaobohnen sind bei einheimischen und ausländischen Manufakturen gleichermaßen beliebt. Der costa-ricanische Hersteller Sibu verwendet für seine international renommierten Schokoladen heimischen Kakao und frische Zutaten.

Das bedeutendste Anbaugebiet ist Puerto Viejo an der Karibikküste, aber ein großer Teil des costa-ricanischen Kakaos entsteht auf kleinen Bio-Farmen wie La Iguana nahe der Pazifikküste. La Iguana erzeugt eine Reihe von Schokoladenprodukten, von Kakaopulver über Trüffeln bis hin zu Schokoladentafeln, um einen Nebenverdienst zu generieren. Diese Betriebe leben auch vom Tourismus, zudem können Freiwillige auf der Farm arbeiten und bei der Ernte und der Schokoladenherstellung helfen.

Diese Art des Agrotourismus wird in Costa Rica immer beliebter und könnte in Zukunft zur Grundlage einer nachhaltigen Schokoladenindustrie werden.

PANAMA

Kakao trägt nur einen geringen Teil zum Bruttoinlandsprodukt Panamas bei, aber der Kakaoanbau ist ein bedeutender Teil des kulturellen Erbes des Landes.

In Panama kannte man den Kakao schon lange bevor die Europäer nach Zentralamerika kamen. Das Volk der Kuna verarbeitet den heimischen Kakao bis heute zu einem süßen und ausgesprochen gesunden Getränk.

KUNA-KAKAO
Das Getränk wird mit heißem Wasser, Gewürzen und gekochten Bananen angerührt, die Substanz und Süße spenden. Untersuchungen zufolge hatten Kuna, die vier oder fünf Tassen Kakao pro Tag tranken, weltweit das geringste Risiko für Herzerkrankungen und Bluthochdruck, erkrankten aber öfter, sobald sie auf den Kakao verzichteten. Die Untersuchungen in Panama lieferten die Basis für mehrere weitere Studien, welche die gesundheitlichen Vorzüge der Flavonoide im Kakao bestätigen.

KAKAO HEUTE
Panama produziert zwar nur relativ wenig Kakao für den internationalen Markt, nutzt aber seine natürlichen Ressourcen und Traditionen optimal für den wachsenden Agrotourismus. Die Region Bocas del Toro im Norden des Landes produziert den meisten Exportkakao, der vor allem bei Manufakturen einen guten Ruf genießt.

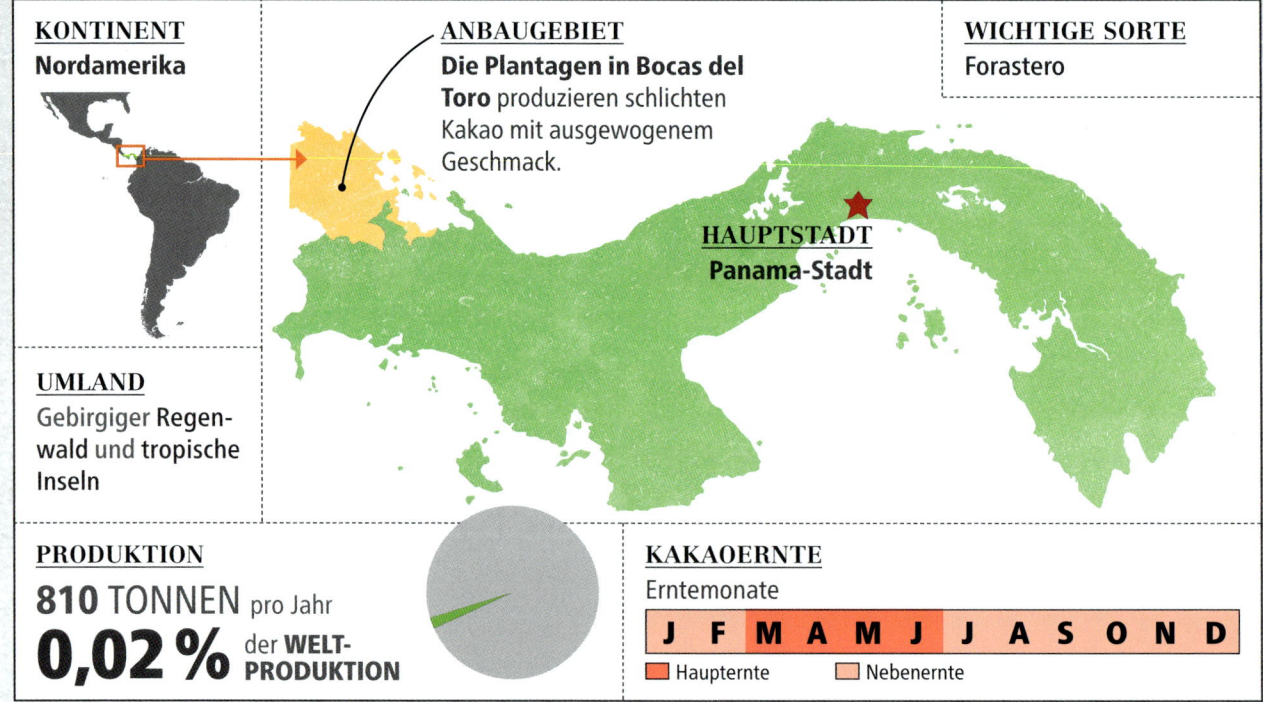

KONTINENT
Nordamerika

ANBAUGEBIET
Die Plantagen in Bocas del Toro produzieren schlichten Kakao mit ausgewogenem Geschmack.

WICHTIGE SORTE
Forastero

UMLAND
Gebirgiger Regenwald und tropische Inseln

HAUPTSTADT
Panama-Stadt

PRODUKTION
810 TONNEN pro Jahr
0,02 % der WELT-PRODUKTION

KAKAOERNTE
Erntemonate

J	F	M	A	M	J	J	A	S	O	N	D

■ Haupternte ■ Nebenernte

HAWAII

Trotz seiner abgeschiedenen Lage und geringen Kakaoproduktion hat Hawaii eine quicklebendige Schokoladen- und Kakaoindustrie. Die komplette Jahresernte fließt in den heimischen Markt.

Die mitten im Pazifik gelegene Inselgruppe ist der einzige US-Bundesstaat, in dem Kakao angebaut wird. Klima, Lage und Geografie machen Anbau und Verarbeitung kompliziert und verleihen dem Kakao wandelbare Geschmacksprofile.

Der Kakao wurde 1850 vom deutschen Botaniker Wilhelm Hillebrand auf Hawaii eingeführt, der die ersten Bäume in einem botanischen Garten auf Oahu pflanzte. Erst in den 1990er-Jahren versuchte man sich am kommerziellen Anbau.

GEFRAGTE PLANTAGEN

Kommerziell wird Kakao auf weniger als 80 ha angebaut. Das vom Lebensmittelkonzern Dole betriebene Waialua Estate ist dabei die größte Plantage. Daneben gibt es kleinere Farmen, die für eine wachsende Gruppe hawaiianischer Manufakturen wie den Tree-to-Bar-Hersteller The Original Hawaiian Chocolate Factory (siehe S. 64–65) produzieren. Die Pflanzer können der steigenden Nachfrage kaum nachkommen, sodass manche Hersteller gezwungen sind, die heimische Ernte durch Importe aufzustocken.

Wäre die Kakaoindustrie auf Hawaii weiter entwickelt, könnte sie Experten zufolge mehrere Millionen Dollar zusätzlich in die heimische Wirtschaft spülen.

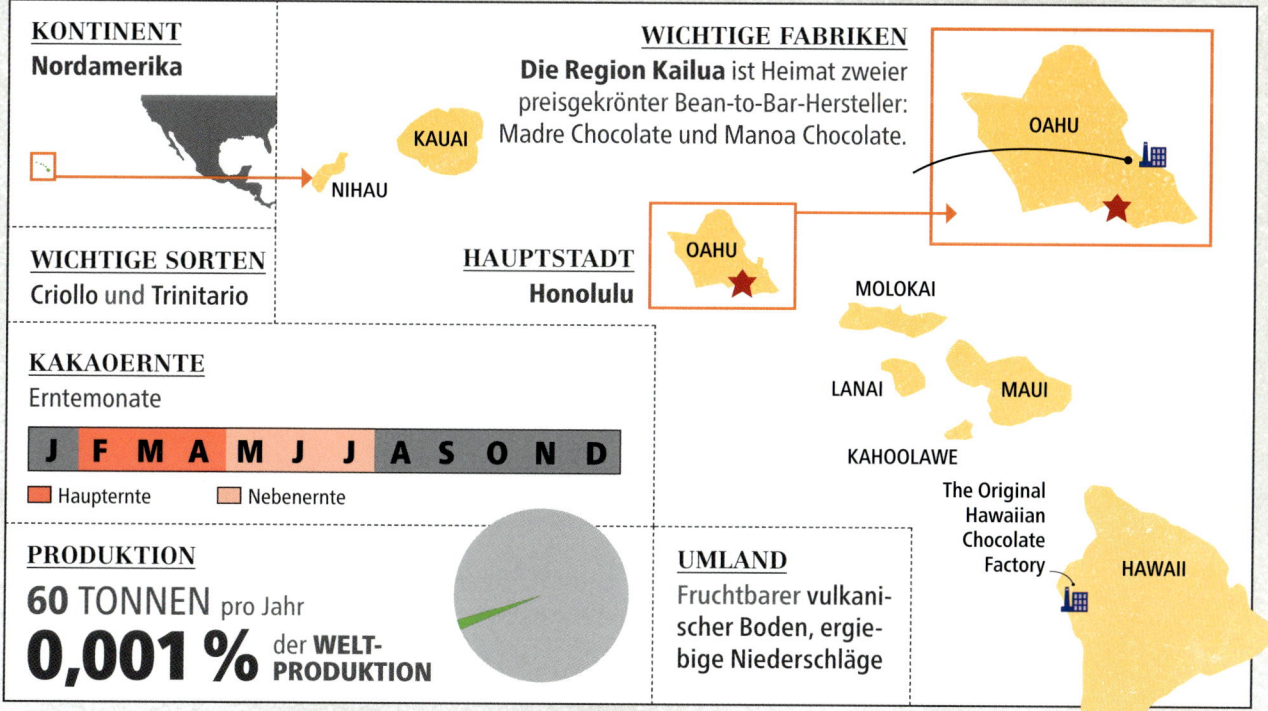

KONTINENT
Nordamerika

WICHTIGE SORTEN
Criollo und Trinitario

KAKAOERNTE
Erntemonate

J F M A M J J A S O N D

- Haupternte
- Nebenernte

PRODUKTION
60 TONNEN pro Jahr
0,001 % der WELT-PRODUKTION

WICHTIGE FABRIKEN
Die Region Kailua ist Heimat zweier preisgekrönter Bean-to-Bar-Hersteller: Madre Chocolate und Manoa Chocolate.

KAUAI
NIHAU
OAHU

HAUPTSTADT
Honolulu

OAHU
MOLOKAI
LANAI
MAUI
KAHOOLAWE
The Original Hawaiian Chocolate Factory
HAWAII

UMLAND
Fruchtbarer vulkanischer Boden, ergiebige Niederschläge

Blick hinter die Kulissen | Kim Russell

DER PFLANZER

Auf seiner 6-Hektar-Farm Crayfish Bay Estate im Nordwesten Grenadas baut Kim Russell mit seinen Angestellten Bio-Kakao an. Er verarbeitet die Bohnen frisch vom Baum und bereitet sie für einheimische und internationale Hersteller auf, produziert aber auch aus Nibs traditionelle Kakaorollen, die er vor Ort verkauft.

Gibt 90 Prozent der Einnahmen an die Gemeinde weiter

- - - - - - - - - - - - - - - - - - - -

Baut auch Yams, Bananen, Muskat, Zitrusfrüchte und Mangos an

Als Kim und seine Frau Lylette die verfallenen Gebäude im Nordwesten Grenadas kauften und das Land vom Wildwuchs befreiten, legten sie die Überbleibsel einer Kakaoplantage frei. Die beiden hatten zwar keine Erfahrung im Kakaoanbau, holten sich aber bei den Einheimischen das notwendige Wissen für die Ernte und Verarbeitung.

Kim Russell hat eine ungewöhnliche Übereinkunft mit seinen Arbeitern: Er hat das Management – Anbau, Ernte, Personalpolitik und Ausbildung – an Einheimische übertragen. Für ihre Leistung überlässt er ihnen 90 Prozent seiner Einnahmen aus dem Verkauf feuchten Kakaos. Außerdem teilt er weitere Ernten, wie Bananen, Zitrusfrüchte, Yams und Mangos, mit der Gemeinde. Das ist für ihn eine bessere Form des fairen Handels, als Geld an Zertifizierungsorganisationen zu bezahlen. Anbau und Verarbeitung erfolgen rein organisch und es werden keine Schlachttiere auf seinem Land gehalten.

PROBLEME

Der laufende Erhalt von Gebäuden, Werkzeugen und Fahrzeugen ist neben der Verwaltungsarbeit eine tägliche Herausforderung. Für Kim Russell liegt allerdings die größte Schwierigkeit darin, genug Geld zu verdienen, um den Betrieb aufrechtzuerhalten. In Ländern wie Grenada erzielen die Farmer keine fairen Preise für ihren Kakao und müssen ihr Einkommen anderweitig aufstocken. Die Arbeiter verdienen schlicht nicht genug zum Überleben und junge Leute sind nicht am Kakaoanbau interessiert. Das Durchschnittsalter eines Kakaofarmers in Grenada liegt bei 65 Jahren und es ist kaum abzusehen, wo die nächste Generation an Pflanzern herkommen soll.

DURCH DEN TAG MIT KIM

Farmarbeit und Ernte werden von der Gemeinde geleistet und Kim Russell verarbeitet die Bohnen. Zu den vielen alltäglichen Arbeiten zählen das Wiegen des feuchten Kakaos, das Wenden der nassen Bohnen, das Öffnen und Schließen der Trockengestelle je nach Wetterlage, das Wenden des trocknenden Kakaos und das Wiegen und Abfüllen der trockenen Bohnen. Russell produziert zudem Nibs, die er manchmal noch mahlt, um Kakaorollen herzustellen, die er dann auf dem Markt verkauft.

KAKAOROLLEN
Kim Russell mahlt Kakaonibs zu einer Paste, die er mit Gewürzen anreichert und zu Kakaorollen verarbeitet. Man mischt die Rollen mit Milch, Zucker und Wasser und bereitet Kakaotee aus ihnen zu.

FUSSARBEIT
Kim Russell setzt auf die traditionelle Methode zum Wenden, bei der die Arbeiter mit den Füßen durch die Bohnen schlurfen, damit sie gleichmäßig trocknen.

BOHNENSORTEN
Auf der Crayfish-Bay-Farm wachsen verschiedene Varietäten mit ganz unterschiedlichen Eigenschaften. Diese beiden fermentierten Bohnen unterscheiden sich deutlich in Farbe und Textur.

DIE PLANTAGE
Kakao wird auf der Crayfish-Bay-Farm biologisch angebaut und wächst im Schatten von Bananen- und Zitrusbäumen.

INDONESIEN

Der größte Kakaoerzeuger außerhalb Westafrikas produziert gut 7 Prozent des weltweit angebauten Kakaos. Die Bäume werden überall auf der Inselgruppe auf meist kleinen Farmen bewirtschaftet.

Indonesien besteht aus mehr als 17 000 Inseln und besitzt eine lange Tradition des Kakaoanbaus. Vermutlich kamen bereits 1560 vollmundige Criollo-Varietäten mit den Spaniern ins Land, aber der kommerzielle Anbau begann erst im 20. Jh.

BIOLOGISCHE VIELFALT

Indonesien besitzt nach Brasilien die weltweit zweithöchste Biodiversität, was bei der Größe des Landes zu sehr unterschiedlichen Anbaubedingungen führt. Die Anbaufläche von 1,5 Millionen Hektar besteht meist aus kleinen Farmen.

Rund 75 Prozent der Produktion stammen von der Insel Sulawesi und der Großteil des indonesischen Kakaos wird zu Milchschokolade verarbeitet, aber auch die Manufakturen und Hersteller von Edelschokolade preisen die Geschmacksvielfalt der sortenreinen Zartbitterschokolade und kaufen Bohnen von den verschiedenen Inseln, wie Sumatra, Java, Bali und Papua.

HERAUSFORDERUNGEN

Kakao ist eines der wertvollsten Exportgüter Indonesiens und der Ausstoß ist in den letzten Jahren beträchtlich gewachsen. Allerdings könnte das Verlangen der kleinen Farmer nach mehr Ertrag auch Probleme für die Zukunft bringen. Alternde Bäume, mangelnde Verfügbarkeit von Dünger und ungepflegte Farmen stehen einem Wachstum im Weg. Die Regierung finanziert Programme, um die Schwierigkeiten zu meistern und dem Land dazu zu verhelfen, sein Potenzial zu entfalten, das bei schätzungsweise 1 Million Tonnen im Jahr liegt.

KONTINENT
Ozeanien

ANBAUGEBIET
Nord-Sumatra ist für edel schmeckende, helle Kakaobohnen bekannt.

HAUPTSTADT
Jakarta

ANBAUGEBIET
Java ist die zentrale Insel Indonesiens. Willie's Cacao und Chocolat Bonnat verarbeiten die karamellfarbenen Bohnen, die auf den Vulkanböden Surabayas im Osten wachsen.

DIE VERSCHIEDENEN REGIONEN LIEFERN GANZ DIVERSE BOHNEN.

UMLAND
Die Inseln haben unterschiedliche Terrains. Häufig findet man **vulkanischen Boden** und **feuchten Regenwald.**

INDONESIEN IST NACH DER ELFENBEIN-KÜSTE UND GHANA DER **DRITTGRÖSSTE ERZEUGER** DER **WELT.**

KAKAOERNTE
Erntemonate

J	F	M	A	M	J	J	A	S	O	N	D

■ Haupternte   ■ Nebenernte

WICHTIGE SORTEN
Trinitario und Forastero

GESCHMACKSPROFIL
Rauchige Noten von der Trocknung über offenem Feuer

ANBAUGEBIET
Sulawesi produziert drei Viertel des indonesischen Kakaos, vor allem unfermentierte, minderwertige Bohnen, die zu Kakaobutter und Kakaopulver verarbeitet werden.

MALAYSIA

N E S I E N

ANBAUGEBIET
Papua, die östlichste Provinz Indonesiens, ist die Heimat der seltenen hellen Belanda- oder Kerafat-Hybride, deren Bohnen vom Bio-Hersteller Original Beans genutzt werden.

TIMOR-LESTE

ANBAUGEBIET
Der balinesische Kakao wird von Pipiltin Cocoa in Jakarta und Åkesson's Organic Ltd. verwendet.

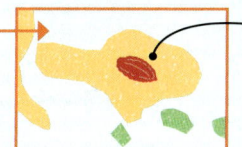

WICHTIGE PLANTAGE
Der kleine Familienbetrieb Sukrama Farms liefert Trinitario-Bohnen für Åkesson's Organic Ltd.

IN DER **REGENZEIT TROCKNEN** DIE **BOHNEN** ÜBER **BRENNENDEM HOLZ, KOKOSSCHALEN** ODER **PROPANGAS.**

PRODUKTION
290 300 TONNEN pro Jahr
7,45 % der **WELT-PRODUKTION**

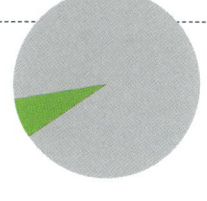

PHILIPPINEN

Als eines der ersten Länder, die in Asien Kakao anbauten, haben die Philippinen die Bohnen lieben gelernt. Heute ist die traditionelle heiße Schokolade begehter denn je.

Der Kakao kam im späten 17. Jh. mit den spanischen Siedlern auf die Philippinen, die sich einen verlässlichen Nachschub ihres Lieblingsgetränks schaffen wollten. Die Nachfrage nach Schokolade ist heute so hoch, dass das Land deutlich mehr Kakao importiert als exportiert.

AZTEKEN-STIL
Der Filipinos beliebtestes Schokoladenprodukt hat seine Wurzeln in einer der ältesten Kakaokulturen Zentralamerikas: *Tsokolate,* die heiße Schokolade, wird heute noch so zubereitet wie bei den alten Azteken. *Tableas* genannte Scheiben aus Kakaomasse werden mit heißem Wasser und Zucker vermischt und mit einem speziellen Quirl (siehe gegenüber) schaumig gerührt. *Tsokolate* trinkt man traditionell zum Frühstück, die moderne Version wird auch mit Milch verdünnt und mit gemahlenen Erdnüssen aromatisiert. Ein Großteil des einheimischen Kakaos wird heute zu *tableas* für den heimischen Markt verarbeitet.

MEHR EDELSCHOKOLADE
Der größte Teil des philippinischen Kakaos, der für den internationalen Markt gedacht ist, entsteht in Massenproduktion, aber das Land produziert auch immer mehr Edelkakao. Der amerikanische Manufakturist Shawn Askinosie arbeitet mit Pflanzern in der Region Davao zusammen, um preisgekrönte Schokolade zu erzeugen. Die Kooperation ist so erfolgreich, dass mittlerweile auch andere in die Region investieren. Der in Davao heimische Familienbetrieb Malagos Chocolate produziert international renommierte Schokolade und führt Kurse im nachhaltigen Anbau durch.

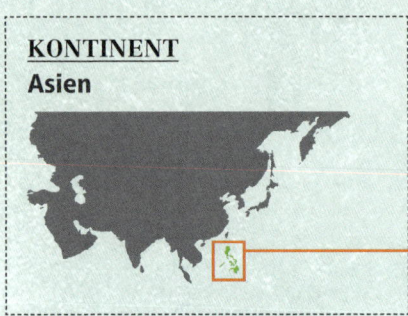

KONTINENT
Asien

HAUPTSTADT
Manila

KAKAO AM BAUM
Die Bäume wachsen an den bewaldeten Hängen der Bergketten im Süden Mindanaos. Es dauert 3–5 Jahre, bis ein Kakaobaum erstmals Früchte trägt.

P H I L

DIE FILIPINOS LIEBEN HEISSE SCHOKOLADE NACH AZTEKEN-ART.

ANBAUGEBIET
Die Region Davao auf der
Insel Mindanao ist berühmt
für ihren Kakao von den
küstennahen Hanglagen
der Talomo-Bergkette.

Davao City

P P I N E N

DER **ARCHIPEL** IST EIN **WICHTIGER ERZEUGER** VON **KAKAOPRODUKTEN** FÜR DIE AUFSTREBENDE SCHOKOLADEN-INDUSTRIE **SÜDOSTASIENS.**

KAKAOERNTE
Erntemonate

| J | F | M | A | M | J | J | A | S | O | N | D |

☐ Haupternte   ☐ Nebenernte

WICHTIGE SORTEN
Trinitario und Forastero

GESCHMACKSPROFIL
Feine Noten von Muskat
und Gewürzen

DER MOLINILLO
Wie in Zentralamerika bereitet man heiße
Schokolade traditionell mit einem hölzer-
nen Quirl zu, dem *molinillo* oder *batidor*.

DIE PHILIPPINEN **IMPORTIEREN** RUND **FÜNF MAL MEHR** KAKAO, ALS SIE **EXPORTIEREN.**

PRODUKTION
4380 TONNEN im Jahr
0,1 % der **WELT-PRODUKTION**

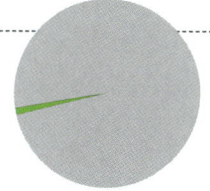

VIETNAM

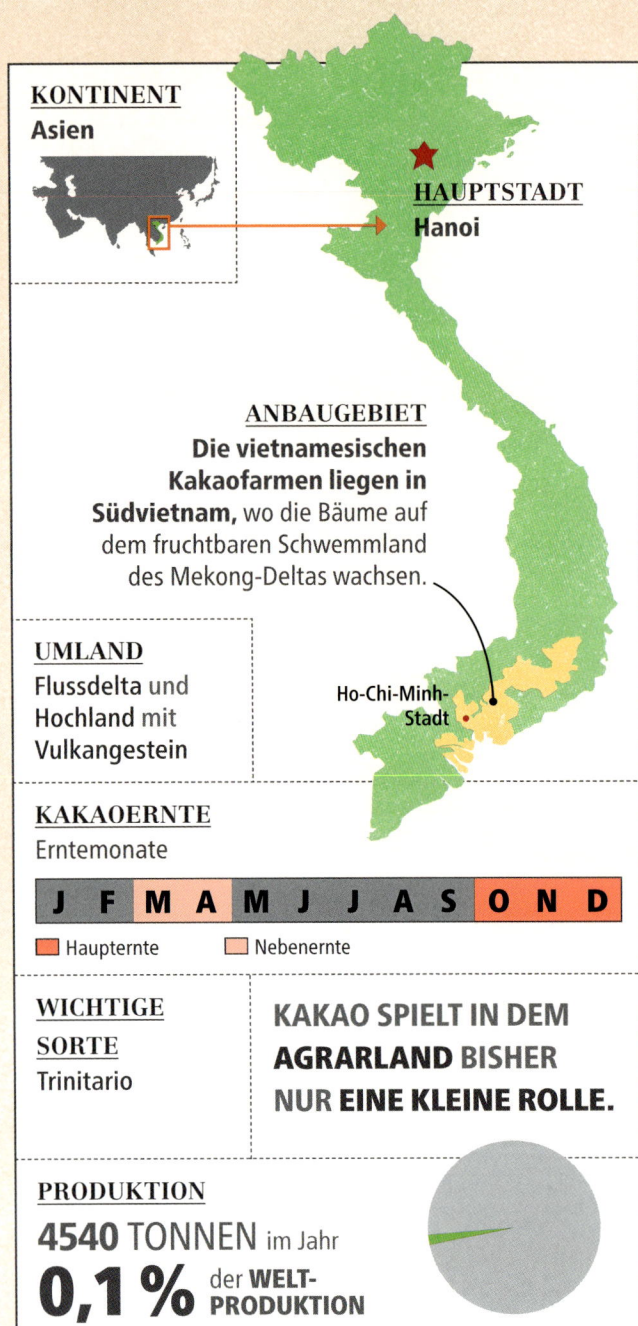

KONTINENT
Asien

HAUPTSTADT
Hanoi

ANBAUGEBIET
Die vietnamesischen
Kakaofarmen liegen in
Südvietnam, wo die Bäume auf
dem fruchtbaren Schwemmland
des Mekong-Deltas wachsen.

Ho-Chi-Minh-Stadt

UMLAND
Flussdelta und
Hochland mit
Vulkangestein

KAKAOERNTE
Erntemonate

J	F	M	A	M	J	J	A	S	O	N	D

■ Haupternte   ■ Nebenernte

WICHTIGE
SORTE
Trinitario

KAKAO SPIELT IN DEM
AGRARLAND BISHER
NUR EINE KLEINE ROLLE.

PRODUKTION
4540 TONNEN im Jahr
0,1 % der **WELT-**
PRODUKTION

Die Industrie des als Kakaoproduzent relativ jungen Vietnam ist noch klein. Dabei ist es einem einheimischen Unternehmen zu danken, dass das Land mit die beste Schokolade der Welt produziert.

Kakao kam im späten 19. Jh. mit den Franzosen nach Vietnam, aber erst die Sowjetunion förderte ab den 1980er-Jahren groß den Anbau.

SCHOKOLADE FÜR DEN OSTBLOCK

Als die Plantagen in den 1990er-Jahren schließlich Früchte trugen, war die Sowjetunion bereits Geschichte. Dafür kamen große Kakaoverarbeiter in die Region und man exportierte Kakao nach Indonesien und Malaysia. In jüngerer Zeit hat sich die aus US-Mitteln finanzierte Success Alliance im vietnamesischen Kakaohandel engagiert und Zehntausende Kleinbauern in nachhaltigen Anbaumethoden geschult.

FOKUS AUF NACHHALTIGKEIT UND QUALITÄT

2011 brachten zwei Franzosen den vietnamesischen Kakao in den Fokus internationaler Fans von Edelschokolade. Samuel Maruta und Vincent Mourou lernten sich auf einer Reise durchs Land kennen und beschlossen nach dem Besuch einer Kakaofarm, Marou Chocolate zu gründen. Das Unternehmen produziert in Ho-Chi-Minh-Stadt Schokolade aus Bohnen, die aus dem umliegenden Flussdelta stammen. »Single Estate«-Tafeln feiern die charakteristischen Geschmacksnoten der wichtigsten Anbaugebiete, wie Ben Tre, Tien Giang und Ba Ria.

PAPUA-NEUGUINEA

Papua-Neuguinea produziert einen unverwechselbaren Kakao mit komplexen fruchtigen und rauchigen Geschmacksnoten.

Das Land war einst einer der größten Erzeuger der Welt, aber die Plantagen fielen zwischen 2008 und 2012 mehreren Insektenplagen zum Opfer. Trotz des reduzierten Ausstoßes erfreut sich der charakteristische Geschmack der über Feuer getrockneten Bohnen bei Manufakturen ungebrochener Beliebtheit.

BEGINN BEI NULL
Bis zu 80 Prozent der Pflanzer gaben während der Insektenplagen auf, nachdem ihre Früchte durch die Kakaomotte vernichtet worden waren, deren Larven sich von Kakaobohnen ernähren. Investitionsprogramme der Regierung, der Kakao verarbeitenden Industrie und der Weltbank ermöglichten Pflanzern den Neuanfang mit Hunderttausenden neuen Setzlingen.

TROCKNUNG ÜBER FEUER
Hohe Luftfeuchtigkeit und ergiebige Niederschläge bedeuten, dass die Pflanzer ihre Bohnen nicht in der Sonne trocknen können, sondern über Feuer darren müssen. Die noch feuchten Bohnen nehmen dabei Rauchpartikel auf und entwickeln Röstaromen. Technisch gesehen ist der Rauchgeschmack ein Fehler, aber manche Manufakturen finden ihn sehr interessant für ihre Schokoladen.

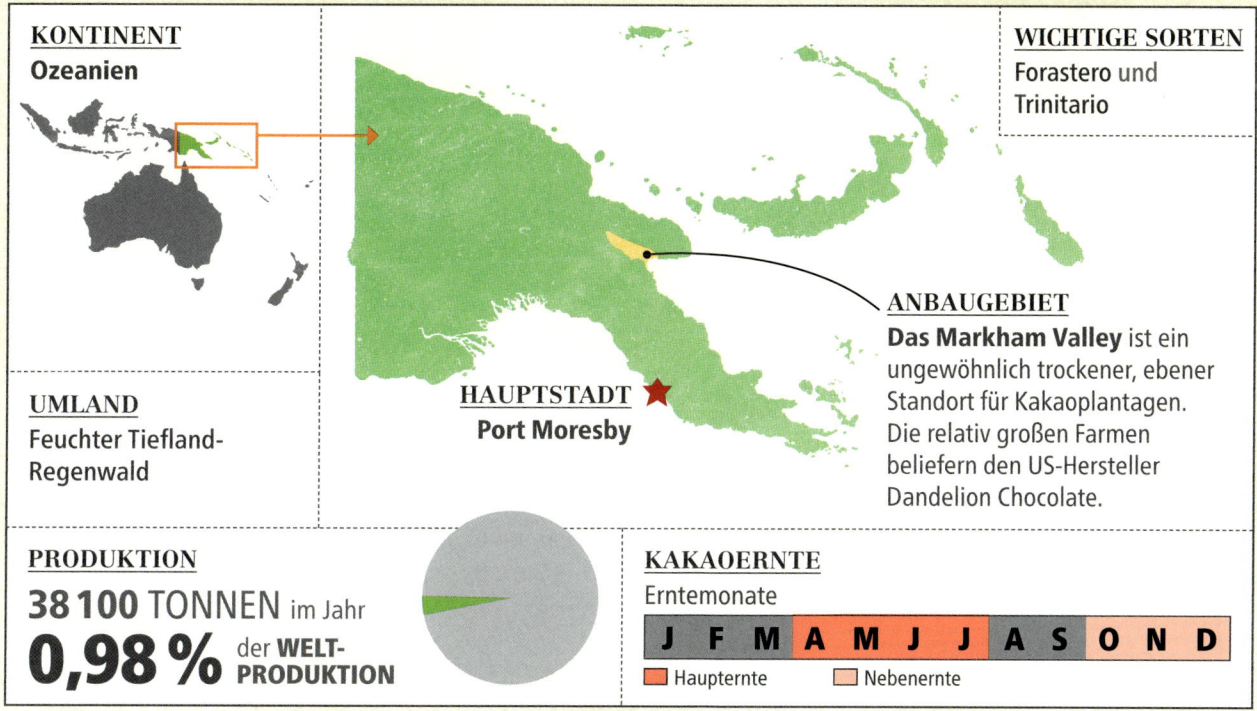

KONTINENT
Ozeanien

WICHTIGE SORTEN
Forastero und Trinitario

ANBAUGEBIET
Das Markham Valley ist ein ungewöhnlich trockener, ebener Standort für Kakaoplantagen. Die relativ großen Farmen beliefern den US-Hersteller Dandelion Chocolate.

HAUPTSTADT
Port Moresby

UMLAND
Feuchter Tiefland-Regenwald

PRODUKTION
38 100 TONNEN im Jahr
0,98 % der WELT-PRODUKTION

KAKAOERNTE
Erntemonate

J	F	M	A	M	J	J	A	S	O	N	D

■ Haupternte   ■ Nebenernte

INDIEN

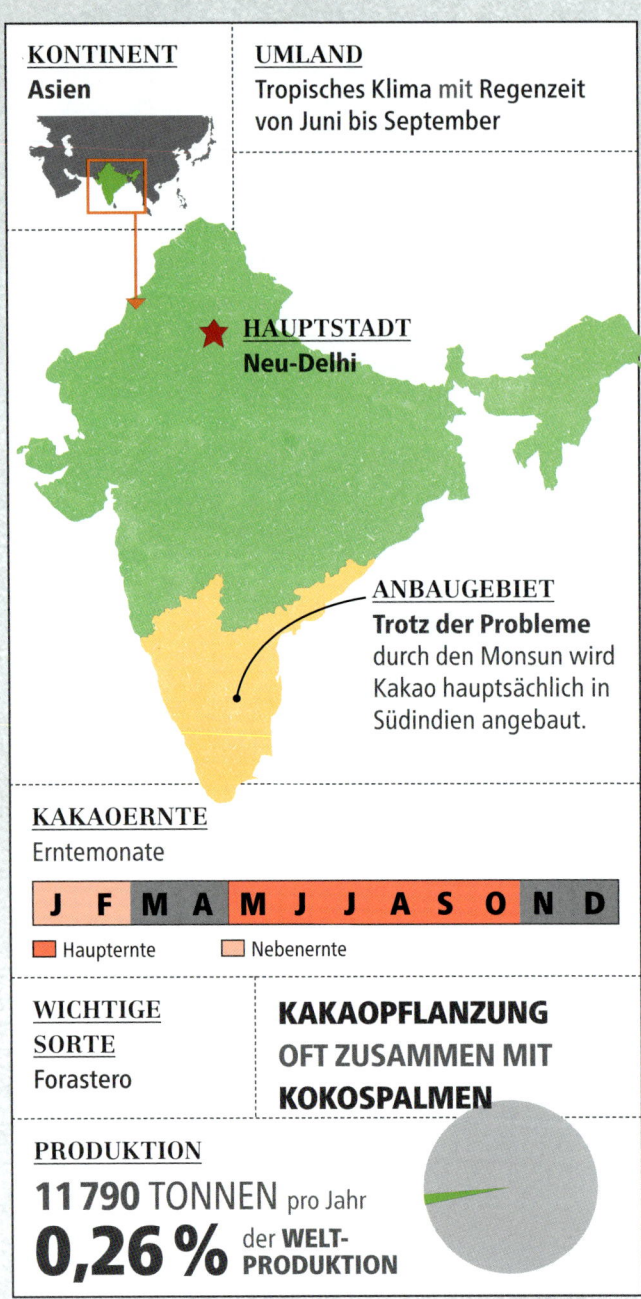

KONTINENT
Asien

UMLAND
Tropisches Klima mit Regenzeit
von Juni bis September

★ HAUPTSTADT
Neu-Delhi

ANBAUGEBIET
Trotz der Probleme
durch den Monsun wird
Kakao hauptsächlich in
Südindien angebaut.

KAKAOERNTE
Erntemonate

J	F	M	A	M	J	J	A	S	O	N	D

■ Haupternte   ■ Nebenernte

WICHTIGE
SORTE
Forastero

**KAKAOPFLANZUNG
OFT ZUSAMMEN MIT
KOKOSPALMEN**

PRODUKTION
11 790 TONNEN pro Jahr
0,26 % der WELT-
PRODUKTION

**Indien erzeugt zurzeit weniger als
1 Prozent der Weltproduktion, hat
aber große Pläne für die Zukunft. Die
aktuelle Kakaoproduktion ist zum
größten Teil das Ergebnis der Forschung
des britischen Herstellers Cadbury.**

Kakao wurde erstmals im 18. Jh. von den Briten
in kleinen Plantagen angebaut. Heute versuchen
Kakaoplantagen in den Bundesstaaten Andhra
Pradesh, Tamil Nadu, Kerala und Karnataka
die wachsende Nachfrage des Kontinents nach
Schokolade zu befriedigen.

KOLONIALKAKAO
Der indische Kakao war lange Zeit vom britischen Engagement abhängig. Das erste britische
Handelsunternehmen East India Company baute
auf kleinen Farmen Criollo für die Kolonialelite
an. Erst Mitte des 20. Jh. begann Cadbury damit,
den Anbau ernsthaft zu erforschen.
   In der Folge wurden etablierte Criollo-Varietäten schnell durch ertragreichere Forastero-
Bäume ersetzt und Kakao war ab den 1970er-
Jahren kommerziell nutzbar. Cadbury, das heute
zu Mondelez International gehört, betreibt
das Programm Cocoa Life, das rund 100 000
Kakaopflanzer in den südlichen Bundesstaaten
unterstützt.

SCHOKOLADE FÜR DIE ZUKUNFT
Der größte Teil des indischen Kakaos wird von
Süßwarenherstellern für den heimischen Markt
verarbeitet. Allerdings nehmen mit wachsender
internationaler Nachfrage auch die Exporte zu.
Nur wenige Hersteller von Edelschokolade nutzen indische Bohnen, aber der österreichische
Bean-to-Bar-Hersteller Zotter produziert sortenreine Schokolade aus Bohnen aus Kerala.

AUSTRALIEN

Sie haben noch nie Schokolade aus australischen Bohnen gegessen? Das wird sich bald ändern. Australien verdoppelt seine Kakaoproduktion jährlich und ist der aufgehende Stern der Schokoladenwelt.

Queensland liegt mit 20 Grad Süd genau am Rand des Kakaoanbaustreifens. Bis vor Kurzem wurde Kakao nicht kommerziell angebaut, aber mittlerweile entwickelt sich eine kleine, aber florierende Industrie.

AUFBLÜHENDE INDUSTRIE
Kakao wird in Australien schon seit Langem angebaut, meist in Form von Testpflanzungen einer Regionalregierung oder eines internationalen Süßwarenkonzerns. Erst in den letzten zehn Jahren sind die Testfarmen zu kommerziell erfolgreichen Plantagen geworden. Zentrum der neuen Bewegung ist der Norden Queenslands.

LOKALER MARKT
Zurzeit geht der gesamte australische Kakao in lokal vertriebene Produkte. Daintree Estates produziert aus Bohnen der eigenen Plantage Schokoladentafeln, Kuvertüre, Kakaoschalentee und Kosmetika. Pflanzer bauen Kakao auf kleinen Farmen entlang der Küste an und profitieren als Anteilseigner des Unternehmens von wachsenden Verkaufszahlen. Durch die Konzentration auf den lokalen Markt will Daintree die australische Kakaoindustrie nachhaltig ausbauen.

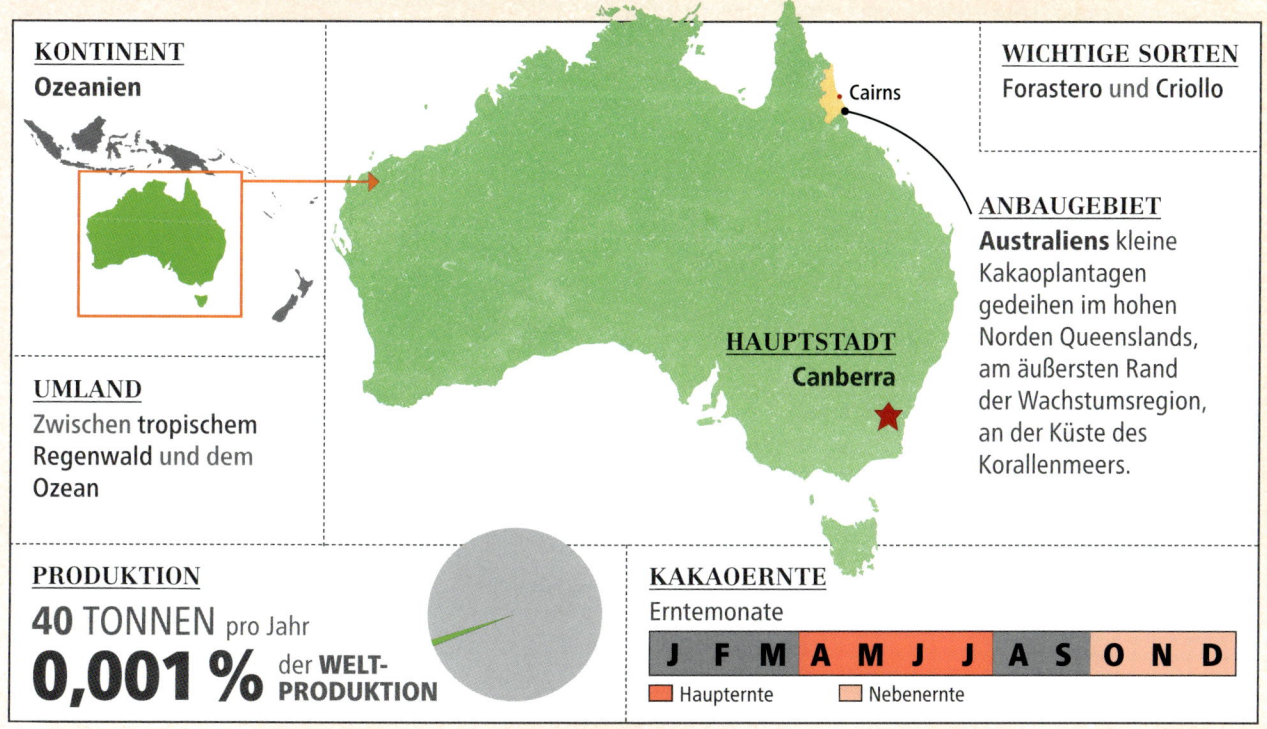

KONTINENT
Ozeanien

UMLAND
Zwischen **tropischem Regenwald** und dem Ozean

WICHTIGE SORTEN
Forastero und **Criollo**

Cairns

ANBAUGEBIET
Australiens kleine Kakaoplantagen gedeihen im hohen Norden Queenslands, am äußersten Rand der Wachstumsregion, an der Küste des Korallenmeers.

HAUPTSTADT
Canberra

PRODUKTION
40 TONNEN pro Jahr
0,001 % der **WELT-PRODUKTION**

KAKAOERNTE
Erntemonate

J	F	M	A	M	J	J	A	S	O	N	D

■ Haupternte   ■ Nebenernte

SCHOKOLADENWAHL

Was ist die richtige Schokolade für Sie? Hier finden Sie Tipps,
um die besten Sorten aufzuspüren: Was steht auf der Verpackung,
was ist drin und wie lässt sich wahre Qualität erkennen?

DER ECHTE GENUSS

Die Auswahl an verlockenden Schokoladen ist beeindruckend, aber wie lässt sich bei all den schicken Verpackungen und Sorten die Spreu vom Weizen trennen? Mit ein wenig Recherche zu den Herstellern und den folgenden Qualitätstipps ist es leicht, eine gute Schokolade voller Geschmack zu finden, die auch noch verantwortungsbewusst hergestellt wurde.

DIE RICHTIGE TAFEL

Dank einer wahren Flut von Bean-to-Bar-Produkten und Edelschokolade ist es heute einfacher denn je, köstliche, hochwertige Schokolade zu entdecken. Die Auswahl am Markt kann verwirrend sein, da viele Hersteller gerne auf edel getrimmte Verpackungen und Aufdrucke setzen, während die Schokolade alles andere als edel ist. Die beste Lösung wäre, das Produkt vor dem Kauf zu probieren (siehe S. 124–129), aber da das nur in den seltensten Fällen wirklich möglich ist, muss man sich auf andere Informationen verlassen, um wirklich hochwertige Schokolade zu erkennen.

DER AUFDRUCK

Achten Sie genau auf die Formulierungen auf der Verpackung. Phrasen, wie »von Hand gemacht« sind völlig bedeutungslos, da jede Schokolade mit maschineller Hilfe der einen oder anderen Art entsteht. Achten Sie lieber auf die Beschreibung der Kakaobohnen und Hinweise auf eine Bean-to-Bar-Herstellung.

Der Firmenname darf nicht fehlen. Bevorzugen Sie Bean-to-Bar-Hersteller, die angeben, wo ihre Schokolade herkommt und verarbeitet wird.

Der Kakaoanteil sollte hoch sein. Auf S. 103 finden Sie Informationen zu den einzelnen Schokoladensorten.

Die Herkunft der Bohnen sollte nachvollziehbar sein. Das zeigt, dass der Hersteller sich um die Herkunft seiner Rohstoffe kümmert.

Eine Zertifizierung deutet darauf hin, dass die Zutaten fair gehandelt wurden (siehe S. 52–55). Aber wie sieht es mit dem Einsatz von Pestiziden aus (siehe S. 110–111)?

Die Bohnensorte sollte aufgeführt sein. Detaillierte Informationen weisen darauf hin, dass der Hersteller weiß, wo sein Kakao herkommt.

Die Liste der Inhaltsstoffe sollte keine Hinweise auf künstliche Zusatzstoffe oder Palmöl enthalten (siehe S. 101). Allgemein gilt: Je weniger Zutaten, desto besser. Achten Sie auch auf Informationen zum Hersteller und wie er arbeitet.

WER IST DER HERSTELLER?

Das mag ein wenig unpraktisch erscheinen, wenn man gerade im Laden steht, aber Sie sollten sich unbedingt über den Hersteller informieren. Wenn er von der Bohne bis zur Tafel (»Bean-to-Bar«) produziert, wird er das auf der Verpackung und auf seiner Website erwähnen. Suchen Sie auch in Onlineforen und Blogs nach Informationen zum Hersteller.

TRÜFFELN UND PRALINEN

Kaufen Sie Trüffeln, Bonbons und Pralinen am besten immer im Spezialgeschäft. Der Verkäufer sollte die Zutaten und den Herstellungsprozess kennen, haben Sie also keine Scheu zu fragen. Finden Sie heraus, wo der Hersteller seine Zutaten kauft: Die meisten Chocolatiers verwenden fertige Kuvertüre, statt ihre eigene Schokolade herzustellen. Deshalb ist es immer eine gute Idee, sich genau über den Hersteller zu informieren.

Erkundigen Sie sich auch über die Haltbarkeit von Pralinen. Die besten bestehen aus frischen Zutaten und enthalten keine Konservierungsstoffe, sodass sie sich nur 1–2 Wochen halten.

FRAGEN SIE RUHIG NACH DEN ZUTATEN UND DER HERSTELLUNG.

Edle Pralinen sind von glänzender, perfekt temperierter Schokolade umhüllt.

Auch die Dekoration sollte makellos sein.

FEHLER IN DER SCHOKOLADE

Meiden Sie Schokolade mit stumpfer Oberfläche und weißen Flecken, sie war mit Sicherheit bei falscher Temperatur gelagert. Ist es zu warm, schmilzt die Kakaobutter und steigt als Fettreif an die Oberfläche. Ist es zu kalt, zieht die Kondensfeuchtigkeit Zuckerkristalle aus der Schokolade. Achten Sie auch auf die Farbe. Zartbitterschokolade hat ein sattes, tiefes Braun. Ist sie dunkler, deutet das auf verbrannten Kakao hin.

Fettreif auf der Schokolade ist ein Anzeichen für eine falsche Lagerung.

DIE INHALTSSTOFFE

Die Liste der Inhaltsstoffe kann verwirrend sein, dabei braucht man für dunkle Schokolade nur zwei einfache Zutaten und für Milchschokolade gerade einmal drei. Die Kunst liegt darin, wie der Hersteller diese Zutaten auswählt und miteinander kombiniert.

KAKAOBOHNEN

Die wichtigste Zutat mit der größten Bedeutung für den Geschmack der Schokolade sind die Kakaobohnen. Kakao wird auf der ganzen Welt angebaut, aber die Schokoladenhersteller verwenden am liebsten Massenware aus Westafrika. Die Bohnen für hochwertige und Manufakturschokolade kommen aus so fernen Gegenden wie Ecuador, Vietnam oder der Karibik. Manche Länder, wie Madagaskar, sind für ihre Bohnen mit unverwechselbarem Geschmacksprofil bekannt.

Auf der Verpackung werden die Bohnen meist als Kakaomasse oder einfach als Kakao bezeichnet. Gemeint ist aber immer das Gleiche: gemahlene und conchierte Kakaobohnen.

Kakaobohnen aus unterschiedlichen Ländern und Anbauregionen sehen vielleicht ähnlich aus, können aber sehr unterschiedlich schmecken.

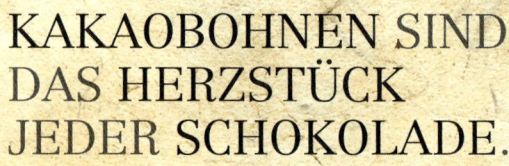

KAKAOBOHNEN SIND DAS HERZSTÜCK JEDER SCHOKOLADE.

WIE HOCH IST DER ANTEIL?

Wenn ein »Kakaoanteil« auf der Verpackung angegeben ist, sind damit sowohl die Kakaobohnen als auch die zugegebene Kakaobutter gemeint. So kann eine dunkle Schokolade mit »70 % Kakaoanteil« 65 % Bohnen und 5 % zusätzliche Butter enthalten.

Manufakturen suchen nach Bohnen mit unverwechselbarem Geschmacksprofil und arbeiten dabei oft direkt mit den Pflanzern zusammen.

KAKAOBUTTER

Das natürliche Fett der Kakaobohne wird bei der Verarbeitung von der Trockenmasse getrennt, indem man die geschmolzene Kakaomasse in einer hydraulischen Presse durch ein feinmaschiges Sieb drückt. Anschließend wird die Butter deodoriert, auch wenn nicht deodorierte Butter mehr vom ursprünglichen Geschmack der Bohne enthält.

Viele Hersteller mischen zusätzliche Kakaobutter in ihre Schokolade, um die Konsistenz zu verbessern und die Bearbeitung zu erleichtern. Massenware enthält meist billigere Fette oder Öle (siehe Textkasten). Wirklich unerlässlich ist Kakaobutter nur in weißer Schokolade, die ohne Kakaopulver hergestellt wird.

Kakaobutter wird zu großen Blöcken mit wächserner Textur geformt und enthält meist kaum noch etwas vom Geschmack der ursprünglichen Bohnen.

Kakaobutter-Pellets sind bei Schokoladenherstellern und Chocolatiers beliebt, weil sie schneller schmelzen als die Blöcke.

PALMÖL VERSUS KAKAOBUTTER

In der Süßwarenindustrie verwendet man gerne preiswerte Pflanzenöle (in der Regel Palmöl) anstelle von Kakaobutter, um die Schokolade geschmeidiger zu machen. Diese Praxis sorgt immer wieder für heftige Kontroversen in der Schokoladenwelt. Diese Fette sind zwar wesentlich billiger als Kakaobutter, gelten aber auch als schädlich für die Umwelt und werden mit Herz-Kreislauf-Erkrankungen in Verbindung gebracht. In Europa darf Schokolade zwar Pflanzenfett, wie Palmöl, Shea-Butter oder Sal-Butter, enthalten, um als Schokolade verkauft zu werden, aber nur bis zu 5 %.

ZUCKER

Zucker verwandelt den intensiven natürlichen Geschmack der Kakaobohnen in köstlich süßes Konfekt und ist damit die zweitwichtigste Zutat der Schokolade. Zartbitterschokolade enthält gewöhnlich 30–40 % Zucker, Milch- und weiße Schokolade meist 40 % und mehr. In der Regel verwendet man milden Rohrzucker, aber auch alternative Süßstoffe, wie Palmzucker und Lucumapulver, erfreuen sich zunehmender Beliebtheit.

Rohrzucker ist der Lieblingszucker der meisten Manufakturisten. Er schmeckt mild und dominiert das Geschmacksprofil der Schokolade nicht.

MILCHPULVER

Milchpulver ist eine wichtige Zutat für Milch- und weiße Schokolade. Meist verwendet man für Schokolade Kuhmilch, aber auch Ziegen-, Schafs- und sogar Kamelmilch werden gerne genommen. Daneben gibt es für vegane Schokolade auch Milchersatzstoffe.

Milchpulver macht Milch- und weiße Schokolade cremig und etwas süßer.

WEITERE ZUTATEN

Schokolade kann noch einige weitere nützliche, aber nicht unbedingt notwendige Stoffe enthalten.

Vanillepulver wird gerne als Aromastoff verwendet. Manche Hersteller kaschieren damit auch billige Schokolade oder schimmelige Bohnen. In Zartbitterschokolade kommt es kaum vor, es ist aber wichtig für weiße Schokolade.

Lecithin ist ein Emulgator aus Sojabohnen oder Sonnenblumenkernen, der Zucker und Kakao mit Kakaobutter zu einer cremigen und glatten Schokolade verbindet.

DIE RICHTIGE MISCHUNG

Schokoladenhersteller beginnen mit hochwertigen Bohnen und machen aus ihnen sortenreine Schokolade. Manche experimentieren auch mit Mischungen und zusätzlichen Aromaten. Manufakturen setzen häufig auf den spannenden Trend zu unkonventionellen Rezepten.

ENTSTEHUNG EINES REZEPTS

Auch bei Schokolade hängt der Erfolg eines Rezepts von den Zutaten ab. Hersteller experimentieren ausgiebig, um den optimalen Geschmack ihrer Bohnen herauszuarbeiten, indem sie bei verschiedenen Temperaturen rösten, unterschiedlich lange conchieren, andere Bohnen beimengen oder die Mengenverhältnisse variieren.

Interessante Geschmacksprofile lassen sich beispielsweise durch das Mischen von Bohnen unterschiedlicher Herkunft erzielen. Manche Hersteller kombinieren kontrastierende Geschmacksprofile in einer Schokolade. Das Mischen ist eine hohe Kunst, die aber auch dazu dienen kann, schlechten Kakao zu kaschieren. Deshalb ziehen Puristen sortenreine Zartbitterschokolade vor, die den Geschmack der Originalbohnen am besten wiedergibt.

Für Schokoladenmanufakturen sind spannende Zeiten angebrochen und die Kunsthandwerker der Branche kreieren heute Rezepte für Milchschokolade ohne Zucker, verwenden pulverisierte Früchte oder Insekten anstelle von Milchpulver und erweitern laufend den Schokoladenhorizont.

Mengenverhältnisse

Die unterschiedlichen Schokoladensorten enthalten die Grundzutaten in unterschiedlichen Anteilen. Unten sehen Sie die klassischen Mischungsverhältnisse und auf den folgenden Seiten lernen Sie weitere Varianten kennen.

KLASSISCHE ZARTBITTERSCHOKOLADE
Zartbitterschokolade stellt die Kakaobohne in den Vordergrund, dazu kommt Zucker und manchmal auch ein wenig Kakaobutter.

KLASSISCHE MILCHSCHOKOLADE
Milchschokolade enthält sowohl Zucker als auch Milchpulver, um die intensiven Noten der Bohnen abzurunden.

KLASSISCHE WEISSE SCHOKOLADE
Weiße Schokolade enthält kein Kakaopulver, sondern nur Kakaobutter, Milchpulver und Zucker sowie in der Regel Vanille.

ZARTBITTER-SCHOKOLADE

Mit nur zwei Zutaten – Kakaobohnen und Zucker – ist sie ein einfaches, aber verblüffend variantenreiches Produkt. Sortenreine Schokolade und sorgfältig ausgewählte Mischungen stellen die intensiven Geschmacksnoten der Bohnen unverfälscht in den Vordergrund.

100 %
Kakao

REINE SCHOKOLADE

Zartbitterschokolade ist ein einfaches Lebensmittel mit einer großen geschmacklichen Komplexität. Hochwertige Zartbitterschokolade enthält meist einen hohen Anteil an Kakaopulver für einen intensiven Bohnengeschmack, der ohne milderndes Milchpulver ganz im Vordergrund steht. Während die Milch auch einen unausgewogenen Geschmack ausgleichen kann, müssen die Hersteller ihre Zartbitterschokolade länger raffinieren und conchieren, bis sie das perfekte Geschmacksprofil entwickelt.

Manche Manufakturen arbeiten eng mit einzelnen Pflanzern zusammen, um sortenreine Schokolade zu erzeugen. Das Ziel ist hierbei, den bestmöglichen Geschmack aus einer bestimmten Bohnensorte herauszuarbeiten. Andere Hersteller spielen mit Geschmack, Textur und zusätzlichen Zutaten.

UNVERFÄLSCHTER GESCHMACK

Wenn Sie bisher nur Massenware kennen, finden Sie Zartbitterschokolade vielleicht ein wenig gewöhnungsbedürftig, aber es lohnt sich, sich an die tieferen und komplexeren Geschmacksnoten heranzutasten, um Schokolade in ihrer reinsten Form zu entdecken. Am besten beginnen Sie mit einem geringen Kakaoanteil oder sogar dunkler Milchschokolade (siehe S. 106–107).

100 % ZARTBITTER-SCHOKOLADE

Sie enthält weder Zucker noch Aromastoffe und zeigt den puren Geschmack der Kakaobohne. Manche Hersteller geben Kakaobutter hinzu, um die Bitterkeit abzumildern und für ein cremigeres Mundgefühl.

QUALITÄTSMERKMALE
- **Sie mag bitter schmecken,** zeigt aber das ganze Geschmacksprofil der Kakaobohnen.
- **Hochwertige** Zartbitterschokolade hat eine tiefe sattbraune Farbe.

40–50 %
Zucker

30 %
Zucker

65 % Kakao

5 %
Aromaten

50–60 %
Kakao

60–70 %
Kakao

30–40 %
Zucker

UNRAFFINIERT

Unraffinierte Zartbitterschokolade wird traditionell in einfachen Steinmühlen hergestellt. Statt die Schokolade möglichst fein zu conchieren, werden Kakaobohnen und Zucker grob in einer traditionellen Steinmühle gemahlen und sofort zu Tafeln geformt.

QUALITÄTSMERKMALE

• **Unraffinierte Zartbitterschokolade** hat eine knusprige, keksartige Textur und zerkrümelt beim Brechen leicht.

AROMATISIERT

Beim Aromatisieren von Zartbitterschokolade greifen Hersteller zu Zutaten, die den Kakaogeschmack unterstreichen oder ergänzen. Sie geben die Aromaten, wie Gewürze oder gefriergetrocknete Früchte beim Conchieren zur Schokolade hinzu.

QUALITÄTSMERKMALE

• **Die Aromaten** sollten kräftig genug sein, dass man sie wahrnimmt, dabei aber subtil die natürlichen Kakaonoten unterstützen.

• **Manufakturen** suchen weltweit nach Aromastoffen, nutzen aber auch genauso stolz Zutaten aus der eigenen Region.

ALTERNATIVE SÜSSSTOFFE

In den vergangenen Jahren haben die Hersteller damit begonnen, mit Alternativen zum Rohzucker zu experimentieren. Beliebt ist etwa Palmzucker, der einen niedrigen glykämischen Index hat und ein schönes, fein geröstetes Kokosaroma beiträgt.

QUALITÄTSMERKMALE

• **Zuckeralternativen** sollten die Konsistenz der fertigen Schokolade nicht beeinträchtigen, die glatt und glänzend bleiben soll.

MILCH-SCHOKOLADE

Die 1875 vom Schweizer Chocolatier Daniel Peter entwickelte Milchschokolade war dank ihres milden Geschmacks und ihrer Haltbarkeit sofort ein Erfolg. Heute enthalten rund 40 Prozent der weltweit konsumierten Schokolade Milchprodukte. Die Bandbreite der Sorten ist riesig und wächst stetig.

DIE MILCH MACHT'S

Für viele Menschen sind Milch und Schokolade die perfekte Verbindung. Allerdings vertragen Kakao und Feuchtigkeit sich nicht besonders gut, daher müssen die Hersteller die Milch für eine perfekte Mischung kondensieren, mit Zucker und Kakaonibs zu einer krümeligen Masse vermengen und dann mahlen und conchieren. Manche verstärken den Geschmack mit Vanille und geben Emulgatoren für eine bessere Bindung hinzu. Die meisten verwenden auch zusätzliche Kakaobutter, um die Bearbeitung zu vereinfachen, wobei Massenprodukte auch andere Pflanzenfette enthalten können.

Der Zuckergehalt von Milchschokolade ist manchmal nicht höher als der von Zartbitterschokolade. Der süßere Geschmack kommt eher von der Laktose in der Milch.

MANUFAKTUREN ERFINDEN DIE MILCH-SCHOKOLADE NEU.

Die moderne Schokoladenindustrie experimentiert umfangreich mit Milchschokolade. Kleine Manufakturen loten die Grenzen aus und definieren unsere Erwartung an die Sorte neu. Manche erhöhen den Kakaoanteil und schaffen dunkle Milchschokolade, andere experimentieren mit Alternativen zur Milch, um geschmacklichen Vorlieben entgegenzukommen, aber auch Unverträglichkeiten Rechnung zu tragen.

25–35 %
Milchpulver

25–35 %
Zucker

25–35 %
Kakao

KLASSISCHE MILCH-SCHOKOLADE

Die den Markt überflutende Billigschokolade hat der Milchschokolade einen schlechten Ruf eingetragen, dabei spricht vieles für die klassische Verbindung von Geschmeidigkeit und vollem Geschmack.

QUALITÄTSMERKMALE

- **Milchschokolade** sollte keine Pflanzenfette oder künstlichen Aromastoffe enthalten.
- **Hochwertige Schokolade** ist sattbraun und sollte beim Brechen knacken.

50–70 %
Kakao

30 % Kakao

50–70 %
Kakao

30 % Milch-
pulver

20–25 %
Zucker

20–25 %
Milchpulver

5 %
Aromaten

35 % Zucker

20–25 %
Zucker

20–25 %
alternatives
Milchpulver

DUNKEL

Die irgendwo zwischen Milch- und
Zartbitterschokolade angesiedelte dunkle
Variante enthält mehr Kakao als klassische
Milchschokolade. Die Milch mildert die
Bitternoten des Kakaopulvers ein wenig ab
und macht diese Schokolade zum perfek-
ten Einstieg in die Entdeckung kräftigerer
Schokoladensorten.

QUALITÄTSMERKMALE
• **Dunkle Milchschokolade** sollte tiefbraun
 sein und volle, kakaotönige Geschmacksnoten bieten.

AROMATISIERT

Es gibt zwei Möglichkeiten, Schokolade mit
Aromen anzureichern. Manche Hersteller
geben pulverisierte Aromaten (wie gefriergetrocknete Früchte oder Gewürze)
direkt in die Conchiermaschine. Für einen
intensiven Geschmackskick werden aber
auch Fruchtstückchen oder Salzflocken in
die temperierte Schokolade gerührt.

QUALITÄTSMERKMALE
• **Die Aromaten** sollten den Geschmack der
 Kakaobohnen subtil ergänzen und ein abge-
 rundetes Geschmacksprofil ergeben.

MILCH-
ALTERNATIVEN

Manche Hersteller verändern den Geschmack ihrer Schokolade, indem sie die
Kuhmilch ersetzen: etwa durch Ziegen- und
Schafsmilch oder fettreiche Büffelmilch,
die für eine cremige Konsistenz sorgt. Für
Veganer und laktoseintolerante Menschen
gibt es Mandel-, Kokos- oder Reismilch.

QUALITÄTSMERKMALE
• **Aromatische Milchsorten** wie Ziegen-
 milch sollten durch einen höheren Kakaoanteil ausgeglichen sein.

WEISSE SCHOKOLADE

Weiße Schokolade wurde in den 1930er-Jahren entwickelt, um überschüssige Kakaobutter zu verarbeiten, die bei der Kakaopulverproduktion anfiel. Heute spielen Hersteller mit den geschmacklichen Möglichkeiten dieser Sorte und der Kunde hat mehr Auswahl als je zuvor.

20–30 % Milchpulver

35 % Kakaobutter

35–45 % Zucker

KONTROVERSEN

Seit ihrer Erfindung wird erbittert darüber gestritten, ob weiße Schokolade wirklich Schokolade ist oder nicht. Die wichtigsten Zutaten für diese Sorte sind Kakaobutter, Zucker und Milchpulver, aber eben keine Kakaotrockenmasse – und darum dreht sich die ganze Debatte. Rund 54 Prozent ihres Gewichts sind Kakaobutter, die aber kaum Eigengeschmack besitzt. Dabei spielt es eigentlich keine Rolle, ob weiße Schokolade nun echte Schokolade ist oder nicht, solange sie Ihnen schmeckt.

BESSER MIT BUTTER

Kakaobutter entsteht beim Pressen der Kakaomasse, die ja aus reinen Kakaobohnen besteht, durch ein feinmaschiges Sieb. Die Kakaobutter tritt durch das Sieb aus und zurück bleibt der Presskuchen aus Kakaopulver, dem trockenen Bestandteil der Kakaobohnen.

In der industriellen Verarbeitung wird der Kakaobutter nun ihr natürlicher Kakaogeschmack entzogen – das nennt man »Deodorieren«. Für die Herstellung weißer Schokolade wird die Butter jetzt mit Zucker, Milchpulver und Aromaten in Pulverform vermengt. Da sie selbst kaum Geschmack besitzt, ist sie ein guter Trägerstoff für andere Geschmacksstoffe und Texturen. Schokoladenmanufakturen experimentieren mit nicht deodorierter Kakaobutter, um Schokoladen zu kreieren, die noch mehr nach den Bohnen schmecken, aus denen sie gemacht sind.

KLASSISCH

Klassische weiße Schokolade ist eine glatte Mischung aus geschmeidiger Kakaobutter, Zucker und Milchpulver. Sie ist geschmacklich recht schlicht und wird deshalb gerne mit Vanillepulver verfeinert.

QUALITÄTSMERKMALE
• **Weiße Schokolade** sollte farblich zwischen hellem Elfenbein und hellem Gold liegen.

• **Handgemachte weiße Schokolade** aus nicht deodorierter Kakaobutter besitzt einen feinen Geschmack, der nicht zwischen anderen Aromen untergehen darf.

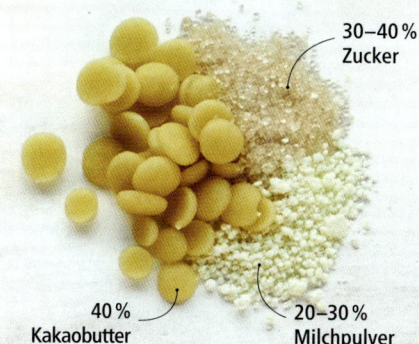

30–40 %
Zucker

40 %
Kakaobutter

20–30 %
Milchpulver

30 %
Milchpulver

30–35 %
Zucker

30 % Kakao-
butter

5–10 %
Aromaten

30 %
Milchpulver

5–10 %
Aromaten

30–35 %
Kakaobutter

30–35 % Zucker

KARAMELLISIERT

Hersteller produzieren heute »karamellisierte« weiße Schokolade, indem sie
die Schokolade erhitzen, bis der Zucker
karamellisiert. Sie besitzt eine sirupartige
Süße und Röstaromen.

QUALITÄTSMERKMALE

• **Karamellisierte weiße Schokolade** ist
  blass goldgelb und besitzt eine glattere
  Textur am Gaumen und einen sauberen
  »Bruch«.

MIT ZUGABEN

Zugaben in Form kleiner Stückchen sind
bei Herstellern sehr beliebt, die versuchen,
die eigentlich recht langweilige weiße
Schokolade interessanter zu gestalten.
Dazu rühren sie Aromaten wie Trockenobst, Nüsse, Blüten oder Kakaonibs in die
temperierte Schokolade.

QUALITÄTSMERKMALE

• **Die Zugaben** sollten die glatte Textur
  und den süßen Geschmack der Schokolade
  ergänzen.

AROMATISIERT

Weiße Schokolade ist ein guter Träger für
Geschmack und Farbe. Hersteller geben
beim Mahlen und Conchieren pulverisierte
Aromaten und ätherische Öle hinzu, damit
die Aromen sich perfekt verbinden.

QUALITÄTSMERKMALE

• **Pulverisierte Aromaten** dürfen die
  glänzend glatte Textur der Schokolade nicht
  stören.

• **Aromatisierte Schokolade** kann hin-
  reißend gefärbt sein, wenn man Aromaten
  wie Matcha oder gefriergetrocknete Beeren,
  verwendet.

WAS IST BIO-SCHOKOLADE?

Mehr und mehr Käufer wollen heute wissen, wo ihre Schokolade herkommt, welche Zutaten sie enthält und ob sie ethisch und umweltfreundlich produziert wurde. Im Moment wird nur wenig Bio-Schokolade hergestellt, aber es wird nach und nach mehr.

Was heißt hier »Bio«?

Es gibt verschiedene Definitionen von »Bio« oder »ökologisch«, aber im Allgemeinen bedeutet es, dass eine Frucht ohne Chemikalien oder Kunstdünger kultiviert wird. In Europa, den USA und Australasien gibt es strenge gesetzliche Vorgaben. So muss das Produkt häufig mindestens 95 Prozent Bio-Zutaten enthalten und ein kontrolliertes Bio-Siegel tragen.

Wie viel Kakao wird ökologisch angebaut?

Der International Cocoa Organization (ICCO) zufolge werden nur etwa 0,5 Prozent des weltweit produzierten Kakaos ökologisch angebaut. Der meiste Bio-Kakao stammt aus Ländern, die hochwertige Schokolade produzieren, wie Madagaskar, Bolivien, Brasilien und Costa Rica. Nicht dabei sind die größten Produzenten Elfenbeinküste und Ghana.

Warum ist das wichtig?

Den größten Nutzen von ökologisch angebautem Kakao hat die Umwelt. Die meisten Kakaopflanzer leben an oder unterhalb der Armutsgrenze ohne Chance auf Bildung. Sie greifen häufig zu Dünger und Pestiziden, um den Ertrag zu steigern. Ohne jede Kontrolle und Ausbildung werden diese Chemikalien oft falsch angewendet und schaden den Pflanzern, der Umwelt und auch dem Produkt.

Warum ist Bio so selten?

Der ökologische Anbau ist für die Pflanzer nur sinnvoll, wenn sie Spitzenpreise für ihr Produkt erzielen. Deshalb besteht ein enger Zusammenhang zwischen ökologischem Anbau und Schokoladenmanufakturen, die auf Qualität setzen und mehr für Bio-Kakao zu zahlen bereit sind. Die meisten Bio-Programme kosten die Pflanzer aber Beiträge und deshalb überlegen sich viele kleinere Produzenten, ob die Vorteile des Bio-Siegels diese Ausgabe wert sind.

Geht es auch ohne Zertifikat?

Manche Schokoladen sind bio, ohne ein Siegel zu tragen. Das gilt vor allem für Manufaktur-schokolade, deren Hersteller mit den Pflanzern zusammenarbeiten, um die bestmögliche Qualität zu erzielen.

ROHSCHOKOLADE

Die wegen ihrer angeblich antioxidativen Eigenschaften bei Gesundheitsbewussten beliebte Rohschokolade wird aus ungerösteten Kakaobohnen hergestellt. Dank der niedrigen Temperaturen bei der Produktion können die Hersteller die natürlichen Antioxidanzien des Kakaos erhalten. Handelsformen sind Tafeln, Linsen und Pulver.

DIE HERSTELLUNG

Rohschokolade wird aus ungerösteten Kakaobohnen hergestellt – unter Experten umstritten! Die Hersteller preisen den gegenüber traditioneller Schokolade höheren Gehalt an gesundheitsfördernden Antioxidanzien und anderen Mineralien.

Leider gibt es keine gesetzliche Definition des Begriffs »roh«, sodass nur schwer zu erkennen ist, wie ein Rohschokoladenprodukt entstanden ist. Erkundigen Sie sich vor dem Kauf über den Hersteller. Bei Rohschokolade ist es wichtig, dass die Bohnen hygienisch angebaut, ausgewählt und verarbeitet werden, da sie ja nicht beim Rösten sterilisiert werden.

DER GESÜNDERE SNACK?

Die Hersteller behaupten, dass Rohschokolade gesünder sei als Schokolade aus gerösteten Bohnen, und setzen dabei gezielt auf den verbreiteten Glauben an den gesundheitlichen Wert von Rohkost. Achten Sie auf Produkte mit alternativen Süßstoffen wie Agavendicksaft oder Lucumapulver. Es gibt auch vegane Erzeugnisse, die Kokosmilch oder Nusspulver für die Cremigkeit enthalten.

WIRKLICH ROH?

Manche Experten argumentieren, Schokolade könne niemals wirklich roh sein, denn Wärme sei ein wichtiger Teil ihrer Entstehung, von Anbau und Ernte über Fermentierung bis Trocknung. Die Bohnen werden zwar nicht geröstet, aber die ersten Schritte bleiben dieselben. Zudem temperieren manche Hersteller ihre Rohschokolade, schmelzen sie also bei 45 °C. In dieser Hinsicht ist der Begriff »roh« vielleicht doch nicht so ganz zutreffend.

Roh-Milchschokolade wird wie konventionelle Schokolade mit Milchpulver gemacht. Es gibt aber auch vegane Alternativen.

Rohkakaopulver wird aus ungerösteten Kakaobohnen gemacht, die gemahlen und dann gepresst werden, um ihnen die Kakaobutter zu entziehen. Das Pulver wird meist so wenig wie möglich weiterverarbeitet, um die Antioxidanzien aus den Bohnen zu erhalten.

Wie jede andere Schokolade gibt es auch Rohschokolade in vielen Sorten, Geschmacksrichtungen und Konsistenzen, sie schmeckt aber durch die ungerösteten Bohnen in der Regel erdig und grasig. Manche Hersteller beschränken sich auf eine minimale Bearbeitung, sodass ihre Produkte etwas körnig ausfallen.

Rohschokolade mit Kakaonibs kombiniert das Ausgangsprodukt mit glatter Schokolade. Kakaonibs verleihen Rohschokoladenprodukten zusätzliche Textur und Geschmack.

Roh-Zartbitterschokolade wird oft mit gesunden Zuckeralternativen gesüßt, um ihre Säure zu mildern und die Zitrusnoten zu stärken.

100%ige Roh-Zartbitterschokolade ist nichts für Empfindsame. Reine Rohschokolade hat einen intensiven, leicht säuerlichen Geschmack. Um ihn zu mildern, geben Hersteller oft Kakaobutter hinzu.

Aromatisierte Rohschokolade wird mit gesunden Zusätzen gefertigt, die ihren gesundheitsfördernden Anspruch unterstreichen, etwa Nüsse, Beeren und natürliche Süßungsmittel.

BUNTE VIELFALT

Seit ihren Anfängen als bitteres Getränk aus handgemahlenen Kakaobohnen wird Schokolade in allen Formen, Größen und Formaten vermarktet. Die Auswahl in Süßwarengeschäften und Supermärkten ist heute größer denn je – vom Internet ganz zu schweigen.

DIE VIELEN GESICHTER DER SCHOKOLADE

Schokolade gibt es schon seit Tausenden von Jahren, aber die Schokoladentafel, wie wir sie kennen, wurde erst 1847 erfunden. Seitdem haben Hersteller und Chocolatiers die Substanz zu einem allgegenwärtigen Alltagsprodukt gemacht.

Im 21. Jh. verändern Manufakturen unser Verständnis des Produkts durch hervorragende Bean-to-Bar-Schokoladen. Beschränken Sie Ihre Suche nicht auf das Supermarktregal, sondern besuchen Sie Schokoladengeschäfte und stöbern Sie im Internet nach interessanten neuen Sorten.

MANUFAKTURSCHOKOLADE

Aus edlem Kakao und hochwertigen Zutaten gefertigte Manufakturschokolade wird ethisch und ökologisch verantwortungsvoll hergestellt und zeigt die ganze geschmackliche Vielfalt der Kakaobohne.

Achten Sie auf den Aufdruck »Bean-to-Bar«, die Herkunftsangabe und möglichst wenig Inhaltsstoffe.

FRISCHE TRÜFFELN UND PRALINEN

Pralinenmanufakturen werden immer innovativer. Manche setzen auch auf Aromaten, die das Geschmacksprofil der Schokolade perfekt ergänzen.

Achten Sie auf frische Trüffeln ohne Konservierungsstoffe. Hochwertige Trüffeln halten sich nur 1–2 Wochen.

PRALINENMISCHUNGEN

Pralinenmischungen bieten oft eine beeindruckende Bandbreite von Geschmacksnoten und Füllungen.

Achten Sie auf einfache, natürliche Zutaten und möglichst wenig Konservierungsstoffe. Die Füllungen können Pflanzenfette enthalten, aber die Schokolade sollte nur mit Kakaobutter hergestellt sein.

MASSENWARE

Die heute erhältliche Schokolade ist zumeist preiswerte Massenware, oft auch noch mit hohem Zuckergehalt.

Achten Sie auf einen höheren Kakaoanteil (über 30 % bei Milchschokolade und 55 % bei Zartbitterschokolade) und meiden Sie Pflanzenfette wie Palmöl.

PREMIUM-PRODUKTE IM SUPERMARKT

Massenproduzierte Premiumschokolade ist relativ preiswert und eignet sich gut zum Backen, ist qualitativ aber ein Glücksspiel.

Achten Sie auf eine Herkunftsangabe. Bohnen, die nicht aus Westafrika stammen, sind oft von besserer Qualität.

SCHOKOLADENPLATTEN

Große Tafeln aus hochwertiger Schokolade mit Belag oder einer marmorierten Oberfläche sind immer ein schönes Geschenk.

Achten Sie auf eine möglichst kurze Zutatenliste. Die Platte sollte einen hohen Kakaoanteil ohne zusätzliches Pflanzenfett haben.

Trinkschokolade und Kakaopulver

Trinkschokolade steht heute in vielen unterschiedlichen Sorten in den Regalen. Kakaopulver gibt es in zwei Varianten: »Dutch process« (alkalisiert) und »Natur«.

Trinkschokolade sollte mit möglichst wenig Zucker und mit natürlichen Aromen aus echter Schokolade gemacht sein. Achten Sie bei Kakaopulver auf die Rezeptangabe – »Dutch process«-Pulver wurde alkalisiert, damit es sich besser löst.

Blick hinter die Kulissen | Laurent Gerbaud
DER CHOCOLATIER

Chocolatiers sind die wirklichen Helden der Schokoladenwelt, die ihre jahrelange Ausbildung und Erfahrung einsetzen, um perfekte Schokoladen und Pralinen zu schaffen. Der Belgier Laurent Gerbaud hat sein Handwerk in Brüssel und Schanghai gelernt, bevor er in der Rue Ravenstein im Herzen Brüssels sein eigenes Geschäft mit angeschlossenem Café eröffnete.

Beschäftigt 6 Angestellte: 3 in der Herstellung, 2 im Laden, plus 1 Assistent

----

Studierte am CERIA in Brüssel

Laurent Gerbaud stammt aus einer Familie von Bäckern und Konditoren, entdeckte seine Liebe zur Schokolade aber erst, während er essbare Skulpturen für die Kunstausstellung eines Freundes anfertigte. Er studierte in Brüssel und ging anschließend zwei Jahre beim französischen Meister-Chocolatier Frank Duval in dessen innovativer Brüsseler Chocolaterie Planète Chocolat in die Lehre.

Nach der Ausbildung arbeitete Gerbaud als Chocolatier in Schanghai. Inspiriert von den dortigen kulinarischen Einflüssen, verlor er das Interesse an gezuckerter Schokolade und arbeitete lieber mit Aromaten und Süßungsmitteln wie getrockneten Früchten und gerösteten Nüssen. Nach zwei Jahren kehrte Gerbaud nach Belgien zurück und eröffnete 2009 im Zentrum Brüssels sein eigenes Geschäft.

Gerbaud macht und verkauft Pralinen, Trüffeln, Mendiants und mit Schokolade überzogene Früchte aus hochwertigen, rückverfolgbaren Zutaten und in raffinierten Geschmackskombinationen. Seine Kuvertüre bezieht er vom italienischen Hersteller Domori, wobei er hauptsächlich auf dunkle Schokolade aus Bohnen aus Madagaskar, Peru und Ecuador setzt. Zukünftig möchte er auch seine eigene Schokolade aus Kakaobohnen herstellen.

HERAUSFORDERUNGEN
Das Leben als Geschäftsmann bedeutet, dass der Chocolatier sehr viel Zeit in die Büroarbeit investieren muss, statt in der Werkstatt zu experimentieren. Gerbaud ist gegen viele der üblichen Schokoladenzutaten wie rohe Nüsse und frische Aprikosen, Feigen, Pfirsiche und Kiwis allergisch und muss deshalb bei seinen Experimenten vorsichtig sein. Das beeinträchtigt seine Kreativität aber keineswegs und so enthält eine der beliebtesten Schokoladen in seinem Geschäft getrocknete Aprikosen.

DURCH DEN TAG MIT LAURENT
Geschäft und Café sind täglich neun Stunden geöffnet, deshalb beschäftigt Laurent Gerbaud zwei Angestellte, die mit ihm zusammen die Kunden bedienen. Hinter den Kulissen überwacht er drei Chocolatiers, die Schokolade nach seinen Rezepten fertigen, und arbeitet an einem Tag in der Woche in der Produktion mit. Den Rest seiner Zeit teilt er zwischen Workshops, Produktentwicklung und Verpackung, Verkauf, Marketing und Buchhaltung auf.

WORKSHOPS
Laurent Gerbaud bietet mehrmals in der Woche Workshops in Herstellung und Verkostung von Schokolade für 10–20 Teilnehmer an.

MENDIANTS

Mendiants sind eine Spezialität Gerbauds. Für die Herstellung temperiert er Schokolade und belegt sie mit getrockneten Früchten und Nüssen.

PRALINEN-MISCHUNGEN

Gerbauds handgefertigte Schokoladen enthalten weder zusätzlichen Zucker noch Konservierungsstoffe, künstliche Aromen oder Zusatzstoffe.

ZARTBITTER-SCHOKOLADE

Gerbauds dunkle Schokolade wird aus ecuadorianischen oder madagassischen Kakaobohnen gefertigt. Seine Formen ziert ein Siegel, das das Wort »Schokolade« auf Mandarin darstellt.

IST SCHOKOLADE GUT FÜR MICH?

Für viele Menschen ist Schokolade eine lässliche kleine Sünde, die mehr schadet als nützt, aber aktuelle Studien deuten darauf hin, dass regelmäßiger Schokoladenkonsum sogar durchaus gesund sein kann. Wenn Sie bisher zucker- und fettreiche Massenware bevorzugen, versuchen Sie es stattdessen einmal mit Schokolade mit höherem Kakaoanteil.

HAT DER SCHOKOLADENGENUSS VORTEILE?

Ja! Zahlreiche Studien haben gezeigt, dass der tägliche Konsum kleiner Mengen hochwertiger Zartbitterschokolade mit hohem Kakaoanteil gesundheitsfördernd sein kann. Damit ist allerdings nicht Billigschokolade mit viel Zucker, Milch und anderen Zusatzstoffen gemeint, die eher ungesund ist.

WAS HAT ES MIT DEN ANTIOXIDANZIEN AUF SICH?

Schokolade enthält besonders viele antioxidativ wirkende Flavonoide, die gegen zellschädigende freie Radikale schützen. Die regelmäßige Einnahme von Antioxidanzien kann dazu beitragen, den Blutdruck zu senken und Herzerkrankungen vorzubeugen.

HILFT SIE GEGEN KREBS?

Schokolade ist kein Krebsheilmittel, aber neuere Untersuchungen deuten darauf hin, dass enthaltene Verbindungen die Zahl der mit Darmkrebs in Verbindung gebrachten abnormen Zellen reduzieren können. Laut anderer Studien sind bestimmte chemische Substanzen hilfreich bei der Prävention einiger Krebsformen.

WARUM LIEBE ICH SCHOKOLADE SO SEHR?

Beim Genuss von Schokolade entstehen Wohlgefühle, die dem Verliebtsein sehr ähnlich sind. Theobromin und andere Inhaltsstoffe setzen Endorphine im Gehirn frei. Diese Stoffe werden auch ausgeschüttet, wenn wir schöne Dinge wie Sex, Sport und Gemeinschaft erfahren.

IST SCHOKOLADE SCHLECHT FÜR DIE ZÄHNE?

Im Gegensatz zur landläufigen Meinung könnte Schokolade sogar gut für die Zähne sein. Aktuelle Studien an der Tulane University in Louisiana haben gezeigt, dass Theobromin die Zähne sogar besser festigt als Fluor. Leider müsste man dafür aber so viel Schokolade essen, dass der in ihr enthaltene Zucker jede positive Wirkung zunichtemachen würde.

IST SCHOKOLADE EIN SUPERFOOD?

Leider nein. Schokolade ist weder ein Superfood noch ein Wunderheilmittel. Der Zucker und die Fette in handelsüblicher Massenware sind sogar eher gesundheitsschädlich. Es ist also mit Sicherheit keine gute Idee, alle vom Arzt verschriebenen Medikamente zugunsten von Schokolade abzusetzen, aber hochwertige Schokolade, in Maßen genossen, ist gut für Körper und Geist.

DUNKLES VERLANGEN

Die Menschheit liebt Schokolade – ohne jeden Zweifel. Weltweit konsumieren wir im Jahr 7 Millionen Tonnen Schokolade und geben geschätzte 99 Milliarden Euro dafür aus. Was aber verursacht dieses Verlangen und kann Schokolade wirklich süchtig machen?

SCHOKOHOLIKER

Die Idee eines von Schokolade abhängigen Menschen, eines »Schokoholikers«, geistert schon seit den 1960er-Jahren durch die Popkultur. Der Begriff beschreibt eher einen bekennenden Schokoladenliebhaber als einen Süchtigen, aber tatsächlich hat der offensichtlich »süchtig machende« Reiz der Schokolade auch schon die Wissenschaft angesteckt.

DIE CHEMIE DER SCHOKOLADE

Kakaobohnen enthalten mehrere Stoffe, die offensichtlich unsere Stimmung heben und unser Wohlbefinden steigern können. Zu diesen Stimmungsaufhellern zählen Tryptophan, Anandamid und Phenethylamin, die aber alle in so geringen Mengen vorkommen, dass sie das Gehirn vermutlich gar nicht erst erreichen.

Das in relativ großer Menge im Kakao enthaltene Theobromin hat eine ähnliche chemische Struktur wie Koffein und kann die Herzfrequenz steigern sowie die Blutgefäße entspannen. In sehr geringen Mengen findet sich Theobromin auch in Yerba Mate, Guaranabeeren und Kolanüssen. Prominent kommt es aber vor allem in Kakaobohnen vor, daher ist es auch nach dem Kakaobaum Theobroma cacao benannt. Studien zufolge ist die körperliche Wirkung von Theobromin nicht ganz so ausgeprägt wie die von Koffein, kann aber auch leicht suchterzeugend sein.

PSYCHOLOGISCH ODER PHYSIOLOGISCH?

Schokolade enthält zwar Stoffe, die auf das Gehirn wirken, aber die Mengen in einer Tafel sind so gering, dass die Wahrscheinlichkeit einer körperlichen Abhängigkeit ausgesprochen gering ist.

Allerdings ist am Erlebnis Schokolade mehr dran als rein chemische Reaktionen. Schokolade schmilzt knapp unterhalb der Körpertemperatur, sodass sie sich auf der Zunge praktisch sofort verflüssigt und ihren intensiven, süßen Geschmack freisetzt. Diese angenehme Empfindung könnte sehr wohl zu ihrem Reiz beitragen. Wir verbinden Schokolade oft mit Versuchung und Schwelgerei und das macht das »Nachgeben« umso schöner, so ein bisschen wie Naschen an der verbotenen Frucht. Dieses psychologische Element könnte eine größere Rolle für den »Schokoholismus« spielen als bisher bekannt.

KONTROLLIERTES VERLANGEN

Wenn Sie Heißhunger auf Schokolade verspüren, befriedigen Sie ihn mit Qualität. Hochwertige Zartbitterschokolade ist nachweislich gesund. Sie enthält weniger Zucker und mehr Kakao als industriell produzierte Milchschokolade, sodass Sie weniger Schokolade brauchen, um Ihr Verlangen zu stillen.

ZARTBITTERSCHOKOLADE
Dunkle Schokolade enthält größere Mengen an Theobromin, das zu ihrem »Suchtfaktor« beitragen könnte.

SCHOKOLADE SCHMECKEN

Schokolade steckt voller komplexer Geschmacksnoten und Aromen, die eine genauere Betrachtung wert sind. Lernen Sie mit professionellen Verkostungstechniken, das Optimum aus jedem Bissen herauszuholen.

SCHOKOLADE VERKOSTEN

Verkosten ist etwas anderes als einfach nur essen. Wenn wir uns Zeit lassen und all unsere Sinne nutzen (siehe S. 126–127), entdecken wir Geschmacksnoten, Aromen, Texturen und verborgene Eigenschaften, die uns die wahre Kunstfertigkeit des Schokoladenherstellers erst wirklich schätzen lassen.

SCHMECKEN LERNEN

Schokolade ist mit mehr als 400 identifizierbaren Geschmacksnoten eines der komplexesten und spannendsten Lebensmittel überhaupt. Ihr Schmelzpunkt liegt knapp unter der menschlichen Körpertemperatur, sodass ihr Geschmack sich entfaltet, sobald sie die Zunge berührt. Beim Schmeckenlernen geht es darum, diese sich entfaltenden Noten, Aromen und Texturen zu verstärken.

PROFESSIONELLE VERKOSTUNG

Das Verkosten von Schokolade ist ein ernstes Geschäft und für alle Hersteller von Schokolade eine unerlässliche Fähigkeit. Professionelle Verkoster schulen ihren Geschmack über Jahre hinweg und können einzelne Noten, Aromen und Texturen präzise identifizieren. Sie finden auch Fehler und helfen den Herstellern damit, ihre Produkte zu verbessern. Schokoladenhersteller, Chocolatiers, Köche und Verkoster leben von ihrer Fähigkeit, zu schmecken und Fehler zu erkennen.

ES SOLL SPASS MACHEN

Schokolade kann fantastisch schmecken, selbst wenn man sie nicht akribisch analysiert. Da stellt sich der Schokoladenfan natürlich die Frage: Warum soll ich mir die Mühe machen? Die Antwort: Weil nur so der Genuss erst wirklich umfassend und komplett ist. Wer genau weiß, wo die

Warum so *intensiv?*

Ist sie cremig?

ENTSTEHUNG DES GESCHMACKS

Jeder Schritt in der Schokoladenherstellung hat Einfluss auf den Geschmack. Von der Sorte über die Bodenzusammensetzung und das Klima bis hin zu Fermentation und Trocknung werden viele Charakteristika bereits festgelegt, bevor der Kakao beim Hersteller ankommt. Die Kunst des Herstellers liegt nun darin, durch Rösten, Mahlen und Conchieren die besten Eigenschaften des Kakaos herauszuarbeiten.

Schokolade herkommt und wie sie gemacht wurde, kann Enttäuschungen beim Kauf vermeiden. Wirklich schmecken lernen ist eine fantastische Möglichkeit, Geschmack zu verstehen und seinen Gaumen zu schulen, sollte aber auch immer Spaß machen. Die Welt der Geschmacksnoten und Aromen kann einen gefangen nehmen, aber letzten Endes ist Schokolade vor allem ein Genussmittel.

Zeit lassen

Speisen schmecken unterschiedlich, je nachdem, wie schnell man sie isst, da bildet Schokolade keine Ausnahme. Verkosten Sie erst schnell und dann langsamer und Sie werden eine ganz neue Erfahrung machen.

1 Nehmen Sie zwei Stücke Schokolade und essen Sie das erste schnell. Kauen Sie ein paar Mal und schlucken Sie.

2 Reinigen Sie Ihren Gaumen mit Wasser und essen Sie das zweite Stück langsamer und lassen Sie es im Mund schmelzen.

3 Notieren Sie Ihre Empfindungen. Die Schokolade wird oftmals süßer schmecken, wenn man langsam kaut. Indem Sie sich Zeit lassen, können sich die natürlichen Geschmacksnoten und Aromen voll entfalten. Meist schmeckt Schokolade deutlich besser, wenn sie die Zeit bekommt, im Mund zu schmelzen.

Schmilzt sie?

MIT ALLEN SINNEN

Der Wissenschaft zufolge kommt das meiste, das wir schmecken, eher von Aromen in der Nase als von Geschmacksknospen auf der Zunge. Beim Schokoladengenuss sind Geschmack und Aroma aber erst der Anfang. Um die Schokolade in vollem Umfang schätzen zu können, müssen wir auch Aussehen, Gefühl und Textur betrachten.

VERKOSTUNGS- REISE

Eine gute Schokolade nimmt Sie mit auf die Reise. Beim Auspacken und ersten Probieren zeigen sich bereits das Können des Herstellers und die Qualität der Zutaten. Nehmen Sie sich Zeit und nutzen Sie alle Sinne, um die Schokolade voll und ganz zu erfahren.

Beginnen Sie die Verkostung mit einem sauberen Gaumen und neutralisieren Sie ihn nach jedem Stück mit einem Schluck Wasser oder auch mit einem herzhaften Keks oder einem Stück Apfel.

MIT LEICHTER HAND
Zerreiben Sie ein Schokoladen- stück sanft zwischen Daumen und Zeigefinger. Schokolade mit hohem Kakaoanteil wird dabei nicht schmierig, stattdessen zieht die Kakaobutter allmählich in die Haut ein und hinterlässt reines Kakaopulver.

1 Sehen

Packen Sie die Schokoladentafel aus. Sie sollte attraktiv glänzen, was darauf hindeutet, dass sie gut temperiert und optimal gelagert wurde. Eine stumpfe Oberfläche oder weißer Reif sind Anzeichen für eine falsche Temperierung oder eine zu warme oder zu kalte Lagerung.

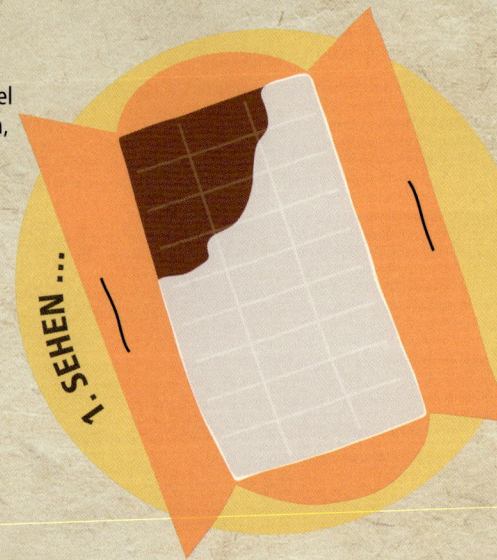

1. SEHEN …

2 Hören

Brechen Sie die Tafel klein. Das Geräusch, das sie dabei macht, ist ein Qualitätsmerkmal: Die Schokolade sollte mit einem sauberen Knacken brechen. Eine korrekte Temperierung erzeugt die perfekte Kristall- struktur, sorgt für einen hör- bar sauberen Bruch und lässt die Schokolade im Mund schmelzen.

2. HÖREN …

Knack!

3 Riechen

Legen Sie sich ein Schokoladenstück in die Hand und halten Sie es sich dicht unter die Nase. Schon beim Auspacken steigt ein Teil des Aromas in die Nase, aber um alle Aromen zu entdecken, muss man der Schokolade sehr viel näher treten. Die Aromen sind ein unverzichtbarer Teil des Geschmacks und deshalb sollten wir ihnen möglichst viel Aufmerksamkeit schenken.

4 Fühlen

Legen Sie sich die Schokolade auf die Zunge und lassen Sie sie schmelzen. Gute Schokolade sollte sich dabei seidig glatt anfühlen. Eine glatte und gut temperierte Schokolade schmilzt gleichmäßig auf der Zunge und hinterlässt keine Rückstände.

GESCHMACKSEXPLOSION

Haben Sie Probleme, einen Geschmack oder ein Aroma zu identifizieren? Da hilft ein einfacher Trick. Lassen Sie ein Stück Schokolade einige Momente auf der Zunge zergehen, während Sie sich die Nase zuhalten. Ist es geschmolzen, atmen Sie ein und Sie sollten ein intensives Geschmackserlebnis haben.

5 Schmecken

Identifizieren Sie einzelne Geschmacksnoten. Wenn die Schokolade ihren Geschmack zu langsam preisgibt, beißen Sie ein paar Mal darauf, ohne sie zu zerkauen. Ist sie nussig, fruchtig oder blumig? An welche Früchte erinnert sie Sie? Es ist nicht ganz einfach, Geschmacksempfindungen in Worte zu fassen, aber das Aromenrad (siehe S. 128–129) hilft dabei, subtile Nuancen einzugrenzen.

DIE VERKOSTUNGSRÄDER

Schokolade bietet eine unglaubliche Vielfalt an komplexen Noten und Aromen. Diese Räder sollten Ihnen dabei helfen, diese geschmacklichen Nuancen präzise zu erkennen. Sie können Ihren Gaumen mit wenig Aufwand trainieren – je mehr Sie verkosten, desto einfacher wird es, die feinen Unterschiede zu bemerken.

EIGENSCHAFTEN ERKENNEN

Nutzen Sie die klar gegliederten Räder als Hilfsmittel, um Noten, Aromen und Texturen besser in Worte zu fassen. Folgen Sie der Anleitung zum Verkosten auf S. 126–127 und schreiben Sie Ihre Erkenntnisse auf.

Diese beiden Räder können natürlich nicht das gesamte Spektrum eines so komplexen Lebensmittels wie der Schokolade abdecken. So kann Schokolade adstringierend oder bitter sein oder auch viel Säure haben. Notieren Sie auch diese Feststellungen und ob Sie sie als angenehm empfinden oder nicht. Achten Sie auch auf den »Nachklang«, den Geschmack, der auf der Zunge bleibt, nachdem die Schokolade schon gegessen ist.

DAS TEXTURENRAD

Die Textur einer Schokolade ist ein wichtiges Kriterium. Die meisten Hersteller legen viel Wert auf eine sehr glatte Textur und einen perfekten Schmelz. Das lässt sich mit zusätzlicher Kakaobutter erreichen. Es gibt aber auch Hersteller, die Kakao und Zucker gröber mahlen, damit ihre Schokolade weniger raffiniert und eher keksartig wirkt. Das Rad soll Ihnen dabei helfen, die Textur der Schokolade und ihre Wirkung auf das Gesamtbild zu erkennen.

SCHOKOLADE BESITZT MEHR ALS 400 ERKENNBARE GESCHMACKSNOTEN.

Eine körnige Textur ist meistens ein Fehler, der dadurch entsteht, dass Feuchtigkeit beim Conchieren oder Temperieren in die Schokolade gerät.

DAS GESCHMACKSRAD

Identifizieren Sie mithilfe des Geschmacksrads die prägenden Noten und erkennen Sie nach und nach das Geschmacksprofil der Schokolade. Notieren Sie die deutlichsten Noten und wie schnell die Schokolade auf der Zunge schmilzt.

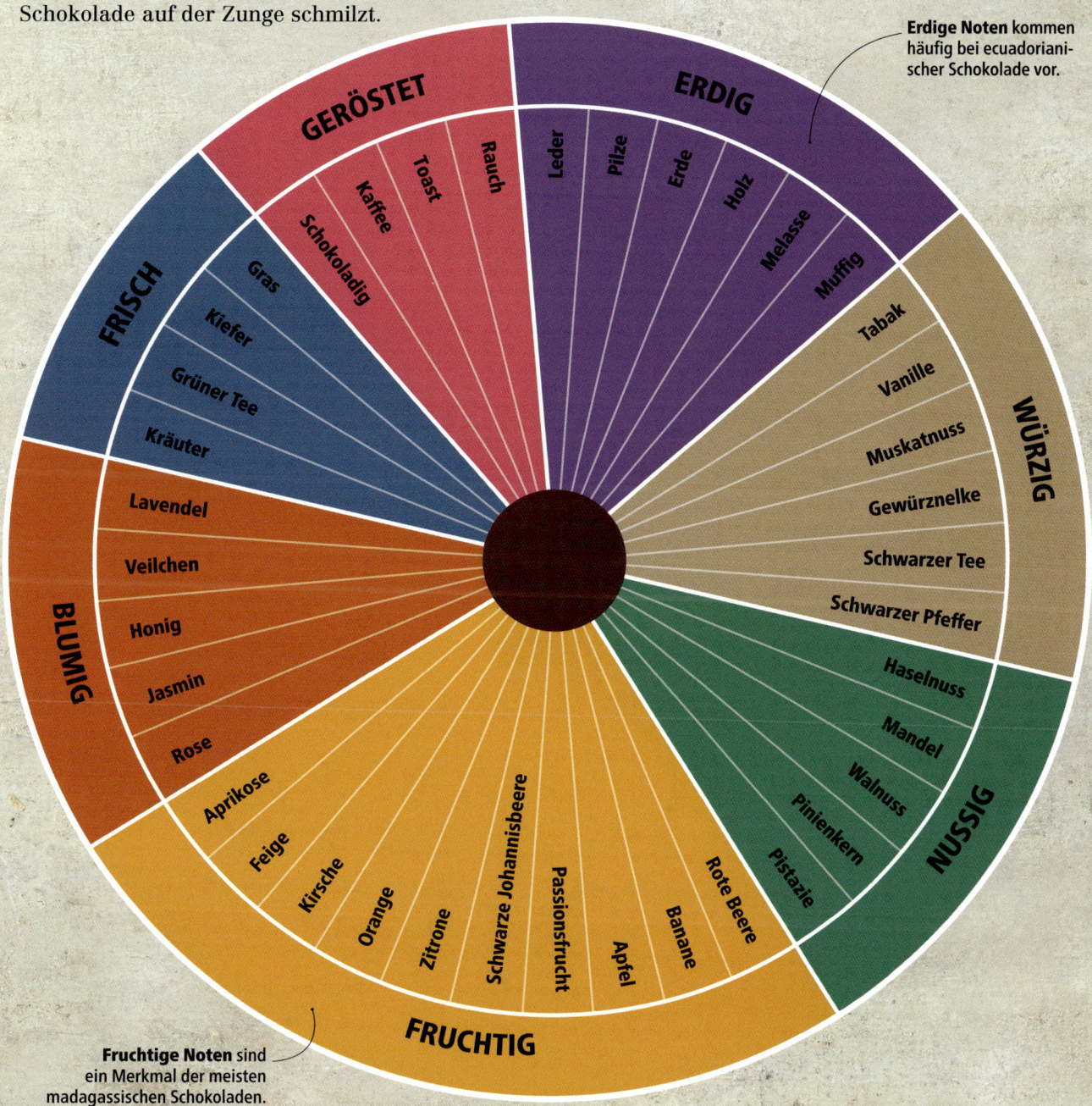

Erdige Noten kommen häufig bei ecuadorianischer Schokolade vor.

GERÖSTET
ERDIG
FRISCH
WÜRZIG
BLUMIG
NUSSIG
FRUCHTIG

Leder · Pilze · Erde · Holz · Melasse · Muffig

Schokoladig · Kaffee · Toast · Rauch

Gras · Kiefer · Grüner Tee · Kräuter

Tabak · Vanille · Muskatnuss · Gewürznelke · Schwarzer Tee · Schwarzer Pfeffer

Lavendel · Veilchen · Honig · Jasmin · Rose

Haselnuss · Mandel · Walnuss · Pinienkern · Pistazie

Aprikose · Feige · Kirsche · Orange · Zitrone · Schwarze Johannisbeere · Passionsfrucht · Apfel · Banane · Rote Beere

Fruchtige Noten sind ein Merkmal der meisten madagassischen Schokoladen.

GESCHMACKS-KOMBINATIONEN

Dank ihrer vielen natürlichen Geschmacksnoten passt Schokolade hervorragend zu den unterschiedlichsten Speisen und Getränken. Identifizieren Sie das Geschmacksprofil Ihrer Lieblingsschokolade (siehe S. 128–129) und wählen Sie dann die passenden komplementären oder auch kontrastierenden Partner aus.

KOMPLEMENTÄR

geröstete Erdnüsse
Whisky

geröstete Mandeln
Kaffee Kakaonibs

SCHOKOLADEN-GESCHMACK **GERÖSTET**

Marzipan **Rotwein**
Pinot Noir oder Merlot

Bier
Porter oder Stout

KONTRASTIEREND

KOMPLEMENTÄR

milder Ziegenkäse
grüner Tee **Weichkäse**

frische Birnen

SCHOKOLADEN-GESCHMACK **FRISCH**

frische rote Beeren

getrocknete Feigen

Rosé

KONTRASTIEREND

KOMPLEMENTÄR

Beerentee
Weißwein
Gewürztraminer, Riesling oder Chenin Blanc

Blütentee

SCHOKOLADEN-GESCHMACK **BLUMIG**

Bier **Weichkäse**
Pale Ale untergäriges Bier

Cidre

Sekt Rosé

KONTRASTIEREND

VERANSTALTEN SIE VERKOSTUNGSPARTYS

Gemeinsame Verkostungen mit Freunden sind eine schöne Art, die passenden Paarungen zwischen Schokolade und Speisen zu entdecken. Wählen Sie drei bis fünf gute Schokoladen und paaren Sie sie mit den unterschiedlichsten Speisen und Getränken. Diskutieren Sie Ihre Erkenntnisse in geselliger Runde.

KOMPLEMENTÄR

getrocknete **Feigen**

getrocknete Dätteln

Hartkäse

SCHOKOLADEN-GESCHMACK **ERDIG**

Whisky **Bier**
Porter oder Stout

Rotwein
Merlot, Shiraz oder Chianti

KONTRASTIEREND

KOMPLEMENTÄR

Whisky

kandierter Ingwer

SCHOKOLADEN-GESCHMACK **WÜRZIG**

frische Orangen
Rotwein

frische Birnen

KONTRASTIEREND

KOMPLEMENTÄR

getrocknete Feigen Rosé

frische rote Beeren

getrocknete Aprikosen

SCHOKOLADEN-GESCHMACK **FRUCHTIG**

geröstete Erdnüsse geröstete Pistazien

Marzipan

Salzkaramell

KONTRASTIEREND

KOMPLEMENTÄR

Marzipan

geröstete Pistazien

geröstete Mandeln

SCHOKOLADEN-GESCHMACK **NUSSIG**

Kaffee Kakaonibs

grüner Tee

KONTRASTIEREND

Blick hinter die Kulissen | Jennifer Earle

DIE PROFESSIONELLE VERKOSTERIN

Professionelle Schokoladenverkoster bewerten die am Markt angebotenen Schokoladen und geben Empfehlungen ab. Jennifer Earle verkostet Schokolade beruflich seit 2006 und veranstaltet die Chocolate Ecstasy Tours, die Schokoladenfans zu den besten Schokoladen in London und Brighton führen.

Jennifer Earle organisiert seit 2009 Schokoladentouren durch London und Brighton.

Sie ist Jurorin zahlreicher Industriepreise wie der International Chocolate Awards.

Jennifer Earle wuchs in Australien auf und bereiste mit Anfang zwanzig die Welt. Auf ihren Reisen kam ihr schließlich die Idee, Schokoladentouren in Großbritannien anzubieten. Ihre Firma Chocolate Ecstasy Tours stellt Einheimischen und Touristen die vielfältige gehobene Schokoladenwelt Londons vor. Indem sie den Menschen den Genuss hochwertiger Schokoladen und Pralinen nahebringt, hofft die Schokoladenexpertin sie auch von der Bedeutung einer nachhaltigen und ethisch verantwortungsbewussten Produktion zu überzeugen. Ihr Geschäft ist kontinuierlich gewachsen und ihre Expertise ist auch einigen großen Lebensmittelkonzernen aufgefallen, die sie bereits als Einkäuferin und Produktentwicklerin engagiert haben.

Heute führt Jennifer Earle ihr Unternehmen in Brighton und London in Vollzeit und arbeitet als professionelle Schokoladenverkosterin für Hersteller und bei Wettbewerben, wie den International Chocolate Awards, den Academy of Chocolate Awards und den Great Taste Awards. Ihren feinen Gaumen dafür hat sie professionell schulen lassen.

HERAUSFORDERUNGEN

Da Verkostungen meistens unbezahlt sind, ist es schwierig, genügend qualifizierte Verkoster zu finden, um Wettbewerbsbeiträge zu bewerten, und Profis wie Jennifer Earle müssen sich ihren Lebensunterhalt anderweitig verdienen. Durch die Verkostungen lernt Jennifer Earle zwar einige der besten Schokoladen der Welt kennen, aber die Arbeit ist auch durchaus anstrengend: Jeder einzelne Bissen will sorgfältigst analysiert sein, um am Ende eine faire Bewertung abgeben zu können.

DURCH DEN TAG MIT JENNIFER

Schokoladen werden im Wettbewerb von einem Gremium aus Preisrichtern bewertet, dessen Mitglieder idealerweise ganz unterschiedliche berufliche Hintergründe haben und zu denen auch einige typische Kunden zählen sollten. An einem ganz normalen Tag verkosten Jennifer Earle und ihre Mit-Juroren die unterschiedlichsten Schokoladensorten, Pralinen und Trüffeln. Am Ende eines Wettbewerbs werden alle Verkostungsergebnisse für die Wahl des Siegers ausgewertet.

VERKOSTUNG
Jennifer Earle vergibt in jeder Kategorie Noten für Geschmack, Erscheinungsbild, Aroma und Textur.

DIE LONDON CHOCOLATE SHOW
Jennifer Earle spricht häufig über ihre Arbeit als Verkosterin bei Veranstaltungen wie der London Chocolate Show, die einmal im Jahr stattfindet.

PRODUKTAUSWAHL
Bei einer Verkostung werden meist 4–5 Schokoladensorten pro Kategorie verkostet, es können aber auch schon einmal 15 Sorten werden.

INTERNATIONAL CHOCOLATE AWARDS
Die Verkoster neutralisieren ihren Gaumen nach jeder Probe mit Wasser und winzigen Stückchen kalter Polenta. Nach jeder Runde gibt es eine 40-minütige Pause, damit sich die Geschmacksknospen der Juroren erholen können.

WIE SOLL MAN SCHOKO-LADE AUFBEWAHREN?

Das Mindesthaltbarkeitsdatum hat nichts damit zu tun, wie lange Ihre Schokolade sich tatsächlich hält. Eine richtig gelagerte gute Schokolade übersteht mindestens ein Jahr, Pralinen und Trüffel mit frischer Sahne leiden bereits nach einer Woche.

SOLL MAN SCHOKO-LADE KÜHLEN?

Schokolade schmilzt bei rund 34 °C und es braucht nur einige Momente in der Sonne und die Kakaobutter schmilzt und tritt als Reif aus. Schokolade verlangt eine konstante, am besten kühle, Raumtemperatur zwischen 15 °C und 20 °C.

GEHÖRT SCHOKO-LADE IN DEN KÜHLSCHRANK?

Nein! Einer der größten Fehler bei der Aufbewahrung ist, Schokolade in den Kühlschrank zu legen. Dabei bildet sich Kondensfeuchtigkeit auf der Oberfläche, welche die Schokolade weich macht und den Zucker als Reif an die Oberfläche zieht.

WIE SIEHT ES MIT DEM KÜCHENSCHRANK AUS?

Ja, das ist okay, solange die Schokolade trocken in einer luftdicht schließenden Kunststoffdose liegt. Schokolade nimmt schnell Aromen aus der Umgebung an und sollte deshalb auch geschützt vor anderen, kräftig schmeckenden Schokoladen aufbewahrt werden.

WIE LAGERN DENN DIE EXPERTEN IHRE SCHOKOLADE?

Wenn es Ihnen ernst mit der Schokolade ist und Sie sich eine Sammlung anlegen wollen, hilft ein Weinkühlschrank. Moderne Geräte können auf 18 °C eingestellt werden, die ideale Lagertemperatur für Schokolade. Ersetzen Sie die Gitter durch Regalbretter und Sie haben die perfekte Aufbewahrung für Ihre Schokolade.

WIE SIND PRALINEN UND TRÜFFELN AUFZUBEWAHREN?

Schauen Sie immer aufs Etikett. Die meisten Manufakturen verwenden frische Sahne und verzichten auf Konservierungsstoffe, sodass sich ihre Produkte maximal 1–2 Wochen frisch halten. Diese Zeit lässt sich bei korrekter Lagerung etwas verlängern, aber beachten Sie das Verbrauchsdatum.

ICH WILL BOHNEN KAUFEN. WIE LAGERE ICH SIE AM BESTEN?

Kakaobohnen reagieren zwar nicht so empfindlich auf Temperaturschwankungen wie Schokolade, sollten aber kühl, trocken und geruchssicher verpackt sein. Ungeröstete Bohnen können Bakterien mitbringen, also am besten von gerösteten Bohnen, Kakaonibs und Schokolade trennen. Geröstete Bohnen und Nibs luftdicht verpacken.

SCHOKOLADEN-KREATIONEN

Werden Sie Ihr eigener Bean-to-Bar-Hersteller und meistern Sie Trüffeln, Bruchschokolade und Pralinen mit den detaillierten Anleitungen, die Sie bei jedem Schritt auf Ihrem Weg zum süßen Erfolgserlebnis begleiten.

VON DER BOHNE ZUR TAFEL

Stellen Sie Ihre eigene Zartbitterschokolade aus rohen Kakaobohnen her und passen Sie die Anleitung auch für Milch- und weiße Schokolade an.

Föhn

Melangeur

Milchpulver

Roh-Rohrzucker

Kakaobutter

Kakaobohnen

Schokoladenformen

Digitales Kochthermometer

Marmorplatte

Melangeur
Der Melangeur mahlt und conchiert geröstete Kakaobohnen zu flüssiger Schokolade. Es gibt mehrere Modelle für den Hausgebrauch, die vor allem im Onlinehandel angeboten werden.

Föhn
Der zum Reinigen und Temperieren wichtige Haartrockner ist eines der praktischsten Haushaltsgeräte für den Hobby-Chocolatier. Er sollte unbedingt eine Kaltstufe haben.

Milchpulver
Milchpulver braucht man nur, wenn man Milch- oder weiße Schokolade machen will. Es sollte keine Zusatzstoffe enthalten.

Roh-Rohrzucker
Sie können natürlich Raffinade verwenden, aber unraffinierter Zucker schmeckt einfach viel besser. Mahlen Sie ihn zusammen mit den Kakaonibs über längere Zeit zu flüssiger Schokolade.

Kakaobutter
Kakaobutter macht die Schokolade geschmeidig und einfacher zu verarbeiten. Sie wird geschmolzen und dann in den Melangeur gegeben.

Kakaobohnen
Die wichtigste Zutat für dunkle und Milchschokolade. Kaufen Sie die besten Bohnen, die Ihr Budget hergibt. Sie werden im Groß- und Einzelhandel in verschiedenen Packungsgrößen angeboten. Am besten schmecken sortenreine Bohnen aus Zentral- und Südamerika, der Karibik und Madagaskar.

Schokoladenformen
Sie können spezielle Kunststoffformen oder wiederverwendete Lebensmitteldosen zum Formen der temperierten Schokolade verwenden, wobei die professionellen Kunststoffformen sicherlich die beste Lösung sind.

Digitales Kochthermometer
Ein Thermometer ist beim Temperieren der Schokolade unerlässlich. Verwenden Sie ein digitales Thermometer mit Fühlerspitze, das die genauesten Messungen erlaubt.

Marmorplatte
Die von Chocolatiers verwendete Marmor- oder Granitplatte ist nicht zwingend nötig, erleichtert aber das Abkühlen der Schokolade beim Temperieren.

RÖSTEN

Der erste Schritt bei der professionellen Bean-to-Bar-Produktion ist das Rösten, mit dem man den natürlichen Geschmack der Kakaobohnen entwickelt. Spezialgeräte sind dabei entbehrlich. Temperatur und Dauer der Röstung hängen von der Bohnensorte, dem Ofen und dem persönlichen Geschmack ab (siehe den Kasten unten). Die Bohnen sollten nur nicht verbrennen.

SIE BRAUCHEN

ZEIT
10–30 Min.

AUSSTATTUNG
Föhn mit Kaltstufe oder Tischventilator

ZUTATEN
1 kg Kakaobohnen

2 Die Bohnen auf einem großen Backblech in einer Lage ausbreiten, damit sie gleichmäßig rösten. Das Blech in den vorgeheizten Ofen schieben und den Timer einstellen (siehe den Kasten unten).

ZEIT UND TEMPERATUR
Rösten Sie die Bohnen zunächst 20 Minuten bei 140 °C. Kosten Sie und passen Sie dann Zeit und Temperatur an – 10–30 Minuten und 120–160 °C sind gute Ausgangswerte für Experimente. Notieren Sie alle Zeiten, Temperaturen und Ergebnisse, damit Sie zuverlässige Erfahrungswerte bekommen.

1 Den Backofen vorheizen (siehe den Kasten rechts). Die Bohnen auf einem Brett oder Tablett ausbreiten und Verunreinigungen wie Zweige oder Steinchen entfernen. Alle beschädigten, flachen oder deutlich verfärbten Bohnen aussortieren.

DAS RÖSTEN SCHLIESST DEN GESCHMACK AUF, STERILISIERT DIE BOHNEN UND LÖST DIE SCHALEN.

Die Schale ist dünn wie Pergament und lässt sich leicht ablösen.

Der Nib ist meist dunkler als die Schale und zerkrümelt leicht.

3 Die fertig gerösteten Bohnen aus dem Ofen nehmen und auf ein kaltes Blech geben. Mit dem Föhn oder Ventilator einige Minuten kalte Luft über die Bohnen blasen, bis sie abgekühlt sind. Die Bohnen rösten weiter, solange sie heiß sind, deshalb den Vorgang so schnell wie möglich abbrechen.

4 Eine Bohne mit den Fingern auseinander- brechen. Die Schale wegwerfen und ein Stück des Kerns probieren. Wenn der Nib zu rauchig schmeckt, wurden die Bohnen zu lange geröstet und die nächste Portion muss etwas kürzer rösten. Schmeckt der Nib zu sauer oder grasig, müssen die Bohnen eine oder zwei Minuten länger rösten.

BRECHEN UND REINIGEN

Der nächste Schritt nach dem Rösten ist das Brechen und »Worfeln«. Dieses alte Wort bezeichnet das Entfernen der dünnen Schalen der Kakaobohnen mit einem Luftstrom, sodass nur die Nibs übrigbleiben. Für den Hobby-Chocolatier geht das am besten, indem er die Bohnen klein bricht und die leichteren Schalen mit einem Föhn von den schwereren Kernen oder Nibs trennt.

SIE BRAUCHEN

ZEIT
35–40 Min.

AUSSTATTUNG
großer Gefrierbeutel
Föhn mit Kaltstufe

ZUTATEN
rd. 1 kg Kakaobohnen, sortiert,
  geröstet und abgekühlt
  (siehe S. 140–141)

1 Einige Handvoll Bohnen in einen großen Gefrierbeutel geben und mit einer Teigrolle klein klopfen, ohne den Beutel zu beschädigen, bis alle Bohnen aufgebrochen sind. Man kann die Bohnen auch in einer großen Schüssel mit der Teigrolle zerstoßen.

2 Die Bohnen in eine große Schüssel füllen und den Föhn auf Kaltluft stellen. Den Luftstrom langsam über die Schüssel führen, um die Schalen von der Oberfläche der Bohnen zu blasen. Da dieser Schritt sehr viel Schmutz verursacht, führt man ihn am besten im Freien aus.

DIE KAKAONIBS

Das Wort »Nib« beschreibt schlicht eine gebrochene und geschälte Kakaobohne. Man kann Nibs herstellen, indem man die Bohnen selbst röstet, bricht und reinigt, man kann sie aber ebenso fertig kaufen. Sie sind auch eine schön knusprige Zutat für herzhafte und süße Rezepte, die zudem reich ist an gesunden Antioxidanzien.

DURCH DAS WORFELN WERDEN AUS KAKAO-BOHNEN KAKAONIBS.

DIE SCHALEN

Einige Schokoladenhersteller bereiten einen Kakao-schalentee aus der Umhüllung, manche nutzen sie als Gartenmulch. Wenn Sie Schokolade machen, entsorgen Sie die Schalen am besten, da sie unter Umständen bei Fermentation und Trocknung verunreinigt wurden. Da Schokolade für manche Tiere, vor allem für Hunde, giftig ist, sollten Sie sie besser nicht im Garten verwenden, sondern in den Müll geben.

3 Die Schüssel sanft schütteln, um mehr Schalen an die Oberfläche zu bringen, und den Föhn in verschiedenen Winkeln über die Bohnen führen, ohne die Nibs aus dem Gefäß zu blasen. Ganz gebliebene Bohnen absammeln und mit der Teigrolle brechen.

4 Weiter rühren oder die Schüssel schütteln und Schalen von den Bohnen blasen. Nach 15–20 Minuten sollten die meisten Schalen entfernt sein und die verbleibenden Schalen lassen sich mit der Hand absammeln.

MAHLEN UND CONCHIEREN

Damit aus Kakaonibs Zartbitterschokolade wird, müssen Sie sie mit Zucker mahlen. Durch die Reibungswärme im Melangeur schmilzt die Kakaobutter in den Nibs und verwandelt sie in flüssige Schokolade. Das unablässige Rühren conchiert die Schokolade und lässt Feuchtigkeit und unerwünschte flüchtige Stoffe verdunsten.

Nach und nach die Nibs in den Melangeur geben.

SIE BRAUCHEN

ZEIT
mindestens 24 Std.

AUSSTATTUNG
Melangeur (siehe S. 139)

Föhn

ZUTATEN
800 g geröstete Kakaonibs (siehe S. 140–143)

400 g Roh-Rohrzucker

125 g Kakaobutter

15 g pulverisierte Aromaten (nach Belieben, siehe S. 148)

1 Den Melangeur einschalten und langsam in kleinen Portionen die Kakaonibs in den Kessel geben. Den Motor dabei die ganze Zeit laufen lassen.

ERFOLGSREZEPTE

Hier sind einige Rezeptvorschläge für den Einstieg. Wiegen Sie alle Zutaten ab, bevor Sie beginnen, auch die Kakaonibs. Berechnen Sie die Zucker- und Milchpulvermengen sorgfältig und machen Sie sich Notizen, damit Sie später alle Schritte nachvollziehen können.

LEGENDE

■ Kakaonibs   □ Milchpulver
■ Kakaobutter ■ Roh-Rohrzucker

ZARTBITTERSCHOKOLADE

30 %
10 %
60 %

MILCHSCHOKOLADE

20 %
35 %
15 %
30 %

WEISSE SCHOKOLADE

30 %
35 %
35 %

2 Aufgestaute Schokolade mit einem Silikonspatel von den Walzen schaben. Den Kessel einige Minuten von innen und außen mit dem Föhn anwärmen. Dadurch schmelzen die Nibs schneller und es entstehen weniger Blockaden.

Das steckt dahinter

Durch das Mahlen reduzieren sich nach und nach die Kakao- und Zuckerpartikel auf weniger als 30 μm (0,03 mm). Dadurch wird die Schokolade glatt und die Zunge kann keine einzelnen Teilchen mehr unterscheiden. Beim Conchieren findet eine chemische Reaktion statt, die flüchtige Stoffe eliminiert, die Säure verringert und der Schokolade einen runden, raffinierten Geschmack verleiht.

Den Zucker langsam hinzugeben, damit der Melangeur nicht blockiert.

Ein wenig Kakaobutter macht die Schokolade geschmeidiger und leichter zu bearbeiten.

4 Die Kakaobutter in einem hitzebeständigen Messbecher 15 Minuten im 50 °C warmen Backofen schmelzen. Die Butter nicht überhitzen, da sie sonst die Schokolade verbrennen kann. Nach und nach in den Melangeur gießen.

3 Nach 1–2 Stunden werden die Nibs geschmolzen sein. Jetzt nach und nach den Zucker einstreuen. Nicht zu schnell hinzufügen, da der Melangeur blockieren kann, wenn die Mischung zu dickflüssig wird.

5 Für aromatisierte oder Milchschokolade Milchpulver und/oder Aromapulver zur Schokolade geben (siehe S. 148) und weiter conchieren. Die pulverisierten Zutaten zunächst in kleinen Mengen hinzufügen und nach und nach die gewünschte Menge einarbeiten.

Die Schokolade auf Geschmack und Textur prüfen.

DIE EXTRAS

Manche Schokoladenhersteller geben Vanille für den Geschmack oder auch Lecithin als Emulgator zu ihrer Schokolade hinzu. Keine dieser Zutaten ist für die Herstellung zu Hause wichtig. Wenn Sie sie aber verwenden möchten, nehmen Sie lieber Pulver statt flüssiger Zutaten. Feuchtigkeit kann die Schokolade stocken lassen und unbrauchbar machen.

6 Idealerweise sollte der Melangeur mindestens 24 Stunden laufen. Die Schokolade währenddessen mehrfach probieren, um die Entwicklung von Geschmack und Textur im Auge zu behalten und zu entscheiden, ob weitere Gaben der zusätzlichen Zutaten nötig sind.

DAS MAHLEN DER BOHNEN SETZT KAKAO-
BUTTER FREI, RAFFINIERT DIE NIBS UND
DEN ZUCKER ZU WINZIGEN PARTIKELN UND
CONCHIERT DIE SCHOKOLADE.

8 Die Schokolade in eine große Plastikwanne füllen und so viel Schokolade wie möglich mit dem Spatel aus dem Kessel schaben. Die Wanne abdecken und die Schokolade abkühlen und fest werden lassen. Nicht in den Kühlschrank stellen, wo sich Kondenswasser bilden könnte. Die Schokolade nach Wunsch vor dem Temperieren reifen lassen (siehe S. 149).

7 Sobald die Schokolade fertig ist, den Melangeur ausschalten und die Schokolade aus dem Kessel holen. Manche Melangeure können dafür gekippt werden, bei anderen muss man den Kessel abnehmen und die Schokolade ausgießen.

MEHR GESCHMACK?

Sobald Sie die Kakaonibs mit Zucker, Kakaobutter und eventuell auch Milchpulver vermischt haben, können Sie sich zurücklehnen und den Melangeur arbeiten lassen. Sie können jetzt aber auch beginnen, mit Aromen zu experimentieren (siehe Schritt 5, S. 146).

Verwenden Sie am besten Zutaten, die gut zu den natürlichen Noten des Kakaos passen. Manche Bohnen sind zitrustönig und säuerlich, während andere eher erdige oder blumige Noten besitzen, und zusätzliche Aromen sollten immer mit der Schokolade wirken und nie gegen sie. Nehmen Sie ausschließlich Pulver und niemals Flüssigkeiten, da es nur einige Tropfen braucht, um die Schokolade vollständig stocken zu lassen.

Geben Sie die Pulver, wie Gewürze und gefriergetrocknete Früchte, in Schritt 5 des Mahlens und Conchierens (siehe S. 146) in den Melangeur. Die Pulverteilchen werden zusammen mit dem Kakao und dem Zucker raffiniert, sodass die Schokolade wunderbar glatt wird. Geben Sie immer nur kleine Dosen hinzu und probieren Sie regelmäßig. Sie können immer noch mehr hinzugeben, aber Sie können nichts mehr herausnehmen! Gröbere Zutaten, wie Nüsse und Trockenobst, werden hinzugegeben, sobald die Schokolade gemahlen, conchiert und temperiert ist (siehe S. 156–157).

Meersalz verstärkt viele andere Geschmacksnoten.

Gefriergetrocknetes Himbeerpulver passt gut zu fruchtigen Noten der Schokolade.

Chilipulver verleiht Schokolade mit hohem Kakaoanteil eine schöne Schärfe.

Gefriergetrocknetes Passionsfruchtpulver ist säuerlich-erfrischend und und durchbricht die Reichhaltigkeit der Schokolade.

Lakritzpulver passt gut zu einer cremigen Schokolade.

DAS GROSSE WARTEN

Die Geschmacksentwicklung ist mit dem Ende des Mahlens und Conchierens nicht abgeschlossen. Fortgeschrittene Schokoladenmacher lassen ihre Schokolade einige Wochen reifen, bevor sie sie weiterverarbeiten. Wenn Sie Schokolade von der Bohne bis zur Tafel und ohne Zusatz- oder Konservierungsstoffe machen, entwickelt sich der Geschmack noch über eine lange Zeit weiter. Stürzen Sie den fest gewordenen Schokoladenblock aus dem Behälter, schlagen Sie ihn in Frischhaltefolie ein und lassen Sie ihn 2–3 Wochen an einem kühlen, trockenen Ort liegen. Dieser Schritt ist nicht wirklich unerlässlich, verleiht der Schokolade aber einen konsistenteren und ausgereifteren Geschmack. Die meisten Manufakturen lagern ihre Schokolade als Block mehrere Wochen, bevor sie sie temperieren und zu Tafeln gießen.

EINE MEHR-WÖCHIGE REIFUNG SORGT FÜR EINEN KONSISTENTEREN GESCHMACK.

Schokolade nimmt Umgebungsgerüche schnell an und sollte vor starken Noten und Aromen geschützt lagern. Sie können diese Eigenschaft aber auch nutzen, um sie zu aromatisieren, indem Sie sie zusammen mit anderen Zutaten luftdicht verpacken. Manufakturen lassen ihre Schokolade beispielsweise gerne auf Dauben von Whiskyfässern reifen, die ihr mit der Zeit eine subtile Whiskynote verleihen.

TEMPERIEREN

Durch meisterhaftes Temperieren stellen Sie glänzende, haltbare Tafeln und Pralinen her. Erhitzen, Abkühlen und erneutes Erhitzen verändert die Kristallstruktur der Schokolade (siehe Kasten rechts). Schmelzen Sie sie über dem Wasserbad und erwärmen Sie sie entweder mit dem Föhn oder verstreichen Sie sie auf einer Hitze absorbierenden Fläche (siehe S. 152–153).

DIE MODERNE METHODE

Beim Temperieren zu Hause ist es am einfachsten, die Schokolade über einem Topf mit köchelndem Wasser (einem »Bain-Marie«) zu erhitzen, abkühlen zu lassen und dann mit einem Föhn zu erhitzen. Keine Sorge, wenn das nicht perfekt gelingt, Sie können die Schokolade so oft temperieren, wie Sie wollen. Es darf kein Dampf oder Wasser an die Schokolade gelangen, da sie sonst stockt und unbrauchbar wird.

SIE BRAUCHEN

ZEIT
1 Std.

AUSSTATTUNG
digitales Kochthermometer
Föhn

ZUTATEN
500 g Zartbitterschokolade,
grob gehackt

1 Die Schokolade über dem heißen Wasserbad schmelzen: Eine hitzebeständige Schüssel über einen Topf mit sanft siedendem Wasser stellen, ohne dass sie das Wasser berührt. Die schmelzende Schokolade alle 2 Minuten mit einem Silikonspatel umrühren.

2 Wenn die Schokolade vollständig geschmolzen ist, die Temperatur beständig im Auge behalten – die regelmäßige Temperaturkontrolle ist extrem wichtig. Die Schokolade immer wieder mit dem Spatel umrühren, bis sie 45 °C erreicht.

3 Sobald die Schokolade 45 °C (oder die für die jeweilige Schokoladensorte richtige Temperatur) erreicht hat (siehe den Kasten oben), die Schüssel sofort auf einen Topf mit kaltem Wasser setzen und rühren, damit die Schokolade abkühlt.

Das steckt dahinter

Chemisch gesehen ist Schokolade eine Suspension aus Kakao- und Zuckerpartikeln in Kakaobutterkristallen. Sie enthält verschiedene Arten von Kakaobutterkristallen: Typ I–VI. Jeder besitzt ganz bestimmte Eigenschaften, aber nur der Typ V gibt Glanz und Bruch einer guten Schokolade. Beim Temperieren erhitzt man bis zum Schmelzpunkt aller Kristalltypen, beim Abkühlen bilden sich die Typen IV und V. Neuerliches Erhitzen lässt die Kristalle des Typs IV schmelzen, sodass nur der Typ V übrig bleibt. Typ VI entsteht beim Temperieren nicht.

DIE TEMPERATURSTUFEN

Die Temperaturen können je nach Bohnensorte und den übrigen Zutaten leicht variieren. Hier sind einige Richtwerte für Zartbitter-, Milch- und weiße Schokolade.

LEGENDE
- ■ Zartbitterschokolade
- ■ Milchschokolade
- □ weiße Schokolade

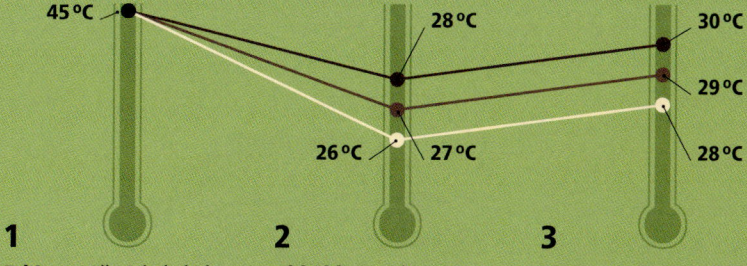

45 °C — 28 °C — 30 °C
29 °C
26 °C — 27 °C — 28 °C

1
Erhitzen Alle Schokoladensorten sollten anfangs bei 45 °C geschmolzen werden.

2
Abkühlen Zu diesem Zeitpunkt bilden sich die Kristalltypen IV und V.

3
Temperieren Die Kristalle des Typs IV schmelzen und die des Typs V bleiben übrig.

4 Die Temperatur sorgfältig beobachten. Wenn Sie auf 28 °C sinkt, die Schüssel vom Topf heben und die Schokolade sanft mit dem Föhn auf niedriger Stufe erwärmen. Unablässig mit dem Spatel rühren und aufpassen, dass sie nicht zu warm wird.

5 Wenn die Temperatur 30 °C erreicht, sollte die Schokolade temperiert und bereit zur Verwendung sein. Die Temperatur unter häufigem Rühren halten und die Schokolade testen: Ein kleines Stück Backpapier hineintauchen und kurz zum Festwerden in den Kühlschrank legen.

6 Nach drei Minuten sollte die Schokolade am Papier fest und glänzend sein. Wenn sich Streifen oder graue Schleier bilden, den Vorgang mit Schritt 1 von vorne beginnen. Erfolgreich temperierte Schokolade sofort verarbeiten.

DIE TRADITIONELLE METHODE

Bei der traditionellen Technik des Temperierens erhitzt man die Schokolade über dem heißen Wasserbad und kühlt sie auf einer Marmorplatte langsam wieder ab. Diese Technik ist anspruchsvoll, aber man kann jederzeit von vorne beginnen. Mit etwas Übung erkennt man die Textur perfekt temperierter Schokolade.

SIE BRAUCHEN

ZEIT
30 Min.

AUSSTATTUNG
saubere und trockene Marmor- oder Granitplatte

digitales Kochthermometer

Palettenmesser oder Teigschaber (nach Belieben)

ZUTATEN
500 g Zartbitterschokolade, grob gehackt

1 Die Schokolade über dem heißen Wasserbad schmelzen: Eine hitzebeständige Schüssel über einen Topf mit sanft siedendem Wasser stellen, ohne dass sie das Wasser berührt. Die schmelzende Schokolade alle 2 Minuten mit einem Silikonspatel umrühren.

2 Wenn die Schokolade vollständig geschmolzen ist, die Temperatur beständig im Auge behalten – die regelmäßige Temperaturkontrolle ist extrem wichtig. Die Schokolade immer wieder mit dem Spatel umrühren, bis sie 45 °C erreicht.

TEMPERIEREN IN DER MIKROWELLE

Wenn Sie mit gekaufter Schokolade in Form von Tafeln oder Kuvertüre arbeiten, können Sie auch die Mikrowelle zum Temperieren verwenden. Erhitzen Sie die Schokolade in einer geeigneten Schüssel und rühren Sie sie alle 20 Sekunden gründlich durch. Sobald sie schmilzt, verkürzen Sie dieses Intervall auf 10 Sekunden. Die Temperatur darf nicht über 30 °C steigen. Fahren Sie fort, bis die Schokolade bis auf einige kleine Stückchen geschmolzen ist. Rühren Sie sie gründlich glatt und glänzend.

3 Zwei Drittel der Schokolade auf die Marmor- oder Granitplatte gießen, den Rest warm stellen. Die Schokolade sofort unablässig mit einem Palettenmesser oder Teigschaber auf der Platte verstreichen und wieder zusammenschieben.

DIE SCHOKOLADE AUF DEM MARMOR BEWEGEN, DAMIT SIE GLEICHMÄSSIG ABKÜHLT.

4 Die Schokolade in Bewegung halten, damit sie gleichmäßig abkühlt. 2–3 Minuten hin und her bewegen, bis sie andickt und auf 28 °C abgekühlt ist.

5 Die temperierte Schokolade zurück in die Schüssel geben und verrühren. Die Schüssel über das siedende Wasser setzen und erhitzen, bis die Schokolade 30 °C erreicht und glatt und glänzend ist. Die Schokolade überprüfen (siehe S. 151) und sofort weiterverarbeiten.

TAFELN UND PLATTEN

Attraktive, professionell aussehende Tafeln herzustellen ist wesentlich einfacher, als Sie denken. Und es ist die schönste Art, Ihre aus Bohnen selbst gemachte Schokolade zu präsentieren – nichts lenkt vom natürlichen Geschmack ab. Verwenden Sie möglichst hochwertige Formen für perfekte Resultate (siehe S. 139).

SIE BRAUCHEN

ZEIT
15 Min., plus Abkühlzeit

AUSSTATTUNG
Schokoladenform
(siehe S. 139)

ZUTATEN
300 g Schokolade, tempe-
riert (siehe S. 150–153;
die genaue Menge hängt
vom Fassungsvermögen
der Form ab)

ERGIBT
etwa 6 kleine Tafeln

1 Die Form sollte sauber und trocken sein (siehe den Kasten unten). Die temperierte Schokolade vorsichtig mit einer Kelle in die Form füllen. In der Mitte beginnen und die Schokolade mit der Kelle sanft zu den Rändern hin verstreichen.

2 Wenn die Form Vertiefungen für mehrere Tafeln hat, alle nach und nach füllen. Schließlich die Form mehrmals fest auf dem Tisch aufsetzen, um Luftblasen zu entfernen. Die Form dabei gerade halten und die Schokolade nicht überschwappen lassen.

PFLEGE DER FORMEN

Waschen Sie die Formen vor dem ersten Gebrauch sanft mit warmem Seifenwasser aus. Verwenden Sie keinen rauen Schwamm, da die Kratzer auf der Schokolade zu sehen sind. Trocknen Sie die Formen mit einem weichen Handtuch ab. Waschen Sie sie nicht nach jedem Gebrauch aus, sondern reiben Sie sie sanft mit Küchenpapier, Stoff oder Watte aus. Der Kakaobutterfilm verleiht der Schokolade beim nächsten Mal einen schönen Glanz.

PLATTEN

Sie können auch große Plastikwannen als Form verwenden: 675 g Schokolade ergeben eine 20 × 14 cm große und 2 cm dicke Platte. Träufeln Sie für eine schöne Marmorierung ein wenig geschmolzene andersfarbige Schokolade auf die erstarrende Platte und ziehen mit einem Zahnstocher Muster durch die Mischung.

3 Die befüllte Form 20–30 Minuten zum Festwerden in den Kühlschrank stellen. Nicht länger im Kühlschrank lassen, da sich sonst Kondenswasser auf der Oberfläche sammelt. Sobald die Schokolade fest ist, löst sie sich von den Rändern der Form und lässt sich leicht lockern.

4 Ein sauberes Schneidebrett oder Backblech auf die Form legen. Form und Brett mit den Fingern fest zusammenhalten und dann wenden. Die Tafeln sollten von selbst aus der Form fallen und ihre – dank perfekter Temperierung – glänzende Oberfläche präsentieren.

MEHR GESCHMACK

Sobald die Schokolade temperiert ist, können Sie mit zusätzlichen Zutaten experimentieren. Rühren Sie gehackte Früchte, Nüsse oder Gewürze in die flüssige Schokolade, bestreuen Sie Tafeln in der Form oder machen Sie leckere Bruchschokolade. Probieren Sie die Schokolade und wählen Sie dann Zutaten, die zu ihren natürlichen Noten passen.

BRUCHSCHOKOLADE

Bruchschokolade ist eine dünne, mit zusätzlichen Zutaten bestreute Schokoladenplatte, die äußerst vielseitig ist und einfach herzustellen. Bunt bestreute Bruchschokolade ist auch ein wunderbares Geschenk – gießen Sie die temperierte Schokolade einfach auf ein Backpapier und bestreuen Sie sie mit Zutaten nach Wunsch (siehe gegenüber).

SIE BRAUCHEN

ZEIT
10 Min., plus Zeit zum Aushärten

ZUTATEN
400 g Zartbitterschokolade, temperiert (siehe S. 150–153)

je 1 Handvoll Pistazien und Pekannüsse, gehackt

1 Handvoll getrocknete Cranberrys

2 TL Meersalzflocken

ERGIBT
1 große Platte Bruchschokolade

1 Ein Backblech mit Backpapier auslegen. Die temperierte Schokolade mit der Kelle in die Mitte geben und von selbst in die Breite fließen lassen. Das Blech mehrfach fest auf die Arbeitsfläche aufsetzen, um die Oberfläche zu glätten und Luftblasen zu entfernen.

2 Pistazien, Pekannüsse, Cranberrys und Meersalz (oder Zutaten nach Wahl, siehe gegenüber) auf die Oberfläche der Schokolade streuen. Schnell arbeiten und alle Zutaten einstreuen, bevor die Schokolade zu erstarren beginnt. 20–30 Minuten im Kühlschrank fest werden lassen.

PERFEKTE MISCHUNG

Experimentieren Sie mit leckeren, dekorativen Belägen auf dunkler, weißer und Milchschokolade. Achten Sie dabei aber ebenso auf die Textur wie auf den Geschmack. Knusprige Zutaten, wie Nüsse, zerbröselte Kekse und Brezeln, passen sehr gut zur glatten Textur der Schokolade. Bunten Juwelen gleichende Trockenfrüchte und kräftige Aromen, wie Chiliflocken und Orangenschale, verleihen der Schokolade sowohl Geschmack als auch Farbe.

Zartbitterschokolade
mit weißer Schokolade, zerkrümelten Salzbrezeln, Chiliflocken und Meersalz

Milchschokolade
mit Haselnüssen und Rosinen

3 Die feste Schokolade aus dem Kühlschrank nehmen und in große, unregelmäßige Stücke brechen. Bruchschokolade hält sich luftdicht verpackt an einem kühlen, trockenen Ort je nach gewählten Zutaten bis zu 3 Monate.

Weiße Schokolade
mit gehackten gerösteten Mandeln und gefriergetrockneten Himbeerstückchen

Blick hinter die Kulissen | Dom Ramsey

DER BEAN-TO-BAR-HERSTELLER

Dom Ramsey ist Schokoladenexperte und Gründer von Damson Chocolate, einem Boutique-Hersteller von Bean-to-Bar-Schokolade in London. Ramsey experimentiert mit neuen Geschmacksrichtungen und Zutaten und bezieht seine Bohnen direkt von Pflanzern in renommierten Anbaugebieten, wie Madagaskar, Tansania und Brasilien.

Startete 2006 seinen Blog *Chocablog*

Macht seit 2014 Bean-to-Bar-Schokolade

Gewann drei Preise der Academy of Chocolates

Nachdem er mehr als zehn Jahre lang über Schokolade geschrieben hatte, beschloss Ramsey, seine eigene Schokolade herzustellen. 2015 gründete er Damson Chocolate und fertigt heute im Norden Londons edle Schokoladen in kleiner Auflage. Damson Chocolate stürmt von Erfolg zu Erfolg und konnte bei den Academy of Chocolate Awards 2015 drei Preise erringen, darunter »The One to Watch«.

Ramsey kauft seine Kakaobohnen im direkten Kontakt mit Pflanzern und liebt das Gespräch mit den Kunden seines Geschäfts. Er produziert eine Reihe Zartbitter- und dunkler Milchschokoladen und experimentiert mit Zutaten wie Büffelmilchpulver und Anglesey-Meersalz.

Damson Chocolate und die wachsende Zahl kleiner Bean-to-Bar-Hersteller in aller Welt sehen einer glänzenden Zukunft entgegen, da die Nachfrage bei den Kunden nach Nachhaltigkeit, ethischer Produktion und kontrollierter Herkunft wächst. Als Schokoladenhersteller kann Dom Ramsey seinen Kunden genau sagen, wo jede seiner Zutaten herkommt und wie sie erzeugt wurde – ein Ethos, das von vielen als die Zukunft der Schokoladenindustrie gesehen wird.

HERAUSFORDERUNGEN
Wie für viele Start-up-Unternehmen ist auch für Damson Chocolate der Cashflow ein Problem. Es kann durchaus schwierig sein, kleine Mengen hochwertiger Kakaobohnen zu kaufen, denn Ramsey kommt mit zwei 65-kg-Säcken lange hin, während die meisten Händler lieber mit Kunden Geschäfte machen, die mehrere Tonnen auf einmal abnehmen. Ramsey war dadurch gezwungen, ganz neue Kontakte mit Pflanzern und Kooperativen aufzubauen.

DURCH DEN TAG MIT DOM
Je nach Stadium der Schokoladenherstellung übernimmt Ramsey diverse Arbeiten in der Küche – er sortiert, röstet, bricht, reinigt und mahlt Kakaobohnen, stellt Proben zusammen, verkostet und arbeitet unablässig an seinen Rezepten, um sie stetig zu optimieren.

KUNDENKONTAKT
Ramsey liebt den direkten Kontakt zu den Kunden seines Geschäfts, denen er gerne die Bean-to-Bar-Herstellung und die Besonderheiten seiner Schokolade erklärt.

DAMSON-SCHOKOLADEN
Bei Ramsey dürfen die Kunden die Schokolade vor dem Kauf in Ruhe probieren, um die unterschiedlichen Geschmacksnoten und Intensitäten kennenzulernen.

TEMPERIERKESSEL
Ramsey temperiert seine Schokolade in einem Temperierkessel, der sie auf präzise gewählte Temperaturen erhitzt und abkühlt.

REIFENDE UNTEMPERIERTE SCHOKOLADE
In der reifenden Schokolade können sich die Geschmacksnoten entfalten. Die Etiketten informieren darüber, wann und aus welchen Zutaten die Schokolade gemacht wurde.

GANACHE

Im Zentrum vieler Schokoladenrezepte steht eine simple Ganache: eine Mischung aus geschmolzener Schokolade und Sahne. Dieses Rezept ergibt eine Ganache für Pralinen- und Tortenfüllungen. Experimentieren Sie mit Noten und Texturen, wenn Sie das Grundrezept beherrschen.

SIE BRAUCHEN

ZEIT
15 Min., plus Abkühlzeit

ZUTATEN
200 g Sahne

200 g hochwertige Zartbitterschokolade, klein gebrochen

ERGIBT
400 g Ganache

1 Die Sahne bei schwacher Hitze sanft erwärmen. Sie darf nicht aufkochen.

2 Den Topf vom Herd nehmen, die Schokolade stückchenweise hineingeben und gründlich mit einem Silikonspatel verrühren.

VERHÄLTNISSE

Sie können die Konsistenz der Ganache bei diesem Rezept über die Sahnemenge steuern. Weichere Ganache eignet sich eher für Saucen, während sich festere in Stücke schneiden und mit temperierter Schokolade überziehen lässt. Geben Sie für die glänzende Ganache-Glasur einer Torte 20 g ungesalzene Butter zusammen mit der Schokolade hinzu.

AROMEN

Ganache eignet sich hervorragend als Träger für Aromaten, wie z. B. Fruchtsauce, Likör, gehackte Nüsse oder Nussbutter. Bei flüssigen Aromaten nehmen Sie am besten solche auf Alkohol- oder Ölbasis, da Zusätze auf Wasserbasis die Ganache stocken lassen. Geben Sie die Aromaten zusammen mit der Schokolade zum Rezept und passen Sie die Konsistenz über die Sahnemenge an.

3 Sobald die Schokolade vollständig geschmolzen ist und mit der Sahne eine glatte Ganache bildet, die Mischung in eine Schüssel umfüllen.

4 Die Ganache vor der Verwendung etwa 1 Stunde im Kühlschrank abkühlen lassen. Sie hält sich abgedeckt im Kühlschrank bis zu 1 Woche.

TRÜFFELN ROLLEN

Eine zarte Ganache, in knackige Schokolade gehüllt – eine Trüffel verführt durch ihre kontrastierenden Texturen. Rollen Sie die Füllung von Hand und tauchen Sie sie in temperierte Schokolade, die der Ganache eine längere Haltbarkeit schenkt. Mit etwas Geduld – und auch ein wenig Manscherei – erlernt jeder diese Technik, mit der sich professionell wirkende Trüffeln zaubern lassen.

SIE BRAUCHEN

ZEIT
30 Min., plus Kühl- und Aushärtzeit

AUSSTATTUNG
Spiralgabel (optional)

ZUTATEN
400 g zimmerwarme Ganache
  (siehe S. 160–161)
500 g hochwertige Zartbitterschokolade,
  grob gehackt

ERGIBT
30–35 Trüffel

1 Ein Backblech mit Backpapier auslegen. Mit zwei Teelöffeln etwa walnussgroße Ganache-Nocken abstechen und auf das Blech setzen. Fortfahren, bis alle Ganache aufgebraucht ist. 10 Minuten im Kühlschrank kalt stellen.

2 Die Trüffeln aus dem Kühlschrank nehmen und nacheinander in der Hand zu gleich großen Kugeln rollen. Schnell arbeiten, damit die Ganache nicht schmilzt. Die Kugeln auf dem Blech aufreihen und weitere 15 Minuten in den Kühlschrank stellen.

3 Währenddessen die Schokolade wie auf S. 150–153 beschrieben temperieren und ein zweites Blech mit Backpapier auslegen.

4 Die Ganachekugeln aus dem Kühlschrank nehmen, je eine davon auf die Spiralgabel oder eine Küchengabel legen und vollständig in der Schokolade untertauchen. Eine Gabel hinterlässt dabei Rillen in der Schokolade, die mit der Spiralgabel dank des dünnen Drahts nicht entstehen.

5 Die vollständig überzogene Kugel vorsichtig herausheben und abtropfende Schokolade am Schüsselrand abstreifen. Die Trüffel sanft über den Rand der Gabel auf das Backblech gleiten lassen. Mit den übrigen Ganachekugeln wiederholen.

6 Die Trüffeln 15 Minuten im Kühlschrank fest werden lassen, aber nicht dort lagern, da Kondenswasser der Oberfläche schaden kann. Die Trüffeln halten sich luftdicht verpackt an einem kühlen, dunklen Ort bis zu 7 Tage.

DIE TRÜFFELN VOLLSTÄNDIG IN DER SCHOKOLADE UNTERTAUCHEN.

PRALINEN FORMEN

Gefüllte Pralinen – die Domäne professioneller Chocolatiers – lassen sich in einfacher Form auch zu Hause herstellen. Schließlich handelt es sich schlicht um eine Schokoladenhülle mit leckerer Füllung: bei uns eine Ganache, die Sie auch nach Belieben aromatisieren können (siehe S. 161).

SIE BRAUCHEN

ZEIT
35 Min., plus Temperieren und Aushärten

AUSSTATTUNG
Pralinenform mit 24 Mulden

Palettenmesser

2 Einwegspritzbeutel

glatte 1-cm-Tülle

ZUTATEN
300 g hochwertige Zartbitterschokolade, klein gebrochen

400 g zimmerwarme Ganache (siehe S. 160–161)

ERGIBT
24 Pralinen

1 250 g Schokolade wie auf S. 150–153 beschrieben temperieren. Die Mulden der Form mit einer Kelle vollständig mit der temperierten Schokolade füllen. Die Form mehrfach fest auf den Tisch aufsetzen, um Luftblasen zu entfernen.

2 Überschüssige Schokolade mit dem Palettenmesser von der Oberfläche abstreifen. Schnell arbeiten, damit die Schokolade inzwischen nicht fest wird.

3 Die Schokolade aus der umgedrehten Form in die Schüssel zurücklaufen lassen, sodass nur ein dünner Überzug in den Mulden bleibt. Die Oberfläche sauber mit der Palette abstreifen. Die Form fest auf den Tisch aufsetzen, damit sich die Schokolade gleichmäßig verteilt.

4 Die Schokolade 1–2 Minuten fest werden lassen, dann die Form umgedreht auf ein mit Backpapier ausgelegtes Backblech legen und 20 Minuten in den Kühlschrank stellen, bis die Pralinenhüllen vollständig fest sind.

5 Die Spitze eines der Spritzbeutel abschneiden und die Tülle von innen durch das Loch schieben. Den Beutel mit Ganache füllen, zur Spitze hinschieben und das offene Ende zudrehen. Die Ganache sorgfältig bis etwa 3 mm unter den Rand in die Hüllen spritzen.

6 Die Form weitere 20 Minuten kalt stellen, damit die Füllung fest werden kann. In der Zwischenzeit die restliche Schokolade temperieren und in den zweiten Spritzbeutel füllen. Die Pralinen aus dem Kühlschrank nehmen und jeweils mit einer dünnen Schicht Schokolade verschließen. Die Form fest auf den Tisch aufsetzen und nochmals 20 Minuten kühlen.

7 Die ausgehärteten Pralinen auf ein mit Backpapier ausgelegtes Backblech stürzen. Sie sollten sich leicht aus der Form lösen. Andernfalls sanft gegen die Form klopfen, um sie zu lösen. Die Pralinen halten sich luftdicht verpackt am einem kühlen, dunklen Ort bis zu 7 Tage.

MIT SCHOKOLADE KOCHEN

Verwenden Sie zum Kochen und Backen nur die beste Schokolade, die Ihr Budget hergibt. Die richtige Schokolade kann den einfachsten Kuchen und das simpelste Gericht zu einem sensationellen Genuss machen, vor allem, wenn die anderen Zutaten den Geschmack der Schokolade unterstreichen.

DIE RICHTIGE SCHOKOLADE

Anders, als Sie vielleicht glauben, erzielen Sie mit »Kochschokolade« oder »Backschokolade« keineswegs die besten Resultate. Diese Produkte enthalten meist nur einen geringen Anteil – auch noch minderwertiger – Kakaotrockenmasse, dafür aber viel Zucker und andere Zusätze. Da hochwertige Schokolade aber nun einmal teuer ist, können Sie auch zu einer guten, preiswerteren Kuvertüre (siehe den Kasten gegenüber) greifen, wenn Sie regelmäßig backen.

VEREDELN SIE IHRE GERICHTE MIT DER SCHOKOLADE, DIE SIE AUCH GERNE ESSEN.

Blick aufs Etikett

Achten Sie bei Ihrer Schokolade auf die Liste der Inhaltsstoffe, die möglichst kurz sein sollte. Meiden Sie solche mit Pflanzenfetten, wie Palmöl, und künstlichen Aromastoffen oder Vanillin.

ZUTATEN
Kakaomasse,
Kakaobutter,
Zucker, Milchpulver,
Emulgator (Lecithin).

Die Zahlen zählen

Achten Sie auf einen hohen Kakaoanteil. Wenn Sie Zartbitterschokolade für Ihr Rezept brauchen, sollte die Tafel mindestens 70 % Kakaoanteil haben, es sei denn, das Rezept besagt etwas anderes. Milchschokolade sollte mindestens 30 % Kakaoanteil haben.

30 %

70 %

KUVERTÜRE

Professionelle Patissiers und Chocolatiers verwenden für ihre Kreationen gerne Kuvertüre, die einen etwas höheren Kakaobutteranteil als eine normale Schokoladentafel hat und dadurch leicht zu bearbeiten ist. Zudem gibt sie temperierter Schokolade einen schönen Glanz. Man kann Kuvertüre in Form von Chips, Pistoles, Linsen oder großen Blöcken kaufen. Wenn Sie viel mit Schokolade backen und kochen, lohnt sich der Kauf größerer Gebinde.

ZARTBITTER-SCHOKOLADE

Zartbitterschokolade eignet sich sowohl für leichte, süße Rezepte, wie Käsekuchen oder Mousse au Chocolat, als auch für intensive, dunkle Desserts wie Tarte au Chocolat.

Erst probieren

Sie müssen die Schokolade unbedingt probieren, bevor Sie mit ihr backen. Je besser die Schokolade, desto besser das fertige Gericht. Wenn Sie eine Schokolade verwenden, die Sie nicht auch so essen würden, kann das Ergebnis ebenfalls nicht schmecken.

MILCHSCHOKOLADE

Nehmen Sie für Eiscremerezepte eine hochwertige Milchschokolade. Die komplexen Noten einer Zartbitterschokolade gehen beim Kühlen unter.

WEISSE SCHOKOLADE

Mischen Sie weiße Schokolade mit ein wenig Zartbitterschokolade, um die Süße zu zügeln, oder kombinieren Sie sie mit frischen Beeren, deren Säure sich gut gegen die schwere Kakaobutter durchsetzt.

Gute Kombinationen

Die Schokolade sollte zu den Noten und Texturen Ihres Gerichts passen. So können Sie etwa eine fruchtige madagassische Schokolade für eine Schwarzwälder Kirschtorte oder eine dunkle ecuadorianische Schokolade für eine Schokoladentorte nehmen.

KAKAOPULVER

»Natürliches« Kakaopulver eignet sich für die meisten Rezepte. Gelegentlich ist aber auch alkalisiertes Kakaopulver gefragt, das eine geringere Säure besitzt und einen nussigen Geschmack hat.

SCHOKOLADENREZEPTE

Genießen Sie Rezepte der besten Chocolatiers, Patissiers und Schokoladenexperten der Welt. Perfekte Kombinationen der besten Zutaten entlocken der Schokolade ein wahres Geschmackskaleidoskop.

Edd Kimber

GLUTENFREIE SCHOKO-MANDEL-GUGELHUPFE

Kuchen ohne Mehl sind oft fest und schwer – nicht diese Gugelhupfe! Ein Rezept für echte Schokoladenfans: eine Kombination aus Schokolade und Kakao für den vollen Geschmack und als Krönung eine Schokoglasur.

ERGIBT 6 STÜCK

SIE BRAUCHEN

ZEIT
25–30 Min.

AUSSTATTUNG
Mini-Gugelhupfblech mit 6 Mulden

ZUTATEN
115 g Butterflocken, plus Butter
  zum Einfetten

1 TL Backpulver

30 g Kakaopulver

115 g gemahlene Mandeln

155 g hochwertige Zartbitterschokolade (60–70 % Kakao),
  gehackt

3 große Eier, getrennt

115 g Zucker

1 Den Backofen auf 180 °C vorheizen. Die Backform einfetten, dabei vor allem auf den Boden und die Kamine achten. Die Form bis zur Verwendung kalt stellen.

2 Backpulver, Kakao und Mandeln in einer Schüssel mischen und beiseitestellen. Die Butter und 55 g Schokolade unter häufigem Rühren bei schwacher Hitze in einem kleinen Topf zerlassen, bis beide geschmolzen und gut verrührt sind. Beiseitestellen.

3 Die Eigelbe in einer Schüssel mit dem elektrischen Handrührgerät mit der Hälfte des Zuckers hell aufschlagen. Nach und nach die Schokoladenmischung hinzugießen und mit einem Silikonspatel gründlich verrühren. Die Kakao-Mandel-Mischung hinzugeben und sorgfältig unterheben.

4 In einer zweiten großen Schüssel das Eiweiß gerade steif schlagen. Langsam unter ständigem Schlagen den restlichen Zucker einstreuen, bis das Baiser glänzende, feste Spitzen bildet.

5 Ein Drittel des Baisers zum Schokoteig geben und sanft unterziehen. Das übrige Baiser nach und nach in zwei weiteren Portionen einarbeiten.

6 Den Teig gleichmäßig auf die Mulden der Backform verteilen. 15 Minuten backen, bis an einem in die Mitte gestochenen Zahnstocher kein Teig mehr klebt. 10 Minuten in der Form abkühlen lassen, dann zum vollständigen Auskühlen auf ein Kuchengitter stürzen.

7 Die verbleibende Schokolade über köchelndem Wasser in einer hitzebeständigen Schüssel, die das Wasser nicht berühren darf, schmelzen und glatt rühren.

8 Die abgekühlten Gugelhupfe zum Servieren mit der geschmolzenen Schokolade beträufeln. Ohne die Glasur halten sie sich luftdicht verpackt 2–3 Tage.

TIPP Wenn die Gugelhupfe sich nicht aus der Form lösen wollen, weichen Sie ein Handtuch in kochendem Wasser ein, stellen die Form darauf und warten 5–10 Minuten. Danach sollten sich die Küchlein leichter auf ein Kuchengitter stürzen lassen.

Bryan Graham

SCHOKO-SOUFFLÉS
mit Erdnuss-Gianduja

Diese Soufflés mit luftig-leichter Textur überraschen mit einer leckeren Erdnussfüllung. Gianduja, die Nougatvariante aus Turin, wird traditionell aus Haselnüssen und Milchschokolade gemacht. Ich nehme Erdnüsse und weiße Schokolade, die dem Soufflé einen traumhaften Schmelz verleiht.

ERGIBT 6 STÜCK

SIE BRAUCHEN

ZEIT
1 Std. 5 Min.–1 Std. 25 Min.,
  plus Kühlzeit

AUSSTATTUNG
6 Ramequinformen (à 150 ml)

ZUTATEN
75 g Butter, plus Butter zum
  Einfetten

30 g Mehl, plus Mehl zum
  Bestäuben

80 g hochwertige Zartbitterschokolade (70 % Kakao),
  gehackt

3 Eier

75 g Zucker

geschlagene Sahne zum Servieren

Zartbitterschokoladenspäne (70 %)
  zum Dekorieren

Für die Gianduja
100 g ungeröstete, ungesalzene
  Erdnüsse, geschält

100 g hochwertige weiße Schokolade, gehackt

1 Den Backofen auf 160 °C vorheizen. Die Formen einfetten, mit Mehl ausschwenken und beiseitestellen.

2 Für die Gianduja die Erdnüsse 15–20 Minuten goldbraun rösten, dann den Ofen ausschalten. Die Erdnüsse in einem kleinen Mixer zunächst zu einem feinen Pulver, dann nach und nach zu einer dickflüssigen Paste mixen. In eine Schüssel füllen und beiseitestellen.

3 Die weiße Schokolade temperieren (siehe S. 150–153), zur Erdnusspaste geben und gründlich miteinander vermengen. 1½ Stunden im Kühlschrank fest werden lassen. Nacheinander je 1 TL der Gianduja mit den Händen zu gleich großen Kugeln rollen. In eine Schüssel legen, abdecken und beiseitestellen.

4 Den Backofen wieder auf 160 °C vorheizen. Die gehackte Zartbitterschokolade in eine hitzebeständige Schüssel geben. Die Butter in einem Topf bei mittlerer bis schwacher Hitze zerlassen, bis sie siedet. Über die Schokolade gießen und die Mischung mit dem Schneebesen klumpenfrei glatt rühren. Beiseitestellen.

5 Für den Souffléteig die Eier und den Zucker 3–4 Minuten mit dem elektrischen Schneebesen auf mittlerer bis hoher Stufe hell aufschlagen. Dabei nicht zu viel Luft unter die Mischung bringen.

6 Die Geschwindigkeit des Handrührgeräts reduzieren, die Schokoladenmischung zum Eischnee geben und kurz verschlagen. Das Mehl sanft mit einem Silikonspatel unterziehen.

7 Eine Giandujakugel in jede der Formen legen und mit dem Souffléteig übergießen. Den Teig dabei gleichmäßig auf die Formen verteilen. 12–13 Minuten backen, bis die Soufflés durchgebacken sind und die Gianduja vollständig geschmolzen ist.

8 Die Soufflés 1 Minute bei Zimmertemperatur ruhen lassen, dann mit Sahne und Schokoladenspänen servieren.

TIPP Sie können die gerösteten Erdnüsse in der Gianduja auch durch gute Erdnussbutter ohne Zusätze ersetzen. Verrühren Sie einfach 100 g Erdnussbutter mit der temperierten weißen Schokolade wie in Schritt 3.

Lisabeth Flanagan

SCHOKO-FONDANTS
mit Ahornsirup und Meersalz

Schokolade und Ahornsirup sind für uns kältegewohnte Kanadier eine ganz natürliche Kombination. Ich genieße beim Backen dieser Fondants den Anblick eines riesigen Ahornbaums vor meinem Küchenfenster, der mich an meine kanadischen Wurzeln und die »Wurzeln« meiner Zutaten erinnert.

ERGIBT 8 STÜCK

SIE BRAUCHEN

ZEIT
55 Min. –1 Std.

AUSSTATTUNG
8 Becher- oder Puddingformen
(à 150 ml)

ZUTATEN
175 g Butter, plus Butter zum
Einfetten

115 g Mehl, plus Mehl zum
Bestäuben

250 g hochwertige Zartbitterschokolade (70 % Kakao),
gehackt

350 ml Ahornsirup

2 Eier, plus 4 Eigelb

1 TL Meersalzflocken

Sahne, Vanilleeiscreme oder Crème
fraîche zum Servieren

2 EL Ahornzucker zum Dekorieren
(nach Belieben)

Für die Glasur
115 g hochwertige Zartbitterschokolade (70 % Kakao),
gehackt

75 ml Ahornsirup

1 Den Backofen auf 220 °C vorheizen. Die Formen einfetten und leicht mit Mehl ausschwenken. Schokolade und Butter in einer hitzebeständigen Schüssel über einem kleinen Topf mit köchelndem Wasser schmelzen, ohne dass die Schüssel das Wasser berührt. Die Mischung sanft glatt rühren.

2 Den Topf vom Herd nehmen, die Schüssel vom Topf heben, den Ahornsirup zur Schokolade geben und verrühren. Eier und Eigelbe unterschlagen. Mehl und Salz einrühren.

3 Den Teig gleichmäßig auf die Formen verteilen und die Formen dabei etwa zwei Drittel hoch füllen. Auf ein Backblech stellen und 12–13 Minuten backen, bis die Mitte gerade noch flüssig ist.

4 Währenddessen für die Glasur die Schokolade mit dem Ahornsirup in einer hitzebeständigen Schüssel über einem kleinen Topf mit köchelndem Wasser schmelzen, ohne dass die Schüssel das Wasser berührt. Wenn die Sauce zu dickflüssig wird, 1–2 TL warmes Wasser einrühren.

5 Die Fondants auf einzelne Teller stürzen. Mit der Glasur beträufeln und sofort mit Sahne, Eiscreme oder Crème fraîche servieren. Nach Wunsch mit Ahornzucker bestreuen.

Micah Carr-Hill

DUNKLER SCHOKOLADEN-KÄSEKUCHEN

Dieser cremige Käsekuchen enthält weniger Zucker, um den Schokoladengeschmack zur Geltung kommen zu lassen. Ingwerkekse als Boden geben eine schöne Textur und einen geschmacklichen Kontrast zur Schokolade.

FÜR 12–14 PERSONEN

SIE BRAUCHEN

ZEIT
1 Std. 50 Min., plus Abkühl-
und Kühlzeit

AUSSTATTUNG
22-cm-Springform

ZUTATEN
50 g Butter

200 g Ingwerkekse (möglichst
ohne Zitronenöl)

20 g Magermilchpulver

¾ TL Meersalz

4 EL Sahne

Sahne, leicht aufgeschlagen,
zum Servieren

Für die Füllung
200 g hochwertige Zartbitterschokolade (70 % Kakao),
gehackt

425 g Speisequark (Vollfettstufe)

135 g saure Sahne

4 große Eier

90 g Zucker

25 g Kakaopulver, gesiebt

2 großzügige Prisen Meersalz

1 Msp. Vanillemark

1 Den Backofen auf 110 °C vorheizen. Die Butter bei schwacher Hitze in einem kleinen Topf zerlassen. Die Springform mit ein wenig zerlassener Butter auspinseln und beiseitestellen.

2 Die Kekse im Mixer zu feinen Krümeln zerkleinern. Die Wand der Springform mit 2 EL der Krümel ausschwenken und überschüssige Krümel zurück in den Mixer rieseln lassen.

3 Milchpulver und Salz zu den Krümeln im Mixer geben und kurz mit der Intervallschaltung mixen. Die restliche zerlassene Butter und die Sahne hinzugeben und kurz mixen. Die Mischung in den Boden der Springform drücken, sodass sie auch ein Stück des unteren Rands der Wand bedeckt. Abdecken und kalt stellen.

4 Für die Füllung die Schokolade in einer hitzebeständigen Schüssel über einem kleinen Topf mit köchelndem Wasser schmelzen, ohne dass die Schüssel das Wasser berührt, und glatt rühren.

5 Den Quark mit der sauren Sahne glatt rühren. In einer zweiten Schüssel Eier und Zucker verquirlen und unter den Quark heben.

6 Die geschmolzene Schokolade mit der Mischung glatt rühren. Das gesiebte Kakaopulver einrühren, Salz und Vanillemark untermischen, probieren und den Geschmack nach Bedarf korrigieren.

7 Die Springform aus dem Kühlschrank nehmen und auf ein Backblech stellen. Die Füllung in die Form füllen und den Kuchen 1 Stunde 20 Minuten backen.

8 Die Oberfläche des Käsekuchens sollte noch leicht wackelig sein und keine Risse zeigen. Aus dem Ofen nehmen und den Kuchen rundum mit einem scharfen Messer von der Form lösen.

9 Den Ofen ausschalten und den Kuchen bei geöffneter Ofentür langsam abkühlen lassen. Das verhindert, dass er einreißt.

10 Den Kuchen abdecken und mindestens 2 Stunden oder über Nacht kalt stellen. Zum Aufschneiden ein scharfes Messer in kochendes Wasser tauchen und nach jedem Stück abwischen. Den Kuchen mit Sahne servieren. Er hält abgedeckt im Kühlschrank bis zu 1 Woche.

FÜR 10–12 PERSONEN

SIE BRAUCHEN

ZEIT
1 Std. 10 Min., plus Einweich-
und Abkühlzeit

AUSSTATTUNG
2 Kuchenformen (26 cm
Durchmesser)

ZUTATEN
50 g Butter, plus Butter zum
Einfetten

50 g Mehl

25 g Kakaopulver

50 g hochwertige Zartbitterschokolade (65–70% Kakao),
gehackt

215 g Marzipan, geraspelt

65 g Puderzucker

6 Eier, getrennt

65 g Zucker

120 g gute Aprikosenkonfitüre

1 fertig gekaufte Marzipandecke

50 g weiße Schokolade, fein
gehackt

geschlagene Sahne zum Servieren
(nach Belieben)

Für die Schokoglasur
120 g dunkle Kuvertüre,
fein gehackt

115 g Sahne

100 g Zucker

40 g Kakaopulver

Christian Hümbs

SACHERTORTE

Diese im 19. Jh. in Wien entstandene dunkle Schokoladentorte bringt nussiges Marzipan, herbe Aprikosenkonfitüre und kräftige Schokolade zu einem beeindruckenden Klassiker zusammen. Verwenden Sie für die perfekte Glasur hochwertige Kuvertüre, die mehr Kakaobutter enthält als normale Haushaltsschokolade und attraktiv glänzt.

1 Den Backofen auf 180 °C vorheizen. Die Formen einfetten und mit Backpapier auslegen. Mehl und Kakaopulver in einer großen Schüssel vermengen. Schokolade und Butter unter Rühren in einer hitzebeständigen Schüssel über köchelndem Wasser schmelzen, ohne dass das Gefäß das Wasser berührt.

2 Geraspeltes Marzipan und Puderzucker in die Küchenmaschine geben und vermengen. Nach und nach die Eigelbe, 2 Eiweiß und 65 ml kaltes Wasser hinzugeben und glatt rühren.

3 In einer zweiten Schüssel das übrige Eiweiß gerade steif schlagen. Den Zucker esslöffelweise einstreuen und nach jeder Gabe glatt rühren, bis der Eischnee steif ist.

4 Ein wenig Eiweiß unter die Marzipanmischung ziehen, dann ein wenig Mehl-Kakao-Mischung unterziehen. Nach und nach mehr von beiden Mischungen einarbeiten, bis alles gut miteinander vermengt ist.

5 Den Teig gleichmäßig auf die beiden Formen verteilen und auf mittlerer Schiene 16–17 Minuten backen, bis die Biskuits sich gerade fest anfühlen. Aus dem Ofen nehmen und abkühlen lassen.

6 Für die Glasur die Kuvertüre in eine hitzebeständige Schüssel geben. 75 g Sahne zum Kochen bringen und darübergießen. 30 Sekunden warten, dann die Mischung mit einem Silikonspatel dickflüssig und glänzend rühren.

7 Den Zucker in einem Topf mit 250 ml kaltem Wasser auflösen und zum Kochen bringen. Das Kakaopulver einrühren und wieder aufkochen. Die restliche Sahne hinzugeben und erneut aufkochen.

8 Vom Herd nehmen und die Mischung unter die Glasur rühren, ohne allzu viel Luft einzuarbeiten. Abdecken, abkühlen lassen, dann in den Kühlschrank stellen.

9 Die Konfitüre bei schwacher Hitze sanft in einem Topf erhitzen. Die abgekühlten Böden aus den Formen lösen und einen Boden mit der Hälfte der Aprikosenkonfitüre bestreichen. Den zweiten Boden auflegen und Oberseite und Seiten des Kuchens dünn mit der restlichen Konfitüre bedecken.

10 Die ausgerollte Marzipandecke mittig auf den Kuchen legen und glatt streichen, um eingeschlossene Luftblasen zu entfernen. Rundherum um den Kuchen andrücken. Risse zusammendrücken oder mit Marzipan schließen. Mit den Fingern glatt streichen. Die Torte auf einem Kuchengitter auf ein Backblech stellen.

11 Die Schokoladenglasur in einer hitzebeständigen Schüssel sanft über siedendem Wasser erwärmen, aber nicht zu stark erhitzen. Die Schüssel darf das Wasser nicht berühren. Die weiße Schokolade in einem zweiten Wasserbad ebenfalls schmelzen.

12 Den Kuchen nach und nach mit der flüssigen Glasur übergießen und die Glasur mit einem Palettenmesser gleichmäßig auf Oberseite und Seiten verstreichen. Dünne Linien weißer Schokolade auf die Oberseite träufeln, dann schnell mit einem Zahnstocher ein Federmuster in die Schokolade zeichnen. Abkühlen lassen, dann die Torte mit Sahne servieren. Sie hält sich luftdicht verpackt im Kühlschrank bis zu 3 Tage.

TIPP Fertige Marzipandecken bekommen Sie im Supermarkt und im Backzubehörhandel. Sie können sie aber auch selbst machen: 250 g klein geschnittenes Marzipan mit 125 g Puderzucker und 1 EL Rum verkneten. Die Mischung zwischen zwei Lagen Backpapier oder Frischhaltefolie etwa 5 mm dick ausrollen.

Bryan Graham

SCHOKOLADEN-STOUT-TORTE

Bier und Schokolade sind bei sorgfältiger Mischung eine köstliche Kombination. Die bitteren Noten des Stout verleihen dem saftigen Biskuit bei dieser Torte eine ganz eigene geschmackliche Dimension.

FÜR 10–12 PERSONEN

SIE BRAUCHEN

ZEIT
1 Std. 5 Min., plus Abkühlzeit

AUSSTATTUNG
2 Kuchenformen von 20 cm Durchmesser mit hohem Rand
Küchenmaschine mit Schneebesen

ZUTATEN
300 g Butter, plus Butter zum Einfetten
330 ml Stout (z. B. Guinnes)
580 g Zucker
270 g Mehl
85 g Kakaopulver
1 TL Backpulver
1 großzügige Prise Salz
Mark von 1 Vanilleschote
130 g Honig
5 Eier
75 g Buttermilch
175 g hochwertige Zartbitterschokolade (70 % Kakao), geraspelt
dünne Schokoladenlocken zum Dekorieren

Für die Ganache
340 g hochwertige Zartbitterschokolade (70 % Kakao), gehackt
250 g Sahne
85 ml Stout
45 g weiche Butter

1 Den Backofen auf 160 °C vorheizen. Die Backformen einfetten und mit Backpapier auslegen. 80 ml Stout bei mittlerer Hitze in einem kleinen Topf zum Kochen bringen. 80 g Zucker hinzugeben und unter Rühren auflösen. Den Sirup vom Herd nehmen und abkühlen lassen.

2 Mehl, Kakao und Backpulver in eine Schüssel sieben. Die Butter mit dem restlichen Zucker, Salz und Vanillemark in der Küchenmaschine cremig und luftig rühren. Zunächst den Honig, dann nacheinander die Eier hinzugeben und mit der Intervallschaltung glatt rühren.

3 Ein Drittel der Mehlmischung bei niedriger Geschwindigkeit einrühren. Nach und nach die Buttermilch hinzugeben. Ein weiteres Drittel der Mehlmischung und dann das restliche Stout untermischen. Das restliche Mehl einarbeiten. Die geraspelte Schokolade unterziehen.

4 Den Teig auf die Formen verteilen und 50 Minuten backen, bis an einem in die Mitte gestochenen Zahnstocher kein Teig mehr klebt. Die Böden aus dem Ofen nehmen und in den Formen abkühlen lassen.

5 In der Zwischenzeit die Ganache zubereiten. Die gehackte Schokolade in eine mittelgroße hitzebeständige Schüssel geben. Sahne und Stout in einem Topf zum Köcheln bringen, aber nicht kochen lassen.

6 Die Mischung vom Herd nehmen und über die Schokolade in der Schüssel geben. 1–2 Minuten stehen lassen, dann die Butter hinzugeben und von der Mitte nach außen in kleinen spiralförmigen Bewegungen zu rühren beginnen, bis alles gut vermengt ist. Die Mischung in die Küchenmaschine geben, leicht abkühlen lassen, dann gut verrühren.

7 Die Böden aus den Formen lösen. Einen der Böden auf der Oberseite mit einem Palettenmesser großzügig mit dem Stoutsirup bestreichen und mit einigen Löffeln der Ganache bedecken.

8 Den zweiten Boden auf den ersten legen und mit dem Sirup tränken. Die gesamte Torte mithilfe des Palettenmessers sehr dünn mit Ganache bedecken. 15 Minuten kalt stellen.

9 Die Torte aus dem Kühlschrank nehmen und mit der restlichen Ganache überziehen. Mit Schokoladenlocken dekorieren. Die Torte hält sich abgedeckt im Kühlschrank bis zu 2 Tage. Zimmerwarm servieren.

Christian Hümbs

KIRSCH-SCHOKOLADEN-MOUSSE mit Balsamico-Glasur

Die Schichten aus fruchtig-saurem Kirschpüree, samtiger Schokoladenmousse und nussigen Streuseln sind ein Traum von einem Dessert. Damit die Mousse so luftig wie möglich bleibt, die Schokolade nur sanft unter den Eischnee ziehen.

ERGIBT 6 STÜCK

SIE BRAUCHEN

ZEIT
20–30 Min., plus Kühl- und Ruhezeit

AUSSTATTUNG
6 Dessertgläser oder Ramequin-formen (à 150 ml)

ZUTATEN
330 g Kirschen, frisch oder TK, entkernt

1 EL Puderzucker

50 ml hochwertiger Balsamico-Essig

90 g Zucker

100 g hochwertige Zartbitter-schokolade (70 % Kakao), gehackt

3 Eigelb

185 g Sahne

dunkle Schokoladenlocken zum Dekorieren

Für die Streuseldecke
50 g Butter

80 g Mehl

30 g gemahlene Haselnüsse

40 g Demerarazucker

20 g Vanillezucker

1 100 g Kirschen mit dem Puderzucker im Mixer oder in der Küchenma-schine glatt pürieren. Das Püree in ein über eine Schüssel gelegtes Sieb geben und 5 Minuten abtropfen lassen. In eine kleine Schüssel füllen.

2 Für die Glasur den abgetropften Kirschsaft bei mittlerer bis schwacher Hitze in einem kleinen Topf erhitzen. Essig und 2 EL Zucker hinzu-geben. Unter Rühren köcheln lassen, bis der Zucker aufgelöst ist. Die Glasur etwa 10 Minuten um zwei Drittel reduzieren, bis sie sirupartig ist.

3 1 EL der Glasur zum Kirschpüree geben und gut verrühren. Beiseite-stellen. 6 ganze Kirschen zur Glasur in den Topf geben und rühren, um sie mit Glasur zu überziehen, dann auf einem Teller beiseitestellen.

4 Die Schokolade in einer hitzebeständigen Schüssel über köchelndem Wasser schmelzen und glatt rühren, ohne dass das Gefäß das Wasser berührt.

5 Die Eigelbe in einer Schüssel mit dem elektrischen Handrührgerät mit dem restlichen Zucker dickflüssig, hell und cremig aufschlagen. In einer zweiten Schüssel die Sahne steif schlagen.

6 Ein wenig geschmolzene Schokolade mit einem Silikonspatel unter die Eicreme ziehen, dann den Rest einrühren. Ein Drittel der Sahne hinzugeben und untermischen. Nach und nach die übrige Sahne dazu-gießen und glatt rühren.

7 Die übrigen, nicht überzogenen Kirschen auf die Gläser verteilen. Einen Löffel Kirschpüree darübergeben, dann die Mousse auf die Gläser verteilen. 1 Stunde im Kühlschrank fest werden lassen.

8 Den Backofen auf 190 °C vorheizen. Alle Streuselzutaten in der Küchen-maschine vermengen. Die Mischung in einer dünnen, gleichmäßigen Lage auf ein mit Backpapier ausgelegtes Backblech geben und 10 Minu-ten backen. 2 Minuten abkühlen lassen, dann in kleine Stücke brechen.

9 Die Mousse 10–15 Minuten vor dem Servieren aus dem Kühlschrank nehmen. Streusel, Schokoladenlocken und glasierte Kirschen auf der Mousse anrichten. Abgedeckt im Kühlschrank hält sie sich ohne den Belag bis zu 2 Tage.

Charlotte Flower

KORIANDER-ZITRONEN-PRALINEN

Ich arbeite gerne mit Wild- und Gartenkräutern und frischer, leuchtend grüner Koriander ist einfach großartig. Die Zitrone balanciert die Süße der weißen Schokolade schön aus. Die Ganache ist weich und perfekt für Pralinen.

ERGIBT 24 STÜCK

SIE BRAUCHEN

ZEIT
1½ Std., plus Zieh- und Kühlzeit
über Nacht

AUSSTATTUNG
Pralinenform mit 24 Mulden
digitales Kochthermometer
2 Einwegspritzbeutel
kleine runde Tülle

ZUTATEN
90 g Sahne

20 g frische Korianderblätter und
-stängel, grob gehackt

abgeriebene Schale von
1 Bio-Zitrone

300 g hochwertige Zartbitterschokolade (70 % Kakao),
gehackt

165 g hochwertige weiße
Schokolade, fein geraspelt

1 Die Sahne in einem Topf erhitzen, aber nicht kochen lassen. Vom Herd nehmen und sofort gehackten Koriander und Zitronenschale hinzugeben. Durchrühren, abdecken und 1 Stunde ziehen lassen.

2 240 g Zartbitterschokolade temperieren (siehe S. 150–153). Die Form damit ausschwenken, wie in den Schritten 1–4 auf S. 164–165 beschrieben.

3 Die weiße Schokolade in eine hitzebeständige Schüssel geben. Die aromatisierte Sahne unter Rühren mit einem Silikonspatel bei mittlerer bis schwacher Temperatur erhitzen, bis sie gerade aufzukochen beginnt. Sobald die ersten Blasen aufsteigen, den Topf vom Herd nehmen und die Sahne durch ein Sieb über die weiße Schokolade gießen. Mit dem Löffelrücken so viel Sahne wie möglich durch das Sieb drücken.

4 Die Schüssel fest auf die Arbeitsfläche aufsetzen, um die Sahne gleichmäßig zu verteilen. 30 Sekunden schmelzen lassen, dann die Mischung langsam mit einem Schneebesen rühren. Nicht schlagen, sondern die Zutaten nur sanft mischen. Wenn Klümpchen bleiben, die Mischung beim Rühren vorsichtig mit einem Föhn erwärmen. Mit dem Thermometer überprüfen, dass die Temperatur nicht über 31 °C steigt.

5 Rühren, bis eine seidig glatte Ganache entsteht. Weiter die Temperatur im Auge behalten – sie darf nicht unter 30 °C fallen. Schnell arbeiten, da die Ganache beim Abkühlen andickt.

6 Die Spitze eines Spritzbeutels abschneiden und die Tülle einsetzen. Die Ganache in den Beutel füllen, bis zur Spitze durchschieben und das offene Ende zudrehen. Sorgfältig die Schokoladenformen bis 2 mm unter den Rand mit Ganache füllen, um Platz für den Boden zu lassen. Mit einem Blatt Backpapier abdecken und über Nacht fest werden lassen.

7 Die restliche Schokolade temperieren und in den zweiten Spritzbeutel füllen. Die Pralinen mit der Schokolade verschließen und die Form kräftig auf der Arbeitsfläche aufsetzen, um die Oberfläche zu glätten, dann 20 Minuten im Kühlschrank fest werden lassen.

8 Die fertigen Pralinen auf ein Backblech oder einen Teller stürzen und servieren. Sie halten sich luftdicht verpackt an einem kühlen, dunklen Ort bis zu 7 Tage.

Charlotte Flower

BÄRLAUCHTRÜFFELN

Es mag ungewöhnlich klingen, aber sanfter, herzhafter Bärlauch passt wunderbar zu Schokolade. Er weckt die Geschmacksknospen auf und macht diese Trüffeln zu einer schönen Vorspeise. Sie können die Trüffel statt mit Kakaopulver auch mit gerösteten Sesamsamen überziehen.

ERGIBT 18–20 STÜCK

SIE BRAUCHEN

ZEIT
1¼ Std., plus Zieh- und Kühlzeit
    über Nacht

AUSSTATTUNG
Einweghandschuhe
digitales Kochthermometer

ZUTATEN
80 g Sahne

4 g Bärlauchblätter (*Allium ursinum*), fein gehackt

115 g hochwertige Milch-
    schokolade (35 % Kakao),
    fein geraspelt

15 g gesalzene weiche
    Butterflocken

200 g hochwertige Zartbitter-
    schokolade (70 % Kakao),
    gehackt

50 g Kakaopulver

1 Die Sahne in einem Topf erhitzen, aber nicht aufkochen lassen. Vom Herd nehmen und sofort die gehackten Bärlauchblätter hineingeben. Umrühren, abdecken und 1 Stunde ziehen lassen.

2 Die Milchschokolade in eine hitzebeständige Schüssel geben. Die aromatisierte Sahne unter Rühren mit einem Silikonspatel bei mittlerer bis schwacher Temperatur erhitzen, bis sie gerade aufzukochen beginnt. Sobald die ersten Blasen aufsteigen, den Topf vom Herd nehmen und die Sahne durch ein Sieb über die Milchschokolade in der Schüssel gießen. Mit dem Löffelrücken so viel Sahne wie möglich durch das Sieb drücken. Die Schüssel mehrmals fest auf der Arbeitsfläche aufsetzen.

3 30 Sekunden schmelzen lassen, dann langsam beginnen, die Mischung mit einem Schneebesen zu rühren. Nicht schlagen, sondern die Zutaten nur sanft miteinander mischen. Wenn Klümpchen bleiben, die Mischung beim Rühren vorsichtig mit einem Föhn erwärmen. Mit dem Kochthermometer überprüfen, dass die Temperatur dabei nicht über 33 °C steigt.

4 Sobald die Mischung glatt ist, die Butter hineingeben und unter Rühren zerlassen. Sanft rühren, bis eine seidig glatte Ganache entsteht. Abkühlen lassen, dann abgedeckt über Nacht in den Kühlschrank stellen.

5 Mit zwei Teelöffeln 18–20 Ganachekugeln formen und auf ein mit Backpapier ausgelegtes Backblech setzen. 10 Minuten kalt stellen. Die Kugeln aus dem Kühlschrank nehmen und zimmerwarm werden lassen. Jede einzeln zwischen den Handflächen zu glatten Trüffeln rollen. Auf das Blech setzen und weitere 15 Minuten kalt stellen.

6 Die Trüffeln aus dem Kühlschrank nehmen und zimmerwarm werden lassen. Die Zartbitterschokolade wie auf S. 150–153 beschrieben temperieren. Das Kakaopulver in eine Schüssel geben und Handschuhe anziehen. Jetzt zügig arbeiten: Ein wenig Schokolade auf eine Handfläche löffeln, mit der anderen Hand eine Trüffel in die Schokolade legen und hin und her rollen, um sie zu umhüllen. Vorsichtig in den Kakao heben und rollen, um sie zu überziehen. Die Trüffel auf ein zweites mit Papier ausgelegtes Blech setzen. Mit den übrigen Trüffeln wiederholen. Alternativ die Trüffeln mit der Spiralgabel in die Schokolade tauchen (siehe S. 162–163).

7 Die Trüffeln vor dem Servieren an einem kühlen Ort fest werden lassen. Sie halten sich in luftdichter Verpackung kühl und dunkel aufbewahrt bis zu 7 Tage.

TRÜFFEL-VARIANTEN

Sobald Sie gelernt haben, Ganache zu machen und Schokolade zu temperieren und zu formen, können Sie mit den unterschiedlichsten Geschmackskombinationen experimentieren und Ihre ganz eigenen Kreationen schaffen.

BRIGADEIROS

1 Für diese brasilianische Spezialität **400 g Kondensmilch, 3 EL Kakaopulver** und **1 EL Butter** in einen Topf geben und unter ständigem Rühren aufkochen, bis alles gut vermengt ist.

2 Die Temperatur reduzieren und unter gelegentlichem Rühren 10–15 Minuten weiterkochen, bis die Mischung sehr dickflüssig ist und ein hindurchgezogener Löffel eine einige Sekunden sichtbare Spur hinterlässt.

3 Die Mischung auf einen gebutterten Teller gießen und zimmerwarm abkühlen lassen. Mit Frischhaltefolie abgedeckt 4 Stunden im Kühlschrank fest werden lassen.

4 Die Hände leicht mit weicher Butter einfetten und die Mischung zu walnussgroßen Kugeln formen. Jede davon in **Schokostreuseln** rollen und rundum überziehen. Sie halten sich abgedeckt im Kühlschrank bis zu 5 Tage.

WEISSE SCHOKOLADE & LAVENDEL

1 Dem Rezept für Koriander-Zitronen-Pralinen (siehe S. 185) folgen, aber statt des Korianders und der Zitrone (Schritt 1) **1 TL essbare Lavendelblüten** in die Sahne geben.

2 Wie im Rezept beschrieben fortfahren und die Pralinen vor dem Auslösen und Servieren fest werden lassen. Sie halten sich luftdicht verpackt an einem kühlen, dunklen Ort bis zu 7 Tage.

HIMBEERE & MEERSALZ

1 Dem Rezept für Bärlauchtrüffeln (siehe S. 186) folgen, aber den Bärlauch weglassen und die heiße Sahne pur über die Schokolade geben (Schritt 2).

2 Sobald die Ganache fertig ist (Schritt 4), **1 EL gefriergetrocknete Himbeeren** und nach Belieben **¼ TL Himbeeraroma** einrühren. Nach Rezept fortfahren.

3 Nach dem Überziehen mit Schokolade (Schritt 6) die Trüffeln zum Festwerdenlassen auf Backpapier setzen und sofort mit ein wenig **Meersalz** bestreuen.

4 Die fest gewordenen Trüffeln halten luftdicht verpackt an einem kühlen, dunklen Ort bis zu 7 Tage.

PISTAZIE & WEISSE SCHOKOLADE

1 Dem Rezept für Bärlauchtrüffeln folgen (siehe S. 186), aber den Bärlauch weglassen und die heiße Sahne pur über die Schokolade geben (Schritt 2).

2 Einen Teil der fertigen Ganache (Schritt 4) mit **1 EL Pistazienpaste** verrühren, dann die Mischung mit der restlichen Ganache verrühren.

3 **200 g fein gehackte hochwertige weiße Schokolade** schmelzen und die Trüffeln damit überziehen (Schritt 6). Das Kakaopulver weglassen, die Trüffeln auf Backpapier setzen und sofort mit **fein gehackten Pistazien** bestreuen.

4 Die fest gewordenen Trüffeln halten sich luftdicht verpackt an einem kühlen, dunklen Ort bis zu 7 Tage.

ERGIBT 14 STÜCK

SIE BRAUCHEN

ZEIT
1 Std. 35 Min., plus Geh- und
Kühlzeit über Nacht und Ruhezeit

AUSSTATTUNG
Küchenmaschine mit Knethaken

ZUTATEN
35 g frische Hefe oder
3½ TL Trockenhefe

315 g Weizenmehl, plus Mehl
zum Bestäuben

340 g backstarkes Mehl (Type 550)

85 g Zucker

80 g dunkles Kakaopulver

½ TL Meersalz

5 Eier, plus 1 Ei zum Glasieren

330 g weiche Butterflocken, plus
Butter zum Einfetten

170 g hochwertige
Zartbitterschokoladentropfen

Für die Konditorcreme
2 Eier, plus 6 Eigelb

250 g Zucker

Mark von ½ Vanilleschote

100 g Mehl

900 ml Milch

140 g hochwertige Zartbitterschokolade (70 % Kakao),
gehackt

Bruno Breillet

SCHWEIZER SCHOKOLADEN-BRIOCHE

Brioche Suisses sind ein luxuriöses Frühstücksgebäck, das man in ganz Frankreich findet: leichter Briocheteig, gefüllt mit Vanillecreme und Schokotropfen. Ich stamme aus Lyon und wollte diesen Schweizer Brioches eine typisch Lyoneser Note geben, nach dem Motto »Im Zweifel immer mehr Schokolade nehmen«!

1 Die Hefe in 120 ml zimmerwarmem Wasser auflösen. Bei Trockenhefe der Anleitung auf der Packung folgen. Mehle, Zucker, Kakaopulver, Salz und 5 Eier in die Küchenmaschine geben und bei niedriger Geschwindigkeit rühren. Nach und nach die aufgelöste Hefe hinzugeben.

2 In 8–10 Minuten zu einem festen Teig rühren, diesen zwischendurch mit einem Silikonspatel von der Kesselwand schaben. Nach und nach die Butter hinzugeben und 10 Minuten rühren. Der Teig wird klebriger und pastenartig.

3 Bei mittlerer Geschwindigkeit 2 Minuten kneten. Den Teig erneut von der Kesselwand schaben und 10 Minuten bei niedriger Geschwindigkeit kneten, bis er weich, glänzend und elastisch ist. In eine große eingefettete Schüssel legen und locker mit Frischhaltefolie abdecken. Über Nacht im Kühlschrank gehen lassen.

4 Für die Konditorcreme Eier und Eigelbe in einer großen Schüssel verquirlen. Zucker, Vanillemark und Mehl hinzugeben. 30 Sekunden kräftig schlagen, bis die Mischung am Schneebesen Bänder zieht.

5 Nach und nach die Hälfte der Milch zur Mischung geben und zwischendurch weiter schlagen. Glatt rühren. Die Creme in einen großen Topf geben, die restliche Milch hinzugießen und bei mittlerer Temperatur erhitzen.

6 Die Creme 4–5 Minuten unablässig kreisförmig rühren, bis sie zu dampfen beginnt. Kräftiger und gleichmäßig schlagen, damit die Creme nicht gerinnt. Wenn sie zu kochen beginnt oder am Topfboden ansetzt, die Temperatur reduzieren.

7 Weiter schlagen, bis die Creme eine dickflüssige Konsistenz annimmt. Die Temperatur reduzieren und unter ständigem Rühren weitere 2 Minuten kochen lassen. Vom Herd nehmen und die Schokolade mit einem Silikonspatel einrühren, bis die Mischung glatt ist. 5 Minuten ruhen lassen, dann erneut rühren.

Mit Frischhaltefolie abgedeckt über Nacht im Kühlschrank abkühlen lassen.

8 Den Teig aus dem Kühlschrank nehmen und noch kalt auf einer leicht bemehlten Fläche zu einem 5 mm dicken und 35 × 70 cm großen Rechteck ausrollen. Das Rechteck quer auslegen, die untere Hälfte mit der Konditorcreme bestreichen und mit den Schokotropfen bestreuen.

9 Die obere Hälfte über die Füllung schlagen, sodass sie die untere Hälfte leicht überlappt. Das verbleibende Ei mit etwas kaltem Wasser verquirlen und die Teigrolle damit bepinseln.

10 Die Teigrolle in vierzehn 5 cm große Stücke schneiden und mit 1 cm Abstand auf zwei mit Backpapier ausgelegte Backbleche setzen. Die Enden jeder Brioche mit ein wenig Eiglasur bepinseln und zusammendrücken. Die beiden Bleche locker mit Frischhaltefolie abdecken und 1½– 2 Stunden an einen warmen Ort stellen. Den Backofen auf 180 °C vorheizen.

11 Die Brioches 25–35 Minuten backen, bis sie aufgegangen sind und an den Rändern Farbe annehmen. Der Teig wird sich fest anfühlen.

12 Die Brioches aus dem Ofen nehmen und vollständig abkühlen lassen. Sie schmecken am besten frisch, halten sich aber luftdicht verpackt bei Zimmertemperatur bis zu 3 Tage. Ungebackene Brioches lassen sich bis zu 1 Monat, gebackene Brioches bis zu 2 Wochen einfrieren.

Bill McCarrick

PROFITEROLES
mit Crème Chantilly

Diese Profiteroles sind goldgelb, leicht und mit leckerer süßer Sahne gefüllt. Nehmen Sie eine kräftige Zartbitterschokolade als Kontrast zu den leichten Windbeuteln. Stechen Sie die gebackenen Windbeutel an, damit der Dampf entweichen kann und der Teig knusprig bleibt.

ERGIBT 24 STÜCK

SIE BRAUCHEN

ZEIT
45 Min., plus Abkühlzeit

AUSSTATTUNG
Spritzbeutel mit 5-mm-Sterntülle

ZUTATEN
70 g backstarkes Mehl (Type 550)

150 ml Milch

70 g gesalzene Butter

3 Eier

Für die Crème Chantilly
200 g Sahne

30 g Puderzucker

Mark von ½ Vanilleschote

Für die Schokoladensauce
90 ml Milch

90 g hochwertige Zartbitterschokolade (70 % Kakao), grob
gehackt

30 g weiche ungesalzene Butter

1 Den Backofen auf 190 °C vorheizen. Ein großes Backblech mit Backpapier auslegen. Das Mehl aus der Höhe in eine große Schüssel sieben, um es zu belüften.

2 Die Milch mit der gesalzenen Butter bei mittlerer Hitze in einem Topf erhitzen, bis sie gerade zu sieden beginnt. Das Mehl unter ständigem Rühren mit einem Holzlöffel einstreuen.

3 Den Topf nach 1 Minute vom Herd nehmen und die Mischung in eine hitzebeständige Schüssel umfüllen. Mit dem Handrührgerät bei mittlerer Geschwindigkeit 2 Minuten aufschlagen.

4 Nach und nach bei laufendem Motor die Eier hinzugeben. Teig mit einem Silikonspatel von der Schüsselwand schaben, um Klumpen zu vermeiden.

5 Schlagen, bis alle Eier hinzugefügt sind und die Mischung glatt ist. 24 walnussgroße Teigkugeln formen und auf das vorbereitete Blech setzen. 15–20 Minuten backen, bis die Profiteroles aufgegangen, goldgelb und knusprig sind.

6 Die Profiteroles aus dem Ofen nehmen, seitlich einstechen und weitere 5 Minuten backen. Auf einem Kuchengitter vollständig auskühlen lassen, dann mit einem Messer in jeden Windbeutel ein kleines seitliches Loch schneiden.

7 Für die Crème Chantilly die Sahne in einer großen Schüssel mit Puderzucker und Vanillemark gerade steif schlagen. Beiseitestellen.

8 Für die Schokoladensauce die Milch sanft in einem Topf erhitzen, dann Zartbitterschokolade und Butter hineingeben. Bei mittlerer bis schwacher Hitze glatt rühren.

9 Die Crème Chantilly in den Spritzbeutel füllen und in die Windbeutel spritzen. Sofort mit der Schokoladensauce übergossen servieren.

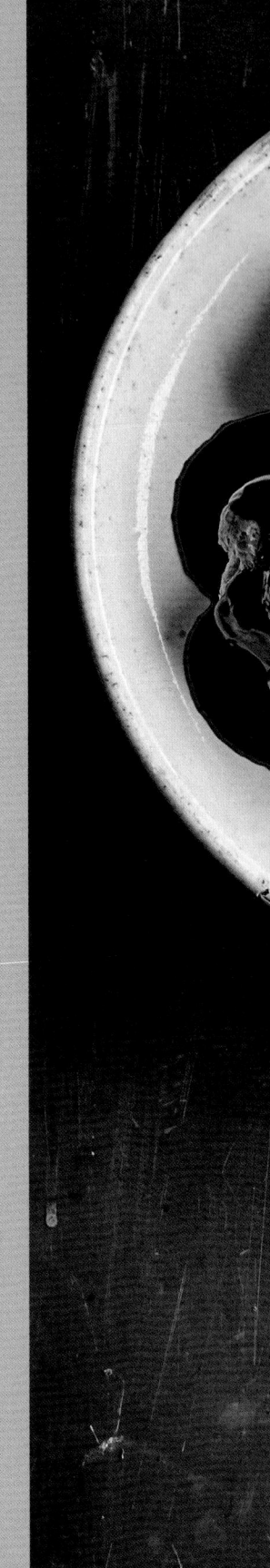

VARIATIONEN

WEISSE SCHOKOLADEN-ECLAIRS
• Ergibt 12 Stück

Dem Rezept gegenüber folgen, aber den Brandteig nicht zu Kugeln formen, sondern zwölf 10 × 3 cm große Würste auf ein ausgelegtes Backblech spritzen. Wie beschrieben backen. Für die Füllung **150 g gesüßtes Kastanienpüree** mit **150 g Sahne** vermengen. Die abgekühlten Eclairs längs aufschneiden und die Sahnemischung hineinspritzen. **115 g gehackte weiße Schokolade** über dem heißen Wasserbad schmelzen, in einen Spritzbeutel füllen und abkühlen lassen. In einer Zickzacklinie auf die Eclairs spritzen. Im Kühlschrank fest werden lassen, dann servieren.

SCHOKO-PROFITEROLES MIT DULCE-DE-LECHE-CREME
• Ergibt 24 Stück

Dem Rezept gegenüber folgen, aber **15 g Mehl** durch **15 g Kakaopulver** ersetzen. Für die Füllung **150 g Sahne** aufschlagen. Ein wenig Schlagsahne unter **150 g Dulce de Leche** – eine Creme aus Milch, Zucker und Vanille, die in Lateinamerika gern gegessen wird – ziehen, den Rest einrühren. Ein kleines Loch in die Windbeutel schneiden und die Füllung hineinspritzen. Mit Schokoladensauce übergossen servieren.

PROFITEROLES MIT DUNKLER SCHOKOLADE & PISTAZIENEISCREME
• Ergibt 24 Stück

Dem Rezept für Schoko-Profiteroles oben folgen. Die abgekühlten Windbeutel aufschneiden, jeweils mit **1 Kugel Pistazieneiscreme** füllen und ins Gefrierfach legen. Für die Ganache **90 g Sahne** erhitzen und **90 g gehackte Zartbitterschokolade** einrühren. Die Profiteroles gefroren mit der Ganache übergossen und mit fein gehackten Pistazien bestreut servieren.

ERGIBT 30 STÜCK

SIE BRAUCHEN

ZEIT
55 Min., plus Ruhe- und Abkühlzeit

AUSSTATTUNG
Küchenmaschine mit Schneebesen
  (optional)

2 Einwegspritzbeutel
  runde 9-mm-Tülle

ZUTATEN
160 g gemahlene Mandeln

160 g Puderzucker

25 g alkalisiertes Kakaopulver
  (siehe S. 167)

140 g zimmerwarmes Eiweiß
  (von ca. 4 mittelgroßen Eiern)

180 g Zucker

½ TL braune Lebensmittel-
  farbpaste (nach Belieben)

Für die Ganache
90 ml Rotwein

200 g hochwertige Zartbitterschokolade (70 % Kakao),
  fein geraspelt

200 g Sahne

1 TL Honig

Bruno Breillet

SCHOKOLADEN-MACARONS
mit Rotwein-Ganache

Zu diesem Rezept wurde ich durch die sonntäglichen Essen in meinem Elternhaus inspiriert, zu denen die Gäste Kuchen, Blumen, Schokolade und Rotwein mitbrachten. Die Mandeln müssen im Mixer mit dem Puderzucker gemischt werden, damit die Macarons schön glatt werden.

1 Mit einer 3 cm großen Schablone 30 Kreise mit 1 cm Abstand auf zwei Blätter Backpapier zeichnen. Die Blätter wenden und auf zwei Backbleche legen.

2 Mandeln und Puderzucker in den Mixer geben und 2 Minuten vermengen. Das Kakaopulver hinzugeben und mit der Intervallschaltung zu einer einheitlich braunen Mischung mixen. Beiseitestellen.

3 Eiweiß und Zucker in die Küchenmaschine geben, wenn verwendet, und bei niedriger Geschwindigkeit 3 Minuten miteinander verschlagen. Auf mittlere Geschwindigkeit erhöhen und bis zu 10 Minuten weiterschlagen, bis der Eischnee steif ist. Bei einem elektrischen Handrührgerät die geringste Stufe wählen, bis der Eischnee die richtige Konsistenz hat.

4 Vorsichtig die Mandelmischung und die Lebensmittelfarbe (wenn verwendet) unter den Eischnee ziehen. Nicht zu stark schlagen, der Teig sollte fest und leicht zusammengefallen sein. Die Konsistenz überprüfen: Einen Löffel voll Teig aufnehmen und in die Schüssel zurückfallen lassen – er sollte binnen 1 Minute zerfließen.

5 Den Teig in einen mit Tülle versehenen Spritzbeutel füllen. 30 Baisers in die Kreise auf den Backblechen spritzen. Die Bleche mehrfach fest auf der Arbeitsfläche aufsetzen. Die Baisers beiseitestellen, damit sich eine Haut bilden kann und der Eischnee bei sanfter Berührung nicht mehr am Finger kleben bleibt (etwa 45 Minuten).

6 Den Backofen auf 150 °C vorheizen. Die Bleche nacheinander 13–14 Minuten backen, bis die Baisers sich fest anfühlen. Beide Chargen auf den Blechen abkühlen lassen.

7 In der Zwischenzeit die Ganache zubereiten. Den Rotwein bei mittlerer bis schwacher Hitze in einem Topf um zwei Drittel reduzieren. Zum Abkühlen beiseitestellen.

8 Die Schokolade in eine hitzebeständige Schüssel geben. Sahne und Honig in einem kleinen Topf erhitzen, aber nicht aufkochen lassen. Die Mischung und den abgekühlten Rotwein über die Schokolade gießen und mit einem Silikonspatel glänzend rühren. Handwarm abkühlen lassen. In den zweiten Spritzbeutel füllen und gerade bis zum Festwerden abkühlen lassen.

9 Die Spitze des Spritzbeutels abschneiden, die Ganache auf die flache Unterseite eines Baisers spritzen und einen zweiten darauflegen. Die Macarons nicht überfüllen, damit die Ganache nicht unattraktiv herausquillt. Auf diese Weise alle Baisers füllen.

10 Mindestens 2 Stunden ruhen lassen. Die Macarons schmecken am nächsten Tag sogar noch besser. Zimmerwarm servieren. Die gefüllten Baisers halten sich luftdicht verpackt an einem kühlen, dunklen Ort bis zu 5 Tage.

Lisabeth Flanagan

WEISSE SCHOKOLADEN-TÖRTCHEN mit Heidelbeeren

Ein kräftiger dunkler Schokoteig trifft hier frisch-säuerliche Heidelbeeren und süße weiße Schokolade – ein köstliches Spiel kontrastierender Texturen, Geschmacksnoten und Farben. Die Törtchen sind leicht vorab zuzubereiten.

ERGIBT 8 STÜCK

SIE BRAUCHEN

ZEIT
1–1¾ Std., plus Kühlzeit

AUSSTATTUNG
8 Törtchenformen
   (8–10 cm Durchmesser)
Backgewichte

ZUTATEN
350 g kalte Butterflocken, plus
   Butter zum Einfetten

225 g Mehl, plus Mehl zum
   Bestäuben

150 g Kakaopulver

85 g Zucker

1 Ei, verquirlt

3 Eigelb, verquirlt

Heidelbeeren zum Dekorieren

60 g hochwertige Zartbitter- und
   weiße Schokolade, temperiert
   (siehe S. 150–153), zum
   Dekorieren

Für die Heidelbeerfüllung
350 g Heidelbeeren, frisch
   oder tiefgefroren

175 g Zucker

Saft von 1 Zitrone

Für die Ganache
450 g weiße Schokolade,
   fein geraspelt

175 g Sahne

2 EL weiche Butter

1 Den Backofen auf 180 °C vorheizen. Die Formen einfetten und dünn mit Mehl ausschwenken. Mehl, Kakaopulver und Zucker in einer großen Schüssel mischen und mit der Butter fein krümelig vermengen. Ei und Eigelbe hinzugeben und zu einem Teig verkneten.

2 Den Teig auf einer leicht bemehlten Fläche zu einem 3 mm dünnen Rechteck ausrollen. Mit einer Schale, die 5 cm mehr Durchmesser hat als die Formen, zehn Kreise aus dem Teig ausstechen.

3 Die Formen sorgfältig mit je einer Teigscheibe auslegen. Überstehenden Teig abschneiden. Den Teig mit Backpapier abdecken, mit Backgewichten beschweren und die Formen auf ein Backblech setzen. 15–17 Minuten blindbacken, bis der Teig gar und leicht gehärtet ist. Aus dem Ofen nehmen, Gewichte und Papier entfernen und die Küchlein abkühlen lassen.

4 Währenddessen die Füllung zubereiten. Heidelbeeren, Zucker und Zitronensaft in einem Topf bei mittlerer bis starker Temperatur erhitzen. 15 Minuten köcheln lassen, dann überschüssige Flüssigkeit abgießen, die den Teig durchweichen würde. Beiseitestellen.

5 Für die Ganache die weiße Schokolade in eine hitzebeständige Schüssel geben. Die Sahne in einem Topf erhitzen, aber nicht kochen. Die Hälfte der heißen Sahne über die Schokolade gießen.

6 Die Mischung langsam mit einem Silikonspatel umrühren. Sobald die Schokolade zu schmelzen beginnt, die restliche Sahne hinzugeben und die Mischung glatt rühren. Die Butter einrühren. Beiseitestellen.

7 Die abgekühlten Teighüllen aus ihren Formen lösen und auf ein mit Backpapier ausgelegtes Backblech setzen. Je 1 EL Heidelbeerfüllung auf jedem Boden verstreichen. Die Ganache über dem heißen Wasserbad vorsichtig wieder erhitzen und gleichmäßig auf die Törtchen verteilen. 2 Stunden im Kühlschrank fest werden lassen.

8 Wenn die Törtchen wieder zimmerwarm sind, mit frischen Heidelbeeren belegt und mit temperierter dunkler und weißer Schokolade beträufelt servieren. Sie halten sich luftdicht verpackt im Kühlschrank bis zu 1 Woche und können bis zu 2 Monate eingefroren werden.

Caroline Bretherton

BLONDIES mit weißer Schokolade & Pekannüssen

Süße weiße Schokolade und cremige Kakaobutter bilden die Basis dieser leckeren Blondies. Die gehackten Pekannüsse geben Textur und Biss, können aber nach Belieben durch Haselnüsse oder Pistazien ersetzt werden.

ERGIBT 24 STÜCK

SIE BRAUCHEN

ZEIT
55 Min., plus Abkühlzeit

AUSSTATTUNG
Backform (20 × 30 cm)

ZUTATEN
125 g Butter, plus Butter
    zum Einfetten

275 g brauner Zucker

Mark von 1 Vanilleschote

3 große Eier

200 g Mehl

½ TL Meersalz

1 TL Backpulver

125 g Pekannüsse, gehackt

125 g hochwertige weiße
    Schokolade, fein gehackt

1 Den Backofen auf 180 °C vorheizen. Die Backform einfetten und so mit Backpapier auslegen, dass es am Rand übersteht. Die Butter bei schwacher Hitze in einem kleinen Topf zerlassen.

2 Vom Herd nehmen und braunen Zucker und Vanillemark einrühren. Nacheinander die Eier hineingeben und nach jeder Gabe glatt rühren.

3 Mehl, Salz und Backpulver in einer zweiten Schüssel mischen und gründlich mit der Buttercreme verrühren. Dann mit einem Silikonspatel die Pekannüsse und die weiße Schokolade einrühren und alles gut vermengen. Den Teig in einer gleichmäßigen Schicht in die Form gießen.

4 30 Minuten goldbraun backen. Kurz in der Form abkühlen lassen, dann herausheben und das Backpapier abziehen. Den Blondie in 24 gleich große Stücke schneiden und warm servieren. Die Blondies halten sich luftdicht verpackt bis zu 4 Tage.

VARIATION Für Schokoladen-Brownies den Backofen auf 160 °C vorheizen und die Form einfetten und auslegen. **200 g gehackte hochwertige Zartbitterschokolade (60 % Kakao)** mit **175 g Butter** in einer hitzebeständigen Schüssel über einem Topf mit köchelndem Wasser schmelzen. Kurz abkühlen lassen, dann **200 g Zucker, 125 g braunen Zucker** und **Mark von ½ Vanilleschote** hinzugeben und gründlich mischen. Nacheinander **3 Eier** hinzufügen und nach jeder Gabe glatt rühren. **125 g Mehl** und **1 TL Instantkaffee** einsieben und sanft unterheben. In die Form gießen und auf mittlerer Schiene 45 Minuten backen, bis an einem in die Mitte gestochenen Zahnstocher immer noch ein wenig Teig klebt. Den Brownie vollständig in der Form auskühlen lassen, dann herausnehmen und in 24 Stücke schneiden.

Paul A. Young

BROWNIE-PUDDING mit
Meersalz-Karamell, Tee & Feigen

Diese Brownie-Variation macht einfach glücklich – dank meinem preisgekrönten Meersalz-Karamell, Schokolade, Feigen und Tee. Wenn Sie dieses Dessert am Vortag zubereiten, bestreichen Sie die Oberfläche mit warmem Karamell, sobald der Brownie aus dem Ofen kommt, damit er eine schöne Toffee-Glasur erhält.

FÜR 10–12 PERSONEN

SIE BRAUCHEN

ZEIT
50–55 Min.

AUSSTATTUNG
Kuchenform (20 × 25 cm)

ZUTATEN
90 g weiche Butter, plus Butter
   zum Einfetten

180 g Mehl, mit 1½ TL Backpulver
   versetzt, plus Mehl zum
   Bestäuben

250 ml starker English Breakfast Tea

1 TL Speisenatron

200 g getrocknete Feigen, gehackt

90 g Muscovadozucker

90 g Golden Syrup (heller
   Zuckerrohrsirup)

2 mittelgroße Eier

½ TL Meersalzflocken

150 g hochwertige Zartbitterschokolade (70 % Kakao), gehackt

geröstete Kakaonibs zum
   Dekorieren (nach Belieben)

Clotted cream oder geschlagene
   Sahne zum Servieren

Für die Sauce
200 g Butter

200 g Muscovadozucker

1 TL Meersalzflocken

200 g Sahne

50 g dunkle Milchschokolade
   (60 % Kakao), gehackt

1 Den Backofen auf 180 °C vorheizen. Die Form einfetten, dünn mit Mehl ausschwenken und beiseitestellen. Tee, Speisenatron und Feigen in einem Topf erhitzen. Aufkochen lassen, dann sofort die Temperatur reduzieren und 2 Minuten köcheln lassen.

2 Den Topf vom Herd nehmen und die Mischung abkühlen lassen. Anschließend gründlich mit einem Holzlöffel umrühren, um die Feigenstücke zu zerkleinern, bis eine Paste übrig bleibt.

3 Die Butter mit einem Holzlöffel in einer großen Schüssel mit Zucker und Sirup vermengen. Die Eier hinzugeben und glatt rühren. Mehl und Salz hinzugeben und untermischen.

4 Die Zartbitterschokolade in einer hitzebeständigen Schüssel über einem Topf mit siedendem Wasser schmelzen, ohne dass die Schüssel das Wasser berührt, und glatt rühren. Schokolade und Feigenpaste zur Mehlmischung geben und gründlich vermischen.

5 Den Teig in die Form gießen. 30–35 Minuten backen, bis der Pudding aufgegangen und in der Mitte noch leicht dickflüssig ist.

6 In der Zwischenzeit die Sauce zubereiten. Butter, Zucker und Salz bei mittlerer Hitze in einem kleinen Topf zerlassen und gut miteinander vermengen. 5 Minuten köcheln lassen, dann vom Herd nehmen, Sahne und dunkle Milchschokolade hinzugeben und glatt rühren.

7 Zum Servieren den Brownie-Pudding in 10–12 Stücke schneiden und auf Tellern anrichten. Mit der warmen Sauce übergießen, mit Kakaonibs dekorieren, wenn verwendet, und mit Sahne servieren. Der Pudding hält sich abgedeckt im Kühlschrank bis zu 5 Tage und kann bis zu 3 Monate eingefroren werden.

TIPP Wenn Sie keine dunkle Milchschokolade haben, können Sie auch Zartbitterschokolade nehmen.

Bill McCarrick
SCHWARZ-WEISS-GEBÄCK

Diese wunderschöne Kreation aus Schichten von Zitronen- und Schokoladengebäck zergeht auf der Zunge. Sie sieht kompliziert aus, ist aber mit meiner Methode des Schichtens, Schneidens und Einfrierens kein Problem.

ERGIBT 30 STÜCK

SIE BRAUCHEN

ZEIT
1¼ Std., plus Kühl- und Gefrierzeit

ZUTATEN
2 Eiweiß, verquirlt

Für den weißen Teig
240 g Mehl, plus Mehl
   zum Bestäuben

65 g Puderzucker

1 Prise Meersalz

200 g kalte Butter

abgeriebene Schale von 1 Bio-
   Zitrone und Saft von ½ Zitrone

Mark von 1 Vanilleschote

Für den Schokoladenteig
190 g Mehl

50 g Kakaopulver

200 g kalte Butter

65 g Puderzucker

1 Für den weißen Teig die Trockenzutaten in eine Rührschüssel sieben. Butter und Zitronensaft in der Küchenmaschine locker und cremig aufschlagen. Die Trockenzutaten mit Zitronenschale und Vanillemark hinzugeben und zu einem Teig vermengen. Aus der Schüssel nehmen und in Frischhaltefolie eingeschlagen kalt stellen.

2 Für den Schokoladenteig Mehl und Kakaopulver in eine Rührschüssel sieben. Butter und Puderzucker in der Küchenmaschine locker und cremig aufschlagen. Mehl und Kakaopulver hinzugeben und zu einem Teig vermengen. Aus der Schüssel nehmen und in Frischhaltefolie eingeschlagen kalt stellen.

3 Den weißen Teig auf einer leicht bemehlten Fläche 5–10 Minuten glatt kneten. Mit den Händen zu einem flachen Rechteck formen. Den Teig zwischen zwei großen Blättern Backpapier 3–5 mm dick ausrollen. Das obere Papier abziehen und den Teig mit dem unteren Papier auf ein Backblech legen. Die Oberseite mit dem verquirlten Eiweiß bepinseln.

4 Den Schokoladenteig auf die gleiche Weise kneten und ausrollen und auf den weißen Teig legen. Die Ränder mit einem scharfen Messer sauber auf die gleiche Größe schneiden. Die Oberseite des Schokoladenteigs mit dem Eiweiß bepinseln und den Teig 1 Stunde ins Gefrierfach legen.

5 Den Teig aus dem Gefrierfach nehmen und mit einem großen scharfen Messer längs in zwei Hälften schneiden. Die Oberseite einer Hälfte mit Ei bepinseln und sorgfältig die zweite Hälfte darauflegen, sodass die Schichten sich abwechseln.

6 Den Teig erneut längs halbieren, die Oberseite einer Hälfte mit Ei bepinseln und die zweite Hälfte darauflegen. So sollte ein langer, schmaler Streifen mit acht abwechselnd gefärbten Teigschichten entstehen. 1 Stunde ins Gefrierfach legen.

7 Den Teig aus dem Gefrierfach nehmen. Längs in 3–5 mm dicke Scheiben schneiden und diese wiederum in 4 cm große quadratische Plätzchen. Auf ein mit Backpapier ausgelegtes Backblech legen. Den Backofen auf 180 °C vorheizen und die Kekse zimmerwarm werden lassen.

8 Die Kekse 12–15 Minuten backen, bis sie sich gerade goldbraun färben. Vollständig auf dem Blech auskühlen lassen. Sie halten sich luftdicht verpackt bei Zimmertemperatur bis zu 5 Tage.

Micah Carr-Hill

ENTENRAGOUT
mit 100 %iger Schokolade

Portwein und Schokolade verleihen diesem Ragout geschmackliche Tiefe und auch ein wenig Fruchtigkeit. Beide Ingredienzien passen wunderbar zusammen: Die Süße und die Fruchtnoten des Weins ergänzen perfekt das Bittere und Fruchtige der reinen Schokolade.

FÜR 6–8 PERSONEN

SIE BRAUCHEN

ZEIT
3 Std. 40 Min.

AUSSTATTUNG
Dressiernadel
großer Bräter

ZUTATEN
1 ganze Ente (ca. 1,2 kg) mit
  Entenklein (nach Belieben)

50 g Butter

Meersalz und frisch gemahlener
  Pfeffer

2 große Zwiebeln, fein gehackt

3 Selleriestangen, fein gehackt

4 große Möhren, fein gehackt

375 ml Weißwein

300 ml Milch

Muskatnuss, frisch gerieben

400 g Eiertomaten

35 g Zartbitterschokolade
  (100 % Kakao), grob gehackt

3 EL guter Portwein

gehackte Petersilie zum Garnieren

1 Den Backofen auf 130 °C vorheizen. Die Ente rundum mit der Dressiernadel einstechen. Die Butter bei mittlerer Hitze im Bräter zerlassen. Die Ente mit dem Klein (wenn verwendet) hineinlegen, salzen und pfeffern. Rundum anbräunen, dann auf einen Teller setzen. Das Fett auffangen.

2 Die Zwiebeln in den Bräter geben und im restlichen Entenfett braten. Sellerie und Möhren hinzufügen und anbraten, bis sie weich und leicht gebräunt sind. In der Zwischenzeit den Weißwein in einem Topf stark erhitzen und um zwei Drittel auf etwa 125 ml reduzieren.

3 Sobald das Gemüse weich ist, die Milch hinzugießen und mit Muskatnuss bestäuben. Unter ständigem Rühren köcheln lassen, bis die Flüssigkeit fast verkocht ist. Die Weinreduktion hinzugeben, dann die Tomaten mit den Händen über dem Bräter zerdrücken. Gründlich durchrühren und mit Salz und Pfeffer abschmecken.

4 Die Ente mit der Brust nach oben auf die Gemüse legen und den Deckel aufsetzen. 1 Stunde in den Ofen geben, dann das Geflügel wenden. Nach einer weiteren Stunde wieder mit der Brust nach oben drehen.

5 Nach einer weiteren Stunde ein Bein der Ente abspreizen – das sollte ganz leicht gehen. Wenn nicht, weitere 10 Minuten schmoren und den Test wiederholen. Wenn die Ente gar ist, den Bräter aus dem Ofen nehmen und die Ente handwarm abkühlen lassen.

6 Das Entenfleisch sollte sich dank der langen Schmorzeit leicht von der Karkasse lösen. Klein zupfen und wieder in den Bräter geben. Das Entenklein klein hacken und wieder unter das Fleisch mischen.

7 Das Ragout gut umrühren und 150–300 ml kochendes Wasser hinzugießen, um die Konsistenz zu verdünnen. Überschüssiges Fett von der Oberfläche der Sauce abschöpfen. Mit Salz und Pfeffer abschmecken.

8 Nach und nach die Schokolade stückchenweise hinzugeben und schmelzen lassen. Nach jedem Stück probieren, um den Geschmack zu überprüfen. Zuletzt den Portwein einrühren. Zum Servieren mit gehackter Petersilie bestreuen und Pasta, Reis, Zucchini, Kartoffeln (gebacken, gebraten oder gestampft) oder grünen Salat dazu reichen.

Maricel E. Presilla

ZUCCHINI IN KUBANISCHEM SOFRITO
mit Kakao-Mandel-Picada

Die Kakaonibs in der Picada sorgen bei diesem Gericht für Textur, Tiefe und Charakter. Nehmen Sie für die Picada eine dunkle Schokolade mit Untertönen von Kräutern und Gras, das unterstreicht die frischen Noten der Gemüse.

FÜR 4 PERSONEN

SIE BRAUCHEN

ZEIT
40 Min.

ZUTATEN
3 EL natives Olivenöl extra

3–4 Knoblauchzehen, zerdrückt

1 mittelgroße Zwiebel, in dünne
  Streifen geschnitten

250 g Kirschtomaten, grob gehackt

½ TL gemahlener Kreuzkümmel

1 EL frische Oreganoblätter

1 Msp. gemahlener Cayennepfeffer

1 Prise Piment

Meersalz

4 mittelgroße Zucchini, in 1 cm
  große Würfel geschnitten

250 ml warmes Wasser oder
  Hühnerbrühe

frisch gemahlener Pfeffer

Für die Picada
30 g geröstete Kakaonibs

12 blanchierte Mandeln, leicht
  geröstet

60 g hochwertige Zartbitterschokolade (70–80 % Kakao),
  fein gehackt

1–2 Knoblauchzehen, geschält

1 große Handvoll glatte Petersilie,
  fein gehackt, plus Petersilie zum
  Garnieren

1 Das Öl in einer Pfanne erhitzen und den Knoblauch 10 Sekunden anbraten. Die Zwiebel hinzugeben und unter regelmäßigem Rühren bei mittlerer Hitze 4 Minuten braten.

2 Tomaten, Kreuzkümmel, Oregano, Cayennepfeffer, Piment und 1 TL Salz hinzugeben. Gründlich durchrühren und 3 Minuten köcheln lassen.

3 Die Zucchini hinzufügen und weitere 2 Minuten kochen. In der Zwischenzeit die Zutaten für die Picada in einem großen Mörser oder einem Mixer zu einer groben Paste pürieren.

4 Die Picada mit Wasser oder Brühe zur Tomatenmischung geben und gut verrühren. Wieder aufkochen, dann die Temperatur reduzieren und die Pfanne abdecken.

5 5 Minuten köcheln lassen. Mit Salz und Pfeffer abschmecken. Heiß, mit eingerührtem Reis oder auf gehobeltem Weißkohl und mit etwas Olivenöl beträufelt und mit Salz bestreut servieren.

Maricel E. Presilla

GUATEMALTEKISCHER KAKAO

Diese Version des guatemaltekischen Getränks ist eine leichte, laktose-freie Alternative zur Trinkschokolade. Sie können es mit all den kleinen Gewürz- und Kakaostückchen trinken oder auch durch ein feinmaschiges Sieb seihen, um ein samtig-weiches Getränk zu erhalten.

FÜR 3–4 PERSONEN

SIE BRAUCHEN

ZEIT
20 Min.

AUSSTATTUNG
Kaffee- oder Gewürzmühle
   oder kleiner Mixer

ZUTATEN
85 g Kakaonibs

4 ganze Pimentkörner

2 Zimtstangen

¼ TL schwarze Pfefferkörner

100 g brauner Hutzucker
   oder Muscovadozucker

1 Eine mittelgroße Pfanne erhitzen. Die Kakaonibs hineingeben und bei mittlerer Hitze einige Sekunden trocken rösten, bis sie duften. In eine Schüssel umfüllen.

2 Piment, Zimtstangen und Pfefferkörner in die Pfanne geben und einige Sekunden rösten, bis sie duften. Aus der Pfanne nehmen und in der Mühle oder dem Mixer zu einem feinen Pulver mahlen.

3 Die gemahlenen Gewürze zu den Kakaonibs geben und vermengen, dann die Mischung fein mahlen. Am besten in 2–3 Chargen arbeiten.

4 1 l Wasser in einem mittelgroßen Topf stark erhitzen. Den Zucker hineinstreuen und auflösen. Aufkochen, die Temperatur reduzieren und die Kakao-Gewürz-Mischung hinzugeben.

5 Unter kräftigem Schlagen verrühren. Man kann der Mischung auch im Mixer eine cremige Konsistenz verleihen. Nach Wunsch durch ein Teesieb oder kleines Küchensieb abseihen und heiß servieren.

VARIATIONEN

CREMIGE TRINKSCHOKOLADE
• Für 1 Person

Die Kakaomenge dem persönlichen Geschmack anpassen. **250 ml Milch, 1 EL Kakaopulver** und **50 g gehackte hochwertige Zartbitterschokolade** mit **1 EL Sahne** und **1 TL Zucker** in einem kleinen Topf verrühren. Unter ständigem Rühren bei mittlerer Hitze aufkochen, dann servieren.

SPANISCHE TRINKSCHOKOLADE
• Für 1 Person

1 TL Maisstärke und **1 TL Kakaopulver** in einen kleinen Topf geben. **250 ml Milch** abmessen und einen kleinen Teil mit der Mischung zu einer glatten Paste verquirlen. Die restliche Milch hinzugießen, **50 g fein gehackte hochwertige Milchschokolade** hinzugeben und bei mittlerer Hitze aufkochen. Dabei ständig rühren, bis das Ganze glatt ist. Sobald sich Blasen bilden, die Temperatur reduzieren und weitere 2–3 Minuten köcheln lassen. Servieren.

MEXIKANISCHE TRINKSCHOKOLADE
• Für 1 Person

250 ml Milch in einem kleinen Topf mit **1 EL Kakaopulver, 50 g fein gehackter hochwertiger Zartbitterschokolade, 1 TL Zucker, 1 Msp. Vanillemark, 1 Msp. Zimt** und **1 Prise Chilipulver** verrühren. Unter ständigem Rühren bei mittlerer Hitze zum Kochen bringen. Abschmecken und bei Bedarf etwas mehr Chilipulver hinzugeben. Sobald sich Blasen bilden, die Temperatur reduzieren und unter gelegentlichem Rühren weitere 2–3 Minuten köcheln lassen. Servieren.

FONDUE-VARIANTEN

Eine cremig-luxuriöse Fondue ist die einfachste Art, Schokolade als Dessert zu genießen. Das »Tauchgut« ist dabei fast so wichtig wie die Fondue selbst – geeignet sind Obst oder auch kleine Stücke Kuchen, Plätzchen oder Salzbrezeln. Bereiten Sie alle Zutaten im Vorfeld vor, da die Fondue sehr schnell essfertig ist. Alle Rezepte gelten für 4 Personen.

DUNKLE SCHOKOLADE

1 **175 g hochwertige Zartbitterschokolade (60 % Kakao)** fein hacken und mit **125 g Sahne**, **1 EL Butter**, **1 EL Zucker** und **1 Prise Salz** in einen mittelgroßen Topf geben.

2 Das Ganze langsam unter ständigem Rühren bei mittlerer Temperatur erhitzen, bis die Schokolade geschmolzen und die Mischung glatt, glänzend und warm ist.

3 In einen Fonduetopf umfüllen oder sofort in einer Schüssel mit dem griffbereiten Tauchgut servieren.

WEISSE SCHOKO-LADE & KOKOS

1 **250 g hochwertige weiße Schokolade** fein hacken und mit **125 g Sahne** und **1 EL Kokoslikör** in einen mittelgroßen Topf geben.

2 Das Ganze langsam unter ständigem Rühren bei mittlerer Temperatur erhitzen, bis die Schokolade geschmolzen und die Mischung glatt, glänzend und warm ist.

3 In einen Fonduetopf umfüllen oder sofort in einer Schüssel mit dem griffbereiten Tauchgut servieren.

SCHOKOLADE & ERDNUSSBUTTER

1 75 g hochwertige Zartbitterschokolade (60 % Kakao) fein hacken und mit **150 g Sahne** und **75 g cremiger Erdnussbutter** in einen mittelgroßen Topf geben.

2 Das Ganze langsam unter ständigem Rühren bei mittlerer Temperatur erhitzen, bis die Schokolade geschmolzen und die Mischung glatt, glänzend und warm ist.

3 In einen Fonduetopf umfüllen oder sofort in einer Schüssel mit dem griffbereiten Tauchgut servieren.

MINI-S'MORES

1 240 g hochwertige Milchschokolade fein hacken und mit **160 g Sahne** in einen mittelgroßen Topf geben.

2 Das Ganze langsam unter ständigem Rühren bei mittlerer Temperatur erhitzen, bis die Schokolade geschmolzen und die Mischung glatt, glänzend und warm ist.

3 Alles gleichmäßig auf **4 Ramequinformen** verteilen. Die Oberflächen in konzentrischen Kreisen vollständig mit **kleinen Marshmallows** bedecken.

4 Die Formen auf ein Backblech setzen und auf oberster Schiene unter dem Backofengrill 1–2 Minuten überbacken, bis die Marshmallows gut gebräunt sind (nicht aus den Augen lassen). Das Ganze zusammen mit dem Tauchgut servieren.

Paul A. Young

INGWER-FENCHEL-EISCREME

Ich habe festgestellt, dass der Gaumen die komplexen Noten dunkler Schokolade in kalter Eiscreme kaum wahrnimmt, daher habe ich mit Milchschokolade experimentiert und war verblüfft, wie gut sie eiskalt schmeckt.

FÜR 6 PERSONEN

SIE BRAUCHEN

ZEIT
20 Min., plus Abkühl-, Rühr- und
 Gefrierzeit über Nacht

AUSSTATTUNG
Eiscrememaschine

flache, gefriergeeignete Schale
 mit Deckel (2,5 l)

ZUTATEN
6 Eigelb

100 g unraffinierter Zucker

250 ml Milch

250 g Sahne

75 g hochwertige Milchschokolade
 (40 % Kakao), gehackt

50 g kandierter Ingwer

20 g Fenchelsamen, grob gehackt

1 Die Eiscrememaschine nach Anleitung vorbereiten. Die Eigelbe in einer großen Schüssel mit dem Zucker glatt rühren. Milch und Sahne in einem mittelgroßen Topf bei mittlerer Hitze zum Köcheln bringen.

2 Die Milch-Sahne-Mischung in einen hitzebeständigen Messbecher umfüllen und unter ständigem Rühren in dünnem Strahl zur Eigelbmischung gießen. Verrühren, dann die Mischung durch ein Sieb in den Topf abseihen.

3 Die Mischung unter ständigem Rühren bei mittlerer bis schwacher Hitze 2–3 Minuten köcheln, bis sie am Löffelrücken haftet.

4 Den Topf vom Herd nehmen, die Schokolade hineingeben und glatt rühren. Vollständig abkühlen lassen.

5 Die abgekühlte Mischung in die Eiscrememaschine geben und dickflüssig rühren. In der Zwischenzeit den Ingwer in kleine Stücke hacken und mit den Fenchelsamen vermengen.

6 Sobald die Eiscreme fertig ist, Ingwer und Fenchelsamen einrühren, in eine dicht schließende Schale füllen und über Nacht einfrieren. 20 Minuten vor dem Servieren aus dem Gefrierfach nehmen. Die Eiscreme hält sich im Gefrierfach 1–2 Monate.

Dom Ramsey

SCHOKO-HONIG-SORBET

Dieses Sorbet bietet den ganzen Geschmack und die Textur cremigen Schokoladeneises, ist aber absolut laktosefrei und mit einer Eiscrememaschine unfassbar einfach zuzubereiten.

FÜR 4–6 PERSONEN

SIE BRAUCHEN

ZEIT
20–25 Min., plus Abkühl-, Kühl- und Gefrierzeit

AUSSTATTUNG
Eiscrememaschine

flache, gefriergeeignete Schale mit Deckel (1,5 l)

ZUTATEN
200 g Vanillezucker

400 g hochwertige Zartbitter- schokolade (70 % Kakao), gehackt

2 EL Honig

1 Prise Meersalz

1 Die Eiscrememaschine nach Anleitung vorbereiten. Den Zucker mit 700 ml Wasser unter gelegentlichem Rühren bei schwacher Temperatur erhitzen, bis der Zucker aufgelöst ist. Dann bei mittlerer Hitze weitere 5 Minuten köcheln lassen. Vom Herd nehmen.

2 Nach und nach die Schokolade in kleinen Portionen hinzugeben. Nach jeder Gabe kräftig rühren, um die Schokolade in den Sirup einzuarbeiten. Fortfahren, bis alles verarbeitet ist.

3 Honig und Salz hinzugeben und gut einrühren. Den Sirup in eine große hitzebeständige Schüssel umfüllen. Vollständig abkühlen lassen, dann im Kühlschrank kalt stellen.

4 Die Mischung in die Eiscrememaschine geben und nach Anleitung 30–40 Minuten rühren. Das fertige Sorbet in die Gefrierschale füllen und 3–4 Stunden, besser über Nacht, einfrieren. In geeisten Dessertschalen servieren.

TIPP Wenn Sie keinen Vanillezucker kaufen können, mischen Sie einfach 200 g Zucker mit 1 Msp. Vanillemark.

Jesse Carr

CRICKETS OF THE NIGHT

Dieser Cocktail ist durch den Klassiker Grasshopper aus dem New Orleans der 1920er-Jahre inspiriert. Ich liebe dieses Rezept, hatte aber bis vor Kurzem Probleme, einen guten Crème de Cacao oder Crème de Menthe zu finden, die den Cocktail zusammen mit dem intensiven Absinth und der Schokolade zu einem komplexen und interessanten Drink machen.

FÜR 1 PERSON

SIE BRAUCHEN

ZEIT
5 Min., plus Gefrierzeit

AUSSTATTUNG
Coupe-Glas
Cocktailshaker
Cocktailsieb

ZUTATEN
30 ml Crème de Cacao
20 ml Crème de Menthe
10 ml Absinth
30 g Sahne
15 ml VSOP Cognac
1 kleine Handvoll frische Minze,
   plus Minze zum Garnieren
Eiswürfel
Zartbitterschokoladenspäne
   (60 % Kakao)

1 Das Glas 5 Minuten vor Zubereitung des Cocktails ins Gefrierfach legen.

2 Das Glas aus dem Eis nehmen. Die Flüssigzutaten in den Shaker füllen. Die Minze hinzugeben und mit Eiswürfeln auffüllen.

3 Den Shaker verschließen und 20 Sekunden kräftig shaken, bis man das Eis brechen hört.

4 Das Cocktailsieb über das Glas legen. Den Cocktail doppelt sowohl durch den Strainer des Shakers als auch durch das Cocktailsieb ins Glas abseihen.

5 Mit dunklen Schokoladenspänen und einem Minzezweig garnieren und sofort servieren.

GLOSSAR

ALKALISIERTES KAKAOPULVER
Behandeltes Kakaopulver mit reduzierter Säure und nussigem Geschmack.

BEAN-TO-BAR-SCHOKOLADE
Schokolade, die von nur einem Hersteller ohne Zwischenhändler direkt aus den Bohnen produziert wird.

BLEND
Schokolade aus Bohnen unterschiedlicher Herkunft und Sorten.

CHOCOLATIER
Person, die Tafeln, Trüffeln, Pralinen und andere Produkte aus gekaufter Schokolade herstellt.

CONCHIEREN
Das Rühren flüssiger Schokolade über einen längeren Zeitraum, um ihren Geschmack zu entwickeln.

CRIOLLO
Eine der bedeutendsten Kakaosorten. Soll mit die besten Kakaobohnen der Welt liefern.

DUNKLE MILCHSCHOKOLADE
Mit Milchpulver hergestellte Schokolade mit einem höheren Kakaoanteil als normale Milchschokolade.

FORASTERO
Die häufigste Kakaosorte, die meist für den Massenmarkt verarbeitet wird.

GANACHE
Eine Mischung aus Schokolade, Sahne und manchmal Butter. Wird in Trüffeln, Pralinen und Kuchen verwendet.

KAKAOBUTTER
In den Kakaobohnen vorkommendes Fett. Kakaobutter wird der Schokolade oft beigemengt, damit sie geschmeidiger und einfacher zu verarbeiten ist.

KAKAONIBS
Die gebrochenen Kerne der Kakaobohnen, sind meist geröstet.

KAKAOTROCKENMASSE
Ein in der Inhaltsliste verwendeter Begriff, der den Kakaoanteil beschreibt. Besteht meist aus Kakaobohnen und -butter.

KUVERTÜRE
Schokolade mit einem höheren Kakaobuttergehalt für die Weiterverarbeitung durch Köche und Chocolatiers.

LECITHIN
Ein natürlicher Emulgator, der die Schokoladenzutaten bindet.

MELANGEUR
Eine Mahlmaschine, die Kakaonibs zermahlt und zu flüssiger Schokolade raffiniert.

PRALINEN
Mit Ganache oder anderen Zutaten gefüllte dünne Schokoladenhüllen.

PRESSKUCHEN
Das trockene Pulver, das in der Presse zurückbleibt, nachdem die Kakaobutter herausgepresst wurde.

RAFFINEUR
Eine Maschine mit mehreren Walzen zum Raffinieren von Schokolade.

SCHOKOLADENHERSTELLER
Person oder Unternehmen, das Schokolade direkt aus Bohnen fertigt.

SINGLE-ESTATE-SCHOKOLADE
Schokolade, die aus den Bohnen einer Sorte und einer Plantage zubereitet ist und den typischen Geschmack dieses Anbaugebiets repräsentiert.

SINGLE-ORIGIN-SCHOKOLADE
Schokolade aus Bohnen eines Herkunftslandes. Siehe auch Blend.

STOCKEN
Das plötzliche Erstarren von Schokolade zu einer klumpigen Masse, verursacht durch den Kontakt mit Feuchtigkeit.

TEMPERIEREN
Das Schmelzen und Abkühlen von Schokolade bei exakt vorgegebenen Temperaturen, um ihr Glanz und einen definierten »Bruch« zu verleihen.

THEOBROMA CACAO
Der botanische Name des Kakaobaums, bedeutet »Speise der Götter«.

THEOBROMIN
Eine Substanz in Kakaobohnen, die Endorphine im Gehirn freisetzt und damit die Herzfrequenz erhöht und die Blutgefäße entspannt.

TRAMPING ODER SCHLURFEN
Eine Technik zum gleichmäßigen Trocknen der Kakaobohnen: Arbeiter schlurfen mit den Füßen durch die trocknenden Bohnen und wenden sie so.

TREE-TO-BAR-SCHOKOLADE
Schokolade von Herstellern, die Kakao selbst anbauen und ernten und die Bohnen selbst zu Tafeln verarbeiten.

TRINITARIO
Eine Hybride aus Criollo und Forastero, die nach der Insel Trinidad benannt ist, wo sie ursprünglich herstammt.

TRÜFFEL
Kleine Ganachekugel, die in Kakaopulver, Nüssen oder anderen Zutaten gerollt wurde.

WORFELN / REINIGEN
Das Trennen der Schalen von den Kakaobohnen durch einen Luftstrom, wobei nur die Kakaonibs übrig bleiben.

REGISTER

Die **fett** gedruckten Seitenzahlen beziehen sich auf Rezepte.

Projektbetreuung Martha Burley
Bildredaktion Christine Keilty, Vicky Read
Redaktion Alice Kewellhampton
Herstellung Olivia Jeffries, Tony Phipps,
Catherine Williams
Cheflektorat Stephanie Farrow
Art Director Maxine Pedliham
Programmleitung Mary-Clare Jerram

Illustrationen Vicky Read
Fotos William Reavell
Für die deutsche Ausgabe:
Programmleitung Monika Schlitzer
Redaktionsleitung Caren Hummel
Projektbetreuung Sarah Fischer
Herstellungsleitung Dorothee Whittaker
Herstellungskoordination Arnika Marx
Herstellung und Covergestaltung Christine Rühmer

Titel der englischen Originalausgabe:
Chocolate

Übersetzung Brigitte Rüßmann, Wolfgang Beuchelt
(Scriptorium Köln)
Lektorat Sigrun Borstelmann
Satz Anna Ponton

ISBN 978-3-8310-3123-8

Druck und Bindung TBB, Slowakei

Besuchen Sie uns im Internet
www.dorlingkindersley.de

Hinweis
Die Informationen und Ratschläge in diesem Buch sind von
den Autoren und vom Verlag sorgfältig erwogen und geprüft,
dennoch kann eine Garantie nicht übernommen werden.
Eine Haftung der Autoren bzw. des Verlags und seiner
Beauftragten für Personen-, Sach- und Vermögensschäden
ist ausgeschlossen.

ÜBER DEN AUTOR

Dom Ramsey ist ein britischer Schokoladenexperte, Bean-to-Bar-Hersteller und der Gründer und Herausgeber von *Chocablog*, dem ältesten Blog über Schokolade. Er fungiert regelmäßig als Juror auf internationalen Schokoladenwettbewerben und ist Gründer der preisgekrönten Schokoladenmanufaktur Damson Chocolate.

DANK

Dom Ramsey dankt:

Margaux Benitah, Nat Bletter, Susana Cárdenas, Bob und Pam Cooper, Tim Davies, Mireille Discher, Lee Donovan, Jennifer Earle, Peter Galbavy, Laurent Gerbaud, Simon und Amy Hewison, Spencer Hyman, Kate Johns, Hazel Lee, Harmony Marsh, Samuel Maruta, Kim Russell und Angus Thirlwell.

Dorling Kindersley dankt:

Sara Robin für Fotostyling und Grafik, Jane Lawrie für das Foodstyling, Linda Berlin für die Requisite, Susannah Ireland für zusätzliche Fotos, Philippa Nash für die Designassistenz, Amy Slack für die Redaktionsassistenz, Steve Crozier für die Bildretusche, Corinne Masciocchi fürs Korrekturlesen und Vanessa Bird für die Registererstellung.

BILDNACHWEIS

ANMERKUNG ZU DEN KARTEN
Die Kakaofrüchte auf den Landkarten auf S. 56–95 zeigen die Lage bedeutsamer Kakaoplantagen an. Die gelben Flächen umreißen größere Anbauregionen, sei es innerhalb politischer oder durch klimatische Gegebenheiten bestimmter geografischer Grenzen.

NOCH MEHR
SÜSSE VERFÜHRUNGEN
BEI DK